Anne Buscha • Gisela Linthout

Das Mittelstufenbuch
DEUTSCH ALS FREMDSPRACHE

TEIL 1

Das Mittelstufenbuch

DEUTSCH ALS FREMDSPRACHE

Ein Lehr- und Übungsbuch

TEIL 1

von

Anne Buscha
Gisela Linthout

SCHUBERT-Verlag

Leipzig

Die Autorinnen des *Mittelstufenbuches Deutsch als Fremdsprache* sind Lehrerinnen an den Goethe-Instituten in Rotterdam bzw. Amsterdam und verfügen über langjährige Erfahrung in Deutschkursen für fremdsprachige Lerner.

Das *Mittelstufenbuch Deutsch als Fremdsprache* eignet sich sowohl für den Kursunterricht als auch für Selbstlerner.

Bitte beachten Sie unser Internet-Angebot mit zusätzlichen Aufgaben und Übungen zum Lehrwerk unter:

www.aufgaben.schubert-verlag.de

Mit herzlichem Dank an Birgit Sekulski und Heidrun Tremp Soares und besonderem Dank an Andreas Buscha.

Die Deutsche Bibliothek – CIP-Einheitsaufnahme

Buscha, Anne
Das Mittelstufenbuch - Deutsch als Fremdsprache : ein
Lehr- und Übungsbuch / von Anne Buscha ; Gisela
Linthout. - Leipzig : Schubert

Teil 1. - 1. Aufl. - 2002
  ISBN 3-929526-67-0

©   SCHUBERT-Verlag, Leipzig
     1. Auflage 2002
     Alle Rechte vorbehalten
     Printed in Germany
     ISBN 3-929526-67-0

Inhaltsübersicht

Kursübersicht 6

Vorbemerkungen 12

Einführung: Sich kennen lernen 13

Kapitel 1: Wer? – Leute von gestern und heute

A Du und ich 16
B Außergewöhnliche Menschen 26
C Lebensläufe 32

D Ihre Grammatik
   Modalverben 40
   Deklination der Adjektive 43
   Vergangenheitsformen der Verben ... 45

Kapitel 2: Wo? – Daheim und unterwegs

A Wohnen 49
B Reisen 58
C Europa und die Deutschen 68

D Ihre Grammatik
   Lokalangaben 75
   n-Deklination 78
   Verben mit präpositionalem Kasus ... 81

Kapitel 3: Wann? – Zeit und Tätigkeit

A Zeit und Tätigkeit 84
B Gestern und heute 92
C Während der Arbeitszeit 98

D Ihre Grammatik
   Temporalangaben 106
   Konditionalangaben 112

Kapitel 4: Warum? – Träume und Realität

A Schlafen 115
B Kriminalität 120
C Studienwahl 126

D Ihre Grammatik
   Kausal- und Konsekutivangaben 133
   Konzessivangaben 138

Kapitel 5: Wie? – Höflich und schnell

A Zwischen den Kulturen 141
B Neue Kommunikationswege 147
C Richtig telefonieren 155

D Ihre Grammatik
   Der Konjunktiv II 163
   Modalangaben 168
   Verben mit direktem Kasus 170

Kapitel 6: Was? – Altes und Neues

A Erfindungen 174
B Geräte 183
C Trends der „Spaß-Gesellschaft" 190

D Ihre Grammatik
   Das Passiv 197
   Feste Verbindungen 200
   Komparation der Adjektive 202

Lösungsschlüssel 204

Quellenverzeichnis 232

Kapitel	Themenbereiche Wortschatz	Lesetexte
Einführung	Sich kennen lernen	
Kapitel 1 **Wer?** **Leute von gestern und heute**	A Du und ich B Außergewöhnliche Menschen C Lebensläufe Schulzeit Ausbildung Lebenslauf	Wer mit wem? Heiratsanzeigen Gedicht Die Helden der Deutschen Eine starke Frau: Pauline von Lippe-Detmold
Kapitel 2 **Wo?** **Daheim und unterwegs**	A Wohnen Lärmbelästigung B Reisen C Europa und die Deutschen	Wohnungsanzeigen Wenn die Deckenlampe tanzt Reisetrend: Internet Beschwerdebrief Deutsche sind Durchschnittseuropäer Lust auf Hausgemachtes

Schwerpunkt mündlicher Ausdruck	Schwerpunkt schriftlicher Ausdruck	Ihre Grammatik
Personen beschreiben Berichten über: – Besondere Menschen – Schulzeit – Schulsysteme Beschreiben einer Statistik: – Das deutsche Schulsystem – Bildungstrends --- Redemittel: – Beschreibung einer Statistik – Ausbildung	Persönlicher Brief: Vergangenes Lebenslauf in ausführlicher Form Lebenslauf in tabellarischer Form --- Redemittel und Hinweise zum Schreiben eines Lebenslaufes	Modalverben Deklination der Adjektive Vergangenheitsformen der Verben
Wohnorte beschreiben Berichten über: – Wohnverhältnisse – Urlaub – Kulturangebot Beschreiben einer Statistik: – Wohnen – Urlaub Telefonieren: Wohnungssuche Sich nach einer Reise erkundigen Ratschläge zum Thema Reisen geben --- Redemittel: – Statistik: Wohnen/Urlaub – Beschwerde	Persönlicher Brief: Wohnen Formeller Brief: Beschwerde über eine Reise Stellungnahme: – Reisevielfalt – Sprachen in Europa – Quotenregelung für die eigene Kultur --- Kurze Hinweise zum Schreiben formeller Briefe	Lokalangaben *n*-Deklination Verben mit präpositionalem Objekt

Kapitel	Themenbereiche Wortschatz	Lesetexte

Kapitel 3
 	
Wann?
Zeit und Tätigkeit
	A Zeit und Tätigkeit
	  Zeit
	  Lesen
		Die Entdeckung der Langsamkeit

	B Gestern und heute	Ein kurzer Rückblick Umfrageergebnisse zehn Jahre nach der Wiedervereinigung

	C Während der Arbeitszeit
	  Termine
	  Besprechungen
		Telefongespräche
		Wenn Besprechungen zum Zeitkiller werden

Kapitel 4 **Warum?** **Träume und Realität**	A Schlafen	Die schlaflose Gesellschaft Gedicht

	B Kriminalität
	  Kriminalität im Alltagsleben
	  Kriminalität in Wirtschaft und Politik
		Null Toleranz
		Korruption – alltägliches Geschäft im Schatten

	C Studienwahl	Letzte Ausfahrt Uni

Schwerpunkt mündlicher Ausdruck	Schwerpunkt schriftlicher Ausdruck	Ihre Grammatik
Diskutieren über: Zeit	Stellungnahme: Zeit	Temporalangaben
Berichten über: Leseverhalten	Leserbrief	Konditionalangaben
Eine Wahl treffen und begründen: Bücher	Zeitverschwendung in Arbeitsbesprechungen	
Beschreiben einer Statistik: Umfrage nach der Wiedervereinigung	Ausführliche Hinweise zum Schreiben einer Stellungnahme	
Telefonisch Termine vereinbaren		
Vorstellen einer Tagesordnung		
Redemittel: – Umfrageergebnisse – Termine – Besprechungen: Tagesordnung		
Empfehlungen geben: Schlafen	Stellungnahme: Schlaflosigkeit bei Kindern	Kausalangaben
Beschreiben einer Statistik: – Kriminalität länderweise – Kriminalität rund um die Uhr – Die beliebtesten Studienfächer	Erstattung einer Strafanzeige	Konsekutivangaben
	Schriftliche Ausarbeitung eines Referats: Ansehen von Berufen	Konzessivangaben
Meinung äußern: Verbrechensbekämpfung	Formeller Brief: Bewerbung um ein Stipendium	
Vorschläge unterbreiten: Bekämpfung von Korruption	Ausführliche Hinweise zur schriftlichen Ausarbeitung eines Referats	
Redemittel: Empfehlungen		

9

Kapitel	Themenbereiche Wortschatz	Lesetexte
Kapitel 5 **Wie?** **Höflich und schnell**	A Zwischen den Kulturen	
	Kulturelle Unterschiede im Berufsleben	Kostspielige Missverständnisse
	Kulturelle Unterschiede im Alltagsleben	Kleine Kulturkunde
	B Neue Kommunikationswege	Kommunikation ja – aber wie?
		E-Mail – das Medium der Eile
		10 Regeln zum Schreiben einer E-Mail
	C Richtig telefonieren	Wichtige Tipps zum Telefonieren
		Anrufen und angerufen werden
Kapitel 6 **Was?** **Altes und Neues**	A Erfindungen	Kuriose Erfindungen
		Aus dem Jahresbericht des Europäischen Patentamtes
		Woher kommt Kreativität?
	B Geräte	Klick zurück im Zorn
		Sprachlos
	C Trends der „Spaßgesellschaft"	Was ist cool?
		Billy – das Bücherregal

Schwerpunkt mündlicher Ausdruck	Schwerpunkt schriftlicher Ausdruck	Ihre Grammatik
Berichten über: – Gepflogenheiten im Heimatland – Kommunikationsverhalten Vergleichen: – Sitten: Heimatland – Deutschland – E-Mails: Regeln – eigenes Verhalten Telefonieren: – Geschäftliche Telefonate – Auskünfte an einer Uni einholen ——— Hinweise zum Telefonieren	Persönlicher Brief: Ratschläge für Besucher Ihres Heimatlandes Informelle E-Mails/Briefe Halbformelle E-Mails/Briefe Stellungnahme: Leben ohne Telefon Umformung eines Briefes ——— Hinweise: – Sammeln und Darstellen von Gedanken – Schreiben formeller Briefe – Schreiben von E-Mails	Konjunktiv II Modalangaben Verben mit direktem Kasus
Vorschläge unterbreiten: Kreatives Arbeitsumfeld Beschreiben einer Statistik: – Haushaltgeräte – Siegeszug des PC Berichten über: – Geräte im Haushalt – Computer – Trends – In- & Out-Listen Beschreiben: Möbel	Beschreiben eines Gerätes Stellungnahme: – Faulheit als Quelle des Fortschritts – Kinder und Computer Bericht: Veränderungen im alltäglichen Leben ——— Redemittel zur Gerätebeschreibung	Passiv Feste Verbindungen Komparation der Adjektive

Vorbemerkungen

Das *Mittelstufenbuch 1* ist ein Lehrbuch für erwachsene Lerner mit guten und sehr guten Grundstufenkenntnissen, das entspricht dem Sprachniveau B1 des europäischen Referenzrahmens. Der Schwerpunkt des Buches liegt auf der Verbesserung des aktiven Sprachgebrauchs. Das bedeutet, dass die Erweiterung des Wortschatzes und das gezielte Training mündlicher und schriftlicher Fertigkeiten unter Einbeziehung der in der Mittelstufe zu festigenden und neu zu erarbeitenden Grammatik im Mittelpunkt stehen.

Das *Mittelstufenbuch 1* besteht aus sechs Kapiteln, überschrieben mit den Fragewörtern: *Wer? Wo? Wann? Warum? Wie?* und *Was?* Jedem einzelnen Kapitel sind drei Themenbereiche und zwei bis drei grammatische Schwerpunkte zugeordnet. Verweise innerhalb der Themenbereiche auf grammatische Strukturen ermöglichen sowohl in die Themen integrierte als auch ausgegliederte Grammatikarbeit. Nach Belieben oder Erfordernissen können Themen, Texte, Wortschatz- und Grammatikübungen weggelassen oder ergänzt werden, ohne die zu Grunde liegende Struktur zu verändern. Das reichhaltige Angebot sichert einen zielgruppenorientierten Einsatz des Materials.

Die drei Themenbereiche jedes Kapitels (Teil A, B und C) enthalten interessante Lesetexte verschiedener Textsorten und unterschiedlicher Schwierigkeitsstufen, Aufgaben zum Leseverstehen, zahlreiche Wortschatzübungen und Übungen zum mündlichen und schriftlichen Ausdruck mit ausführlichen Hinweisen und Redemitteln, die sich unter anderem an den Prüfungen Zentrale Mittelstufenprüfung und Test DaF orientieren. Teil D vertieft die Grammatikkenntnisse mit Übersichten, kurzen Erläuterungen und Übungen. Im Anhang des Buches befindet sich der Lösungsschlüssel.

Zum *Mittelstufenbuch* stehen im Internet zusätzliche Aufgaben und Übungen bereit. Sie können im Kurs oder als Hausaufgabe eingesetzt werden und sind ideal für Selbstlerner. Das Internet-Angebot, das schrittweise ausgebaut wird, finden Sie unter *www.aufgaben.schubert-verlag.de*.

Das *Mittelstufenbuch 1* ist der erste Teil unserer Lehrbuchreihe für die Mittelstufe. Der abschließende Teil 2 ist in Vorbereitung. Vorgesehen ist außerdem eine CD plus Extraheft mit Hörübungen zu den Mittelstufenbüchern. Buch 1 führt zu Sprachniveau B2 des europäischen Referenzrahmens. Sprachniveau B2 bedeutet, dass der Lerner Hauptinhalte komplexer Texte verstehen und sich spontan und fließend verständigen kann. Er ist in der Lage, sich zu einem breiten Themenspektrum klar und detailliert zu äußern, einen Standpunkt zu aktuellen Fragen zu erläutern und Vor- und Nachteile verschiedener Möglichkeiten anzugeben. Buch 2 führt zu Niveau C1 des europäischen Referenzrahmens und damit zur Zentralen Mittelstufenprüfung.

Wir wünschen Ihnen beim Lernen viel Vergnügen.

Anne Buscha und Gisela Linthout

Einführung   **Sich kennen lernen**

1.   Befragen Sie Ihre Nachbarin/Ihren Nachbarn zu den folgenden Stichpunkten, machen Sie sich Notizen und stellen Sie dann Ihre Nachbarin/Ihren Nachbarn den anderen Kursteilnehmern vor.

Diese Angaben muss man meistens machen:

Name: ....

Wohnort (Adresse): ....

Geburtsort: ....

Schulbildung: ....

Berufsabschluss: ....

jetzige Tätigkeit: ....

Familienstand: ....

Das kann man sagen (wenn man will):

Kinder: ....

Hobbys: ....

Und das möchte man oft gern wissen:

Lieblingstier: ....

Lieblingsfarbe: ....

Lieblingsessen: ....

Lieblingsbuch: ....

Und was interessiert Sie noch?

....

....

....

Meine Nachbarin/Mein Nachbar heißt ... .
Er/Sie wohnt in/kommt aus ... .

2. Formulieren Sie Fragen zu den vorgegebenen Antworten.

    0. Wie heißen Sie? Wie ist Ihr Name? Claire Smith.

    1. .... In London.

    2. .... Nein, ledig.

    3. .... Sekretärin.

    4. .... Bei Siemens.

    5. .... Seit drei Jahren.

    6. .... Französisch und Deutsch.

    7. .... Ich lese gern Krimis.

    8. .... Ja, ich spiele Tennis.

    9. .... Zwei Mal pro Woche.

    10. .... Einen alten Rover.

    11. .... Weil ich es für meinen Beruf brauche.

    12. .... Ich war in Griechenland.

    13. .... Drei Wochen.

3. Formulieren Sie aus den angegebenen Redemitteln sieben Fragen.

    a. Stellen Sie die Fragen Ihrer Nachbarin/Ihrem Nachbarn.

    b. Berichten Sie anschließend, was Ihre Nachbarin/Ihr Nachbar Ihnen geantwortet hat.

Wollen/Wollten Sie Möchten Sie Müssen/Mussten Sie Können/Konnten Sie Dürfen/Durften Sie Sollen/Sollten Sie Mögen/Mochten Sie	Deutsch lernen Schach spielen – Ski laufen – Chinesisch einen Porsche fahren – mehr Urlaub haben schon einmal Strafe zahlen während Ihrer Arbeitszeit rauchen – private Telefongespräche führen vor 6.00 Uhr morgens aufstehen Popmusik – Jazzmusik – Gemälde der alten Meister Kriminalromane – Schokolade früher Schauspieler/Schauspielerin werden abends zeitig ins Bett gehen viel arbeiten – eine weite Reise machen

3a.   0.   Mögen Sie Kriminalromane?

      1.   ....

      2.   ....

      3.   ....

      4.   ....

      5.   ....

      6.   ....

      7.   ....

3b.   0.   Mein Nachbar mag Kriminalromane.

      1.   ....

      2.   ....

      3.   ....

      4.   ....

      5.   ....

      6.   ....

      7.   ....

⇨ IHRE GRAMMATIK: Weitere Übungen zu **Modalverben** finden Sie auf
                              Seite 40.

Kapitel 1   Wer? – Leute von gestern und heute

A. Du und ich

1. Personenbeschreibungen

   Beschreiben Sie die Personen auf den Fotos mit Hilfe der angegebenen
   Redemittel.

- (auf mich/auf den Betrachter) einen
  sympathischen/unsympathischen Eindruck machen
- ein angenehmes/gepflegtes ... Äußeres
  haben
- einen sympathischen/fröhlichen/trau-
  rigen/spöttischen/verbitterten ... Ge-
  sichtsausdruck haben
- glücklich/unglücklich/einsam ... zu
  sein scheinen
- traurig/glücklich ... aussehen
- eine traurige Miene/ein trauriges Gesicht machen
- eine gute/schlanke/kräftige Figur haben
- dünn/schlank/mollig/kräftig/dick/
  klein/untersetzt/groß sein
- gut/geschmackvoll/korrekt/formell //
  lässig/(un)konventionell/extravagant
  gekleidet sein
- eine Uniform/Tracht/Dienstkleidung
  tragen

2. Wo oder auf welchem Weg lernen sich Ihrer Meinung nach die meisten Paare kennen?
    Erstellen Sie allein oder in Gruppenarbeit eine Reihenfolge. Begründen Sie anschließend Ihre Auswahl.

...... im Urlaub   ...... am Arbeitsplatz

...... im Verein/Sportklub   ...... durch Inserate

...... auf einer privaten Party   ...... durch Freunde und Bekannte

...... in der Schule/während der   ...... beim Ausgehen
        Ausbildung

3. Lesen Sie den folgenden Text.

Wer mit wem?

Leidenschaftliche Romantiker <u>bejubeln</u> die Liebe als Sinn und Quelle des Lebens, als <u>Rauschzustand</u>, der den Menschen unvernünftig macht. Zyniker sehen in der Liebe eher einen Zustand geistiger Verwirrung. Biologen betrachten sie als notwendige chemische Reaktion für eine natürliche Fortpflanzung, denn der Mensch funktioniert nun mal nicht wie ein Regenwurm, der sich durch Teilung vermehren kann.

Doch die Frage nach dem Geheimnis der Partnerwahl scheint in unserer heutigen Gesellschaft, die sich von Heiratszwängen und strenger Moral <u>losgesagt</u> hat, an Interesse zu gewinnen.

Soziologen aus Heidelberg stießen bei Untersuchungen über Strategien bei der Partnersuche auf folgende <u>ernüchternde</u> Erkenntnis: Die Wahl des Traumpartners <u>beschränkt sich</u> noch heute auf eine geringe Auswahl von Individuen.

„Gelegenheit macht Liebe"* heißt das Motto – und so lernen sich Mann und Frau in 85 % aller Partnerschaften in einem Umkreis von nur 20 km kennen. Geistige Mobilität und neue Medien wie das Internet haben noch nicht, wie vielfach <u>angenommen</u>, zu einer Mobilität bei der Partnerwahl geführt.

Die Suche nach dem perfekten Partner verläuft noch immer nach einer traditionellen Methode. Nach wie vor gilt unverändert: gleich und gleich gesellt sich gern*.

Die Wissenschaftler wiesen nach, dass Gebildete in der Regel zu Gebildeten finden, Menschen mit ähnlicher Attraktivität und gleicher ethnischer Herkunft am ehesten zusammen kommen.

Ein weiteres Forschungsgebiet war die Frage, was Männer und Frauen aneinander <u>anziehend</u> finden und welche Eigenschaften der oder die <u>Auserwählte</u> besitzen soll. Bei „tolerant und verständnisvoll" und „intelligent und gebildet" herrscht zwischen beiden Geschlechtern harmonisches Einverständnis. Bei „attrak-

---

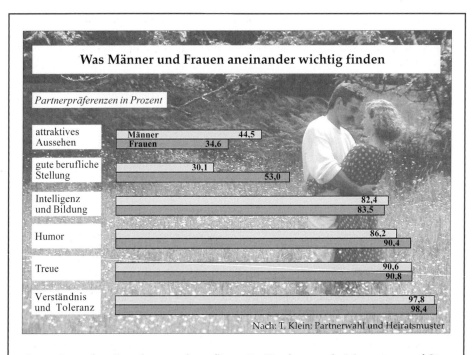

Was Männer und Frauen aneinander wichtig finden

Partnerpräferenzen in Prozent

	Männer	Frauen
attraktives Aussehen	44,5	34,6
gute berufliche Stellung	30,1	53,0
Intelligenz und Bildung	82,4	83,5
Humor	86,2	90,4
Treue	90,6	90,8
Verständnis und Toleranz	97,8	98,4

Nach: T. Klein: Partnerwahl und Heiratsmuster

tivem Aussehen" und „guter beruflicher Stellung" gehen die Wünsche allerdings auseinander. Während 53 % der Frauen Wert auf die berufliche Stellung ihres Partners legen, interessieren sich nur 30 % der Männer für die Arbeit ihrer Herzensdame.

Um die Aufmerksamkeit des anderen Geschlechts werben die Menschen im neuen Millennium wie in alten Zeiten: Die Männer arbeiten mit Statussymbolen wie Autos, Geld und Karriere, die Frauen mit ihrer Attraktivität. Doch wer als Mann nur auf Statussymbole setzt, hat schlechte Chancen. Frauen achten neben dem beruflichen Ansehen auch auf Humor, mögen Intelligenz und nicht zuletzt den Geruch des Mannes, der der Vater ihrer Kinder sein soll. Die Untersuchungen ergaben, dass Frauen immer den Duft des Mannes am anziehendsten fanden, dessen Immungene* sich am deutlichsten von den eigenen Genen unterschieden.

FOCUS

*Worterklärungen:
Gelegenheit macht Liebe = abgeleitetes Sprichwort von „Gelegenheit macht Diebe" – es bezeichnet eine günstige Gelegenheit, die zu etwas Bestimmtem verführt (zu stehlen/sich zu verlieben)
gleich und gleich gesellt sich gern = Redewendung: Menschen mit gleicher Herkunft oder gleichen Interessen finden oft/schneller zueinander
Immungene = Gene des Immunsystems

4. Vergleichen Sie die von Ihnen erstellte Reihenfolge mit der folgenden Statistik.

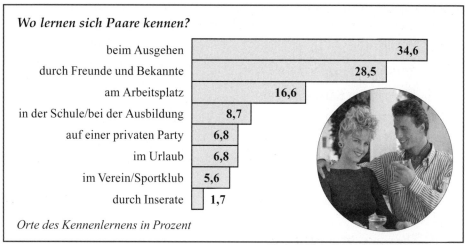

Wo lernen sich Paare kennen?

beim Ausgehen	34,6
durch Freunde und Bekannte	28,5
am Arbeitsplatz	16,6
in der Schule/bei der Ausbildung	8,7
auf einer privaten Party	6,8
im Urlaub	6,8
im Verein/Sportklub	5,6
durch Inserate	1,7

Orte des Kennenlernens in Prozent

Nach: T. Klein: Partnerwahl und Heiratsmuster

5. Steht das im Text? Ja oder nein? Kreuzen Sie an.

ja   *nein*   1. In der heutigen Zeit hat sich das Verhalten der Menschen bei der Partnersuche grundlegend verändert.

ja   *nein*   2. Geistige Mobilität hat nicht automatisch eine Mobilität bei der Partnerwahl zur Folge.

ja   *nein*   3. Die meisten Menschen finden einen Partner in ihrer näheren Umgebung.

ja   *nein*   4. Männer versuchen vor allem mit Humor und Intelligenz, die Aufmerksamkeit der Frauen zu gewinnen.

ja   *nein*   5. Für Frauen ist das Einkommen des Mannes wichtig.

ja   *nein*   6. Frauen reagieren besonders positiv auf Männerparfüme.

6. Nehmen Sie zu den folgenden Fragen Stellung.

1. Könnte der Text auch auf Ihr Heimatland zutreffen? Berichten Sie über Verhaltensweisen oder Sitten und Gebräuche bei der Partnerwahl in Ihrem Heimatland.

2. Welche Möglichkeiten gibt es in Ihrem Heimatland, eine Partnerin/einen Partner kennen zu lernen (Heiratsvermittlungen, Zeitungsannoncen, Internet, Diskotheken o. ä.)?

3. Wird sich der Einfluss der neuen Medien auf die Partnersuche Ihrer Meinung nach in den nächsten Jahren verstärken?

7.   Ordnen Sie den unterstrichenen Wörtern synonyme Wendungen zu.

Verwirrung der Gedanken und Gefühle – die Freundin – attraktiv – feiern – losgelöst – sich verlässt – sich bemühen – vermutet – ist begrenzt – enttäuschende

1.   Romantiker <u>bejubeln</u> die Liebe.   ....

2.   Liebe ist ein <u>Rauschzustand</u>.   ....

3.   Die Gesellschaft hat sich <u>von</u> strenger   ....
     Moral <u>losgesagt</u>.

4.   Soziologen stießen auf eine <u>ernüchternde</u>   ....
     Erkenntnis.

5.   Die Wahl <u>beschränkt sich</u> auf wenige   ....
     Individuen.

6.   Die neuen Medien haben nicht, wie   ....
     vielfach <u>angenommen</u>, zur Mobilität in
     der Partnerwahl geführt.

7.   Interessant ist die Frage, was Männer und   ....
     Frauen aneinander <u>anziehend</u> finden.

8.   Welche Eigenschaften soll der oder <u>die</u>   ....
     <u>Auserwählte</u> besitzen?

9.   Die Menschen von heute <u>werben um</u> die   ....
     Aufmerksamkeit des anderen Ge-
     schlechts.   ....

10. Wer nur <u>auf</u> Statussymbole <u>setzt</u>, hat
     schlechte Karten.

8.   Geben Sie die wichtigsten Aussagen des Textes wieder. Bilden Sie aus den vorgegebenen Wörtern Sätze. (Die fehlenden Präpositionen können Sie, wenn Sie unsicher sind, im Text finden.)

0.   Biologen – Liebe – chemische Reaktion – betrachten
     Biologen betrachten die Liebe als (eine) chemische Reaktion.

1.   Soziologen – Untersuchungen – ernüchternde Erkenntnis – stoßen

     ....

2.   Wahl, Traumpartners – wenige Menschen – sich beschränken

     ....

3. Geistige Mobilität – nicht automatisch – Mobilität – Partnerwahl – führen

   ....

4. 53 %, Frauen – Wert – berufliche Stellung, Partner – legen

   ....

5. Nur 30 %, Männer – Arbeit, ihre Herzensdame – sich interessieren

   ....

6. Männer – Statussymbole – wie – Autos + Geld – arbeiten

   ....

7. Frauen – Humor + Intelligenz, Mann – achten

   ....

9. Ergänzen Sie die fehlenden Präpositionen und das passende Substantiv.

die Liebe / die Verliebtheit
verliebt sein in jemanden
jemanden lieben

....
verlobt sein ....
sich verloben ....

....
verheiratet sein ....
jemanden heiraten

....
geschieden sein ....
sich scheiden lassen ......

....
getrennt leben ....
sich trennen ....

10. Lesen Sie die folgenden Kontaktanzeigen. Welche Annonce gefällt Ihnen am besten? Begründen Sie Ihre Auswahl.

① **Prinz**, 18/175, braune Augen und schwarze Haare, sucht Prinzessin zum Kuscheln und Liebhaben.

② **Herz, Seele und gesunder Menschenverstand** genügen. Ich pfeife auf Hochschulabschluss, Diplom, Nichtraucher, Nichttrinker und Eigenheim. Du kannst das Kaffeewasser ruhig anbrennen lassen!

③ **Getrennt wohnen**, dennoch füreinander da sein. Sie, Anf. 30/172, vorzeigbar, sucht netten Partner zur Freizeitgestaltung und evtl. mehr.

④ **Widder-Frau**, 28/160, schlank, berufstätig, spontan, lebensbejahend und vielseitig interessiert, sucht einen klugen, lebenswerten und sportlichen Partner.

⑤ **Einfach nur glücklich sein!** Ich, m. 32/180, dunkelhaarig, intelligent, humorvoll u. kinderlieb suche dich für eine harmonische Zukunft.

⑥ **Brünette Maus** sucht sportlichen Laptop zw. 30 und 40, Nichtraucher, ledig, zielstrebig, für eine gemeinsame E-Mail-Adresse.

11. Petra und Axel sind auf Partnersuche. Helfen Sie den beiden beim Schreiben einer Annonce. Denken Sie daran – Annoncen kosten ziemlich viel Geld – also formulieren Sie so kurz wie möglich!

Petra: **Mein Traummann** sagt die Wahrheit und ich kann mich immer auf ihn verlassen. Er mag Ordnung in seinen Sachen und kann nicht nur in der Theorie, sondern auch in der Praxis mit Dingen umgehen. Er soll gerne reisen und viel unternehmen und offen für Neues sein.

Ich suche einen ehrlichen, ..., ..., ...,

......................, ..., ... Mann.

Axel: Ich selbst tue oft nichts (z. B. am Sonntag), und auch **meine Traumfrau** kann ruhig gerne träumen. Ich freue mich, wenn sie Kinder liebt und auch anderen Menschen gerne hilft. Sie soll nicht nur Intelligenz, sondern auch Humor haben.

Ich bin gern faul, ich suche eine .... Frau. Sie soll ....

und .... und sowohl .... als auch .... sein.

⇨ IHRE GRAMMATIK: Weitere Übungen zur **Deklination der Adjektive** finden Sie auf Seite 43.

---

12. Erfinden Sie eine Traumfrau/einen Traummann und beschreiben Sie sie/ihn.

Mein Traummann/Meine Traumfrau sollte ...

13. Erklären Sie die folgenden Eigenschaften mit synonymen Wendungen.

gut mit alltäglichen Problemen umgehen können – sich nie oder selten verspäten – genügsam sein – ordnungsliebend sein – sich nicht aus der Ruhe bringen lassen – schnell Angst bekommen – übertrieben sparsam sein – sorgfältig und zuverlässig sein – tolerant sein – immer freundlich sein – wenig oder selten reden

0. pünktlich   sich nie oder selten verspäten

1. bescheiden   ....

2. praktisch   ....

3. ordentlich   ....

4. geizig   ....

5. weltoffen   ....

6. ausgeglichen   ....

7. ängstlich   ....

8. umgänglich   ....

9. schweigsam   ....

10. gewissenhaft   ....

14. Gegensätze ziehen sich an: Wählen Sie aus den angegebenen Eigenschaften die entsprechenden Antonyme aus und ordnen Sie sie zu.
Tipp: Bei manchen Beispielen gibt es nicht nur eine Möglichkeit.

freigiebig – launisch – engstirnig – gesprächig – unpünktlich – schlampig –
oberflächlich – unordentlich – unpraktisch – angeberisch – mutig – eigensinnig – unbeholfen – unausgeglichen – unbescheiden

	Antonym mit *-un*	Antonym ohne *-un*
pünktlich	unpünktlich	–
bescheiden	....	....
praktisch	....	....
ordentlich	....	....
geizig	....	....
weltoffen	....	....
ausgeglichen	....	....
ängstlich	....	....
umgänglich	....	....
schweigsam	....	....
gewissenhaft	....	....

15. Welche Eigenschaften werden von Ihnen (a) am Arbeitsplatz und (b) privat
als ganz besonders positiv/negativ empfunden?
Begründen Sie Ihre Auswahl.

16. In Sprüchen und Sprichwörtern werden oft wichtige Eigenschaften von
Menschen benannt. Lesen Sie sich die Beispiele durch.

a) Erklären Sie die folgenden Sprichwörter.
b) Mit welchen sind Sie einverstanden? Mit welchen nicht?
c) Kennen Sie ähnliche in Ihrer Muttersprache?
d) Von welchen Adjektiven sind die unterstrichenen Substantive abgeleitet?

0. Bescheidenheit ist eine Zier.
Bescheidenheit ist eine gute Eigenschaft   bescheiden

1. Gegen Dummheit kämpfen selbst die Götter vergebens.

    ....

2. Vorsicht ist der bessere Teil der Tapferkeit.

    ....

3. <u>Faulheit</u> stärkt die Glieder.

    ....

4. <u>Gerechtigkeit</u> muss sein.

    ....

5. <u>Pünktlichkeit</u> ist die <u>Höflichkeit</u> der Könige.

    ....

17. Bilden Sie weitere Substantive aus den Adjektiven, mit denen Sie Charakterzüge und das Äußere beschreiben können.

	-heit	*-keit*	*-igkeit*
schüchtern	Schüchternheit	–	–
ehrlich	–	Ehrlichkeit	–
genau	....	....	....
hässlich	....	....	....
eitel	....	....	
klug	....	....	....
freundlich	....	....	....
einfach	....	....	....
gutmütig	....	....	....
offen	....	....	....
bösartig	....	....	....

Ein Jüngling liebt ein Mädchen,
Die hat einen anderen erwählt;
Der andere liebt eine andere,
Und hat sich mit dieser vermählt.

Das Mädchen heiratet aus Ärger
Den ersten besten Mann;
Der ihr über den Weg gelaufen;
Der Jüngling ist übel dran.

Es ist eine alte Geschichte,
Doch bleibt sie immer neu;
Und wem sie just passierte;
Dem bricht das Herz entzwei.

Heinrich Heine: Buch der Lieder (1827)

B. Außergewöhnliche Menschen

1. Die Zeitschrift „Der Spiegel" beauftragte ein demoskopisches Institut, in einer Umfrage herauszufinden, welcher Deutsche den bedeutendsten Beitrag zur Entwicklung der Menschheit geleistet hat.

   Erstellen Sie zuerst selbst in Gruppen- oder Einzelarbeit eine Rangliste der BESTEN DREI und erklären Sie Ihre Wahl. Vergleichen Sie Ihre Platzierungen dann mit dem Umfrageergebnis in Deutschland.

   Hier sind die Kandidaten:

Die Helden der Deutschen

Albert Einstein
Einstein revolutionierte die Physik. Er entwickelte die Relativitätstheorie und die einheitliche Feldtheorie. Den Nobelpreis bekam er 1921 für seine Deutung des Fotoeffekts.

Max Planck
Max Planck leistete mit seiner Quantentheorie einen grundlegenden Beitrag zur Entwicklung der Physik. 1918 erhielt er dafür den Nobelpreis.

Wilhelm Conrad Röntgen
Röntgen entdeckte die X-Strahlen (die später nach ihm als Röntgenstrahlen bezeichnet wurden). 1895 wendete er sie erstmals zur Durchleuchtung der Hand seiner Frau an und setzte so mit der „Röntgenfotografie" einen Meilenstein in der Entwicklung der Medizin. 1901 wurde er dafür mit dem Nobelpreis ausgezeichnet.

Johannes Gutenberg
Gutenberg erfand im Jahre 1440 den Buchdruck mit beweglichen Lettern. Bis dahin brauchte ein Mönch 3 Jahre, um eine einzige Bibel herzustellen. Gutenberg brachte es im gleichen Zeitraum auf 180 Bibeln.

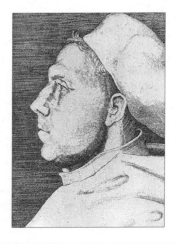

Martin Luther
Martin Luther übersetzte die Bibel ins Deutsche (1522 das Neue Testament, 1534 die gesamte Bibel) und schuf mit dieser Übersetzung die Grundlage des Hochdeutschen als gemeinsamer Sprache der Deutschen. Außerdem reformierte er mit seinen Reformationsschriften die Kirche.

Johann Wolfgang v. Goethe
Goethe gilt bis heute als *das* Genie der deutschen Literatur. Höhepunkt seines Schaffens ist sein 1808 veröffentlichtes Theaterstück „Faust I".

Robert Koch
Der Mediziner entdeckte 1882 den Erreger der Tuberkulose mit einer neuen Färbemethode unter dem Mikroskop. Der Kampf gegen die Seuche konnte beginnen. 1905 erhielt er dafür den Nobelpreis.

Karl Marx
Marx schrieb mit seinem „Kapital" die klassische Theorie des Geldes und mit dem Pamphlet „Das kommunistische Manifest" legte er den theoretischen Grundstein für den Kommunismus.

Helmut Kohl
Kohl wurde als Kanzler der deutschen Wiedervereinigung (1989) gefeiert. Allerdings schadeten ungeklärte Geldgeschäfte während seiner Regierungszeit seinem Ansehen in den letzten Jahren.

Albert Schweitzer
1952 wurde der Mediziner mit dem Friedensnobelpreis für sein jahrelanges Wirken in der Urwaldkrankenstation Lambaréné geehrt.

Ludwig van Beethoven
Der schwerhörige Musiker komponierte zu Beginn des 19. Jahrhunderts meisterhafte Symphonien.

Otto von Bismarck
Bismarck gründete 1871 das „Deutsche Reich" und führte eine Sozialversicherung für Arbeiter ein.

Nikolaus Kopernikus
1543 veröffentlichte Kopernikus seine Erkenntnis, dass nicht die Erde im Mittelpunkt der Welt steht und alles um sie kreist, sondern die Sonne. Damit wurde das geozentrische Weltbild durch das heliozentrische abgelöst.

2. Vergleichen Sie Ihre persönliche Reihenfolge mit der Wahl der deutschen Umfrageteilnehmer.

Johannes Gutenberg

Der SPIEGEL

3. Ergänzen Sie die fehlenden Verben im Präteritum.

schaffen – veröffentlichen – entwickeln – leisten – anwenden – erhalten – entdecken – setzen – bekommen – revolutionieren – erfinden – brauchen – übersetzen – schaden – gründen – ablösen – können – komponieren – ehren – schreiben – legen
(Manche Verben können mehrmals verwendet werden.)

1. **Albert Einstein** .... die Physik. Er .... die Relativitätstheorie und die einheitliche Feldtheorie. Den Nobelpreis .... er 1921 für seine Deutung des Fotoeffekts.

2. **Max Planck** .... mit seiner Quantentheorie einen grundlegenden Beitrag zur Entwicklung der Physik. 1918 .... er dafür den Nobelpreis.

3. **Wilhelm Conrad Röntgen** .... die X-Strahlen. 1895 .... er sie erstmals zur Durchleuchtung der Hand seiner Frau .... und .... so mit der „Röntgenfotografie" einen Meilenstein in der Entwicklung der Medizin.

4. **Johannes Gutenberg** .... im Jahre 1440 den Buchdruck mit beweglichen Lettern. Bis dahin .... ein Mönch drei Jahre, um eine einzige Bibel herzustellen. Gutenberg brachte es im gleichen Zeitraum auf 180 Bibeln.

5. **Martin Luther** .... die Bibel ins Deutsche und .... mit dieser Übersetzung die Grundlage des Hochdeutschen als gemeinsamer Sprache der Deutschen.

6. **Johann Wolfgang v. Goethe** gilt bis heute als *das* Genie der deutschen Literatur. 1808 .... er das Theaterstück „Faust I".

7. **Robert Koch** .... 1882 den Erreger der Tuberkulose mit einer neuen Färbemethode unter dem Mikroskop. Der Kampf gegen die Seuche .... beginnen. 1905 .... er dafür den Nobelpreis.

8. **Karl Marx** .... mit seinem „Kapital" die klassische Theorie des Geldes und mit dem Pamphlet „Das Kommunistische Manifest" .... er den theoretischen Grundstein für den Kommunismus.

9. **Helmut Kohl** wurde als Kanzler der deutschen Wiedervereinigung gefeiert. Allerdings .... ungeklärte Geldgeschäfte während seiner Regierungszeit seinem Ansehen.

10. 1952 .... das Nobelpreiskomitee **Albert Schweitzer** mit dem Friedensnobelpreis für sein jahrelanges Wirken in der Urwaldkrankenstation Lambaréné.

11. **Ludwig van Beethoven** .... zu Beginn des 19. Jahrhunderts meisterhafte Symphonien.

12. **Otto von Bismarck** .... 1871 das „Deutsche Reich" und führte eine Sozialversicherung für Arbeiter ein.

13. 1543 .... **Nikolaus Kopernikus** seine Erkenntnis, dass nicht die Erde im Mittelpunkt der Welt steht und alles um sie kreist, sondern die Sonne. Damit .... das heliozentrische Weltbild das geozentrische ....

⇨ IHRE GRAMMATIK: Weitere Übungen zu den **Vergangenheitsformen der Verben** finden Sie auf Seite 45.

---

4. Stellen Sie zwei oder drei Menschen Ihres Heimatlandes vor, die Ihrer Meinung nach etwas Besonderes zur Entwicklung der Menschheit beigetragen haben.

5.   Lesen Sie den folgenden Text.

Eine starke Frau: Pauline von Lippe-Detmold

Fürstin Pauline zur Lippe, 1769 in Ballenstedt geboren, gilt heute als Musterbeispiel für jene Regenten von kleinen Herrschaftsgebieten, in die das alte deutsche Reich zerfallen war. Pauline führte ihr kleines Fürstentum so mustergültig, dass die Bewohner bis zu den Weltkriegen in gutem bürgerlichen Wohlstand leben konnten. Ihr Vater, Fürst von Anhalt-Bernburg, erzog sie auf gleiche Weise wie ihren Bruder. Sie erhielt Unterricht in Staatswissenschaften und verbrachte den ganzen Tag am Schreibtisch.

Später heiratete sie den Fürsten Leopold zur Lippe, der aber schon im Jahre 1802 starb. Von da an musste Pauline die Regentschaft für ihren unmündigen Sohn übernehmen.

Schon bald bemerkte sie das Elend und die große Armut, die im Lande herrschten. Sie las Bücher über moderne Sozialfürsorge und erkannte, dass die Armen vor allem Arbeit brauchten. Sie errichtete Berufsschulen für Kinder. Dort erlernten sie ein kleines Handwerk und erhielten dafür ein bisschen Geld. Dieser Lohn half den Kindern später beim Aufbau einer eigenen Existenz.

Pauline ließ Listen von Armen und Kranken anfertigen und wer ganz hilfebedürftig war, wurde kostenlos in Krankenstuben versorgt. Zur Betreuung von Wahnsinnigen und Gemütskranken ließ sie ein Schloss umbauen und Kuhställe einrichten, in denen die Kranken Käse und Butter herstellen konnten. Nach der Gründung des ersten deutschen Kindergartens in Detmold (1802) veranstaltete sie ein „Seminar" für Frauen, um Erzieherinnen für weitere Kindergärten auszubilden.

Pauline legte Vorratslager mit Getreide an, was für Zeiten der Hungersnot dringend notwendig war. Sie sorgte für neue Straßenkarten und verkürzte die Wehrpflicht für junge Männer auf fünf Jahre. In vielen Dingen, z. B. in der Fürsorge für Geisteskranke, war Pauline ihrer Zeit so weit voraus, dass sie auf Unverständnis bei Teilen der Bevölkerung und der eigenen Familie stieß.

Sie starb 1820 völlig verarmt in Detmold. Bei der hastigen Beerdigung folgten nur wenige ihrem Sarg, nicht einmal ihre eigenen Kinder. Paulines wohltätige Einrichtungen aber gibt es bis heute und im Volk ist sie dafür unvergessen.

NRZ

---

6. Ergänzen Sie die fehlenden Verben im Präteritum.

bemerken – erziehen – verbringen – erhalten – lesen – übernehmen – führen – sterben – folgen – heiraten – herrschen – verkürzen – erlernen – lassen – betreuen – bekommen – erkennen – können – veranstalten – legen – errichten – gründen

1. Pauline .... ihr kleines Fürstentum mustergültig.

2. Ihr Vater .... sie auf gleiche Weise wie ihren Bruder.

3. Sie .... Unterricht in Staatswissenschaften und .... den ganzen Tag am Schreibtisch.

4. Später .... sie den Fürsten Leopold zur Lippe, der aber schon 1802 ....

5. Von da an .... Pauline die Regentschaft für ihren unmündigen Sohn.

6. Sie .... bald, dass Elend und Armut im Lande ....

7. Sie .... Bücher über moderne Sozialfürsorge.

8. Bei der Beerdigung .... nur wenige ihrem Sarg.

9. Sie ...., dass die Armen vor allem Arbeit brauchten.

10. Sie .... Berufsschulen für Kinder.

11. Die Kinder .... dort ein kleines Handwerk und .... dafür ein bisschen Geld.

12. Sie .... Listen von Armen und Kranken anfertigen.

13. Pfleger .... Wahnsinnige und Gemütskranke in einem Schloss.

14. In Kuhställen .... Kranke Käse und Butter herstellen.

15. Sie .... den ersten deutschen Kindergarten.

16. Sie .... ein „Seminar" für Frauen.

17. Sie .... Vorratslager für Getreide an.

18. Sie .... die Wehrpflicht auf fünf Jahre.

⇨ IHRE GRAMMATIK: Weitere Übungen zu den **Vergangenheitsformen der Verben** finden Sie auf Seite 45.

---

7. Beantworten Sie die folgenden Fragen.

1. Welche soziale Tat von Fürstin Pauline halten Sie für die wichtigste?
2. Wie beurteilen Sie die Reaktion der Familie auf Paulines Wirken?
3. Welche Rolle sollten Ihrer Meinung nach Monarchen oder Landesfürsten in der heutigen Zeit spielen?

C. Lebensläufe

Schule und Ausbildung

1. Berichten Sie über Ihre Schulzeit.

1. Erinnern Sie sich an Ihren ersten Schultag?
   Haben Sie auch eine Zuckertüte bekommen?

2. Beschreiben Sie Ihren Schulweg.

3. Sind Sie gern/ungern zur Schule gegangen?

4. Wie viele Schülerinnen/Schüler waren in Ihrer Klasse?

5. Was war Ihr Lieblingsfach?

6. Hatten Sie eine Lieblingslehrerin/einen Lieblingslehrer?
   Können Sie sie/ihn beschreiben?

7. Können Sie sich an etwas besonders Aufregendes/Lustiges aus Ihrer Schulzeit erinnern?

2. Nehmen Sie zu einer der folgenden Aussagen mit Hilfe der angegebenen Redemittel Stellung.

> – Damit/Mit dieser Aussage stimme ich (nicht) überein ...
> – Damit bin ich (nicht) einverstanden ...
> – Das entspricht auch/nicht meinen Erfahrungen ...
> – Dem stimme ich (nicht) zu ...
> – Meiner Meinung/Meiner Erfahrung nach ...
> – Ich glaube eher, dass ...

1. Jeder kann alles lernen, wenn er nur will.

2. In der Schule soll in erster Linie Wissen vermittelt werden.

3. Wer in der Schule gute Zensuren hat, wird auch ein guter Arzt/Anwalt ...

4. Früher waren die Schüler viel fleißiger.

5. Was Hänschen nicht lernt, lernt Hans nimmer mehr.

6. Nicht für die Schule, für das Leben lernen wir.

3.   Beschreiben Sie die folgende Grafik.

Das Schulsystem in der Bundesrepublik Deutschland
(vereinfachte Darstellung)

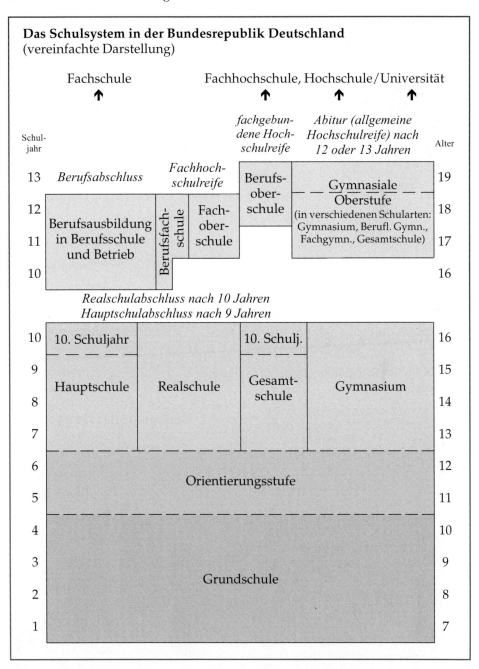

4.   Berichten Sie über das Schulsystem in Ihrem Heimatland.

5. Ergänzen Sie die passenden Substantive.

Fach – Gymnasium – Aufsätze – Klassenbester – Prüfungen – Nachhilfeunterricht – Hausaufgaben – Musterschüler – Zeugnis – Abitur – Diktate –
Allgemeinbildung – Schulzeit – Prädikat – Klasse

Andreas war ein Musterschüler. Schon in der Grund-

schule war er .... Sein liebstes

.... war von Anfang an Mathematik. Er

vergaß nie, seine .... zu machen. Nach der

Grundschule ging er auf das .... Jedes

Jahr brachte er das beste .... der Klasse mit

nach Hause. Er schrieb sehr gute .... und

seine .... waren fehlerfrei. Als er älter

wurde, gab er schwächeren Schülern .... Außerhalb der

.... las Andreas viel, um seine .... zu verbessern. In

der 13. .... bereitete er sich auf seine .... gut vor.

Sein .... bestand er mit dem .... „ausgezeichnet".

6. Beschreiben Sie die folgende Statistik mit Hilfe der angegebenen Redemittel.

– man kann in/aus der Statistik
  deutlich erkennen, ...
– aus der Statistik kann man entnehmen, ...
– aus der Statistik geht hervor, ...
– die Statistik zeigt ...
– in/aus der Statistik wird deutlich ...
– Gymnasium/Realschule/Haupt-
  schule abschließen
– das Abitur bestehen/die Hoch-
  schulreife erreichen
– die Schule ohne Abschluss verlassen
– ... liegt bei/beträgt ... Prozent
– hat zugenommen/ist gestiegen
– hat abgenommen/ist gesunken

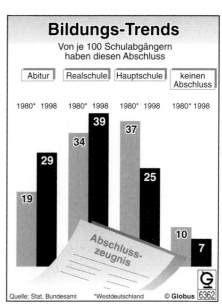

Bildungs-Trends
Von je 100 Schulabgängern
haben diesen Abschluss

| Abitur | Realschule | Hauptschule | keinen Abschluss |

1980* 1998   1980* 1998   1980* 1998   1980* 1998

19 29   34 39   37 25   10 7

Quelle: Stat. Bundesamt   *Westdeutschland   © Globus 6362

7. Redemittel: Ausbildung

Schulzeit
– eine Schule besuchen/zur Schule gehen
– auf eine Schule gehen/in die Schule gehen
– die Schule schwänzen
– die Schulausbildung abschließen
– Fächer haben/wählen/mögen
– ein gutes/mittelmäßiges/schlechtes Zeugnis erhalten/bekommen
– für eine Prüfung lernen/büffeln (umg.)
– eine Prüfung/das Abitur/die mittlere Reife machen/ablegen/
  bestehen
– durch eine Prüfung fallen
– in die nächste Klasse (nicht) versetzt werden/sitzen bleiben

nach der Schule
– einen Beruf wählen/ergreifen/erlernen
– an einer Fachhochschule/Hochschule/Universität studieren
– ein Studium beginnen/unterbrechen/weiterführen/abschließen
– Vorlesungen und Seminare besuchen
– Kurse machen/besuchen/belegen; an einem Kurs teilnehmen

8a. Ordnen Sie das passende Verb/die passenden Verben zu.

0.	auf eine Schule	belegen
1.	an einer Hochschule	gehen
2.	einen Beruf	schreiben
3.	einen Kurs	lernen
4.	in der Freizeit Deutsch	besuchen
5.	eine Prüfung	studieren
6.	an einer Semesterarbeit	ergreifen
7.	Vorlesungen	ablegen

8b. Finden Sie Verben mit antonymer Bedeutung.

0. Die Studiendauer wird   Die Studiendauer wird <u>verkürzt</u>.
   <u>verlängert</u>.

1. eine Prüfung <u>bestehen</u>   durch eine Prüfung ....

2. sich über eine Zensur <u>freuen</u>   sich über eine Zensur ....

3. einen Schüler <u>loben</u>   einen Schüler ....

4. Der Schüler <u>geht zum</u>   Der Schüler .... den Un-
   <u>Unterricht</u>.   terricht.

5. Der Schüler wird <u>in die</u>   Der Schüler ....
   <u>nächste Klasse versetzt</u>.

6. ein Studium <u>beginnen</u>   ein Studium ....

7. das Studium nach dem vier-   das Studium nach dem vierten Semes-
   ten Semester <u>weiterführen</u>   ter ....

9. Persönlicher Brief

   Sie haben eine Freundin/einen Freund aus Ihrer Schulzeit lange nicht gesehen. Jetzt möchten Sie mit ihr/ihm wieder Kontakt aufnehmen. Schreiben
   Sie einen Brief und berichten Sie,
   – warum Sie schreiben,
   – was Sie seit Ihrer Schulzeit gemacht haben,
   – über Ihre jetzige Situation und Ihre Pläne für die nächsten Wochen.

Der ausführliche Lebenslauf

10. Redemittel

Name/Wohnort	– mein Name ist .../ich wohne in ...
Geburtstag/Ort	– ich <u>wurde</u> am ... in ... <u>geboren</u>
Schulzeit	– von .... bis ... <u>besuchte</u> ich <u>die Grundschule</u> in ... – von ... bis ... <u>ging</u> ich <u>auf die Realschule</u>/das Gym- nasium in ... – meine <u>Schulzeit schloss</u> ich <u>mit</u> der Prüfung der Mittleren Reife/dem Abitur <u>ab</u>./... <u>legte</u> ich <u>die</u> <u>Prüfung</u> der Mittleren Reife/das Abitur mit der Note/dem Prädikat „gut" <u>ab</u>
Berufsausbildung	– von ... bis ... <u>besuchte</u> ich <u>die Berufsschule</u>/Berufs- fachschule in ... und <u>bestand</u> ... <u>die Prüfung zur/</u> <u>zum</u> (Bürokauffrau/Einzelhandelskaufmann) mit „sehr gut"/von ... bis ... <u>erlernte ich</u> an der Berufs- fachschule <u>den Beruf einer/eines</u> (Bürokauffrau/ Einzelhandelskaufmannes). – ... <u>begann</u> ich <u>als Auszubildende/Auszubilden-</u> <u>der</u> bei ... – ... <u>schloss ich</u> meine Berufsausbildung ... mit sehr gutem Ergebnis <u>ab</u>.
Studium	– von ... bis ... <u>studierte</u> ich <u>an der Universität</u> ... (Betriebswirtschaftslehre)

	– ... <u>erhielt</u> ich mein <u>Diplom</u> als (Betriebswirt)/ meinen <u>Magister</u> als Germanistin
Praktika	– Ende des (dritten) Studienjahres <u>absolvierte</u> ich <u>ein</u> (dreimonatiges) <u>Praktikum bei</u> ..., bei dem ich <u>Erfahrungen</u> auf dem Gebiet/im Bereich ... <u>sammeln/machen</u> konnte.
Wehrdienst	– meinen <u>Wehrdienst leistete</u> ich ... beim ... Regiment in ... – meinen <u>Zivildienst absolvierte</u> ich bei der (Caritas).
beruflicher Werdegang	– seit ... <u>arbeite</u> ich <u>als</u> ... bei der Firma ... – <u>zu meinem Aufgabenbereich</u>/Zuständigkeitsbereich/Verantwortungsbereich <u>gehören</u> ...
besondere Fähigkeiten/Kenntnisse	– selbstverständlich <u>beherrsche</u> ich am Computer ... (alle gängigen Standard-Office-Programme). – ich <u>verfüge über</u> sehr gute ... (Englisch- und Französisch)-<u>Kenntnisse</u> in Wort und Schrift
Familienstand	– ich bin ... (verheiratet) (und habe ... Kinder)

Hinweis: Der ausführliche Lebenslauf ist ein zusammenhängender Text. Manche (wenige) Firmen legen bei Bewerbungen Wert darauf, dass er mit der Hand geschrieben wird.

11. Ergänzen Sie die fehlenden Verben.

   1. Ich wurde am 6. März 1958 in Dortmund ....

   2. Von 1964 bis 1968 .... ich die Grundschule in München, von 1968 bis 1977 .... ich auf das Gymnasium.

   3. Meine Schulzeit .... ich mit dem Abitur ab.

   4. Von 1983 bis 1986 .... ich an der Berufsfachschule in Reutlingen den Beruf eines Einzelhandelskaufmannes.

   5. Meinen Wehrdienst .... ich 1987 beim 10. Panzerregiment in Nürnberg.

   6. Ab 1990 .... ich an der Universität Greifswald Volkswirtschaftslehre und .... 1995 mein Diplom als Volkswirt.

   7. Ende des zweiten Studienjahres .... ich ein dreimonatiges Praktikum bei Siemens, bei dem ich Erfahrungen auf dem Gebiet des strategischen Managements .... konnte.

8. Seit Juli 2001 .... ich als Informatiker beim Finanzamt in Berlin.

9. Zu meinem Zuständigkeitsbereich .... die Betreuung der Hard- und Software-Systeme und die Entwicklung von Programmen.

10. Ich .... über sehr gute Englisch- und Französischkenntnisse in Wort und Schrift.

⇨ IHRE GRAMMATIK: Weitere Übungen zu den **Vergangenheitsformen der Verben** finden Sie auf Seite 45.

---

12. Bilden Sie aus den angegebenen Informationen Sätze für einen Lebenslauf.

0. 1979 Dresden
    1979 wurde ich in Dresden geboren. Ich wurde 1979 in Dresden geboren.

1. 1985–1989 Grundschule, 1989–1997 Gymnasium

    ....

2. 1997 Abitur, Prädikat „gut"

    ....

3. 1997–1998 Wehrdienst, Bundeswehr

    ....

4. 1998 Studium, Betriebswirtschaft, Maximilians-Universität, München

    ....

5. Sommer 2000, Praktikum, Siemens

    ....

6. Erfahrungen, Bereich Marketing

    ....

7. Englisch, sehr gut + Französisch, gut

    ....

8. MS Office

    ....

9. unverheiratet, München

    ....

13. Schreiben Sie Ihren eigenen Lebenslauf oder den einer anderen/erfundenen Person in ausführlicher Form.

Der tabellarische Lebenslauf

Hinweis: Für Bewerbungen aller Art ist in der Regel der tabellarische Lebenslauf ausreichend. Den ausführlichen Lebenslauf schreibt man nur, wenn er ausdrücklich verlangt wird.
Der tabellarische Lebenslauf ist normalerweise zweispaltig verfasst und enthält dieselben Inhaltspunkte wie der ausführliche Lebenslauf: persönliche Daten, Schule, Berufsausbildung oder Studium, Berufspraxis, sonstige Fähigkeiten und Kenntnisse.

14. Lesen Sie das folgende Beispiel.

Persönliche Daten	Sabine Neuhäuser Hauptstraße 36, 90406 Nürnberg geb. 20.4.74 in Tegernsee ledig deutsche Staatsangehörigkeit
Ausbildung 1980–1984 1984–1993 1993–1998 1998	 Grundschule Gmund Gymnasium Tegernsee, Abitur, Prädikat: „gut" Studium der Volkswirtschaftslehre an der Universität München Abschluss als Diplom-Volkswirtin, Prädikat: „gut"
Praktika Juni–September 1996 Juni–September 1997	 Deutsche Bank, Nürnberg Einsatz in der Vermögensverwaltung und in der Wertpapierabteilung Siemens, München Abteilung Planung und Kontrolle Erstellung eines elektronischen Kontrollsystems
Berufstätigkeit 1998–heute	 Mitarbeiter der Forschungsabteilung bei der Deutschen Bank in Nürnberg, Analyse von Börsendaten und wirtschaftlichen Entwicklungen, Auswertung englisch- und spanischsprachiger Börsenberichte
Sonstige Kenntnisse	sehr gute Englischkenntnisse in Wort und Schrift gute Spanischkenntnisse MS Office

15. Schreiben Sie Ihren eigenen Lebenslauf oder den einer anderen/erfundenen Person in tabellarischer Form.

D. Ihre Grammatik

Modalverben

1. Ordnen Sie den Modalverben die passende Umschreibung zu und bilden
    Sie jeweils einen Beispielsatz mit dem Modalverb.

1a.
1. mögen   es besteht die Möglichkeit/Gelegenheit, etwas zu tun
2. müssen   eine andere Person wünscht etwas von jemandem
3. sollen   jemand ist in der Lage, etwas zu tun
4. wollen   etwas ist notwendig
5. können   etwas ist erlaubt
6. dürfen   jemand findet etwas gut
                            jemand hat die Absicht
                            es ist eine Pflicht

1. Ich mag Jazz-Musik.

2. ....

3. ....

4. ....

5. ....

6. ....

1b.
1. nicht können   jemand ist nicht in der Lage, etwas zu tun
2. nicht dürfen   jemand kann etwas/jemanden nicht leiden
3. nicht brauchen/müssen   man hat keine Gelegenheit
4. nicht wollen   es ist nicht erwünscht
5. nicht mögen   jemand hat nicht den Wunsch
6. nicht sollen   es ist verboten
                            es ist nicht notwendig
                            eine andere Person hat etwas dagegen

1. ....

2. ....

3. ....

4. ....

5. ....

6. ....

2. Ergänzen Sie das Modalverb in der richtigen Form.

1. können   ich kann   er ....   wir ....

2. müssen   du ....   er ....   ihr ....

3. wollen   ich ....   du ....   Sie ....

4. sollen   er ....   wir ....   ihr ....

5. mögen   ich ....   es ....   Sie ....

6. dürfen   du ....   er ....   wir ....

Hinweise zu Modalverben

— *Mögen* wird oft ohne zweites Verb im Infinitiv gebraucht.
Ich mag dich. = Ich hab dich gern.
Ich mag Jazz. = Mir gefällt Jazz. Ich habe Jazz gern.

— *Möchte(-st/-n)* ist eine Höflichkeitsform.
Die Vergangenheitsform von *möchte* ist *wollte*.
Möchten Sie sich das Bild genauer ansehen?
Wolltest du nicht gestern ins Kino gehen?

— *nicht müssen = nicht brauchen*
Meistens finden wir die Verbindung: *brauchen + zu + Infinitiv,*
aber immer mehr setzt sich durch: *brauchen + Infinitiv*
Petras Mann verdient sehr gut, deswegen braucht Petra nicht zu arbeiten.
                        deswegen braucht Petra nicht arbeiten.

---

3. Was passt wohin? Ergänzen Sie das fehlende Modalverb in der richtigen Form.

dürfen (2 x) – konnten – möchten – müssen (2 x) – wollen (2 x)

Auf der Party

1. Schön, dass Sie gekommen sind! .... Sie sich allein mit den anderen bekannt machen oder .... ich Sie vorstellen? – Danke, das ist sehr nett gemeint, aber wir .... uns erst einmal ein bisschen umsehen.

2. Schatz, du .... unbedingt Gabi Müller kennen lernen. Sie ist so nett. Ich .... euch schon lange miteinander bekannt machen, aber immer .... du nicht.

3. .... ich vorstellen – Gabi Müller, meine Frau Kerstin. – Angenehm. Ich habe übrigens schon viel von Ihnen gehört. – Ja? Das .... Sie mir einmal erzählen!

4. Ergänzen Sie das fehlende Modalverb in der richtigen Form. Es gibt manchmal mehrere Lösungen.

    0. <u>Darf</u> ich Sie mal kurz stören?
    1. Der Kopierer geht wieder. Du .... jetzt kopieren.
    2. .... Sie noch eine Tasse Tee?
    3. Herr Müller hat sich krank gemeldet. Du .... ihn bei der Besprechung vertreten.
    4. Alles ist gut gelaufen. Du .... dir keine Sorgen zu machen.
    5. Bei diesem Problem .... Ihnen nur ein Spezialist helfen.
    6. Ist Ihnen heiß? .... ich das Fenster öffnen?
    7. Du .... dich auf die Prüfung gut vorbereiten, sonst fällst du durch.
    8. .... ich hier eine Zigarette rauchen? Lieber nicht. Der Chef .... das nicht.
    9. Wenn Sie zu diesem Thema mehr wissen wollen, ... Sie sich an Dr. Stuber wenden.
    10. Ich habe im Lotto gewonnen und .... mein Geld anlegen. Was .... Sie mir empfehlen?
    11. Tut mir Leid. Ich .... heute Abend nicht mitkommen. Ich .... Überstunden machen.
    12. Warum isst du nichts? .... du keinen Schokoladenkuchen?
    13. Schönen Gruß von Herrn Schulze. Du .... ihm heute noch das Angebot faxen.
    14. Ich .... täglich nur noch 6,5 Stunden arbeiten.
    15. .... ich den Brief gleich schreiben oder .... das auch morgen erledigen?
    16. Wir .... auf keinen Fall im selben Hotel wie letztes Jahr übernachten.
    17. Mein Französisch ist zu schlecht. Ich .... diesen Brief nicht übersetzen.
    18. Du .... jetzt nicht aufzuräumen. Ich mache das nachher.
    19. Was .... Sie an Ihrer Arbeit besonders?
    20. Die Zeit ist um. Wir .... jetzt Schluss machen.

Deklination der Adjektive

Adjektive nach
der/dieser/jener/jeder/mancher/solcher/welcher/sämtliche*/alle*
(*nur Plural)

Nominativ	*der alte Mann*	*die schöne Frau*	*das kleine Kind*	*die reichen Leute*
Akkusativ	*den alten Mann*	*die schöne Frau*	*das kleine Kind*	*die reichen Leute*
Dativ	*dem alten Mann*	*der schönen Frau*	*dem kleinen Kind*	*den reichen Leuten*
Genitiv	*des alten Mannes*	*der schönen Frau*	*des kleinen Kindes*	*der reichen Leute*

Adjektive nach
ein/mein/dein/sein/ihr/unser/euer/Ihr/kein

Nominativ	*ein alter Mann*	*eine schöne Frau*	*ein kleines Kind*	*keine reichen Leute*
Akkusativ	*einen alten Mann*	*eine schöne Frau*	*ein kleines Kind*	*keine reichen Leute*
Dativ	*einem alten Mann*	*einer schönen Frau*	*einem kleinen Kind*	*keinen reichen Leuten*
Genitiv	*eines alten Mannes*	*einer schönen Frau*	*eines kleinen Kindes*	*keiner reichen Leute*

5. Ergänzen Sie die Endungen der bestimmten/unbestimmten Artikel und der Adjektive/Partizipien, wenn nötig, im Nominativ.

Das ist ...

0. ein*e* richtig*e* Entscheidung

1. ein..... unpassend..... Moment
2. mein..... früher..... Mathematik-lehrer
3. d..... nett..... Mann von gestern
4. ein..... traurig..... Geschichte
5. d..... jüngst..... Kind meiner Schwester

6. unser..... neu..... Nachbar
7. ein..... total chaotisch..... Mensch
8. ein..... sehr nett..... Kollege
9. aber ein..... klein..... Zimmer
10. d..... verschwunden..... Bild

6. Ergänzen Sie die Endungen der bestimmten/unbestimmten Artikel und der Adjektive/Partizipien, wenn nötig, im Akkusativ oder Dativ.

0. Ich danke dir für di*e* schön*en* Blumen.

1. Er trug zum Fest sein..... best..... Anzug.
2. Mit dies..... alt..... Auto wollt ihr nach Spanien fahren!

3. Ich hielt ihn bisher für ein..... zuverlässig..... Freund.

4. Was hast du da für ein..... schön..... Armband!

5. Borgst du mir dein..... warm..... Mantel?

6. Ich habe ein..... neu..... Haus.

7. Dies..... langweilig..... Film habe ich schon gesehen.

8. Er spricht mit ein..... leicht..... französisch..... Akzent.

9. Gestern besichtigten wir ein herrlich..... alt..... Schloss.

10. Nach ein..... kurz..... Ansprache erhoben die Gäste die Gläser auf d..... jung..... Paar.

7. Formulieren Sie Fragen und antworten Sie.

   0. Kompliment – gelungen   Was ist für Sie ein gelungenes Kompliment?
      Ein gelungenes Kompliment ist für mich, wenn mich jemand fragt, ob ich abgenommen habe.

   1. Verhalten – merkwürdig ....
      ....

   2. Ort zum Lesen – ideal ....
      ....

   3. Sprache – schön ....
      ....

   4. Urlaub – erholsam ....
      ....

   5. Sportart – schwierig ....
      ....

   6. Fest – misslungen ....
      ....

   7. Unterricht – gut ....
      ....

   8. Wochenende – toll ....
      ....

   9. Idee – großartig ....
      ....

10. Ereignis – wichtig ....
....

11. Beruf – anstrengend ....
....

12. Apparat – zeitsparend ....
....

Vergangenheitsformen der Verben

	Präsens	Präteritum	Perfekt
Schwache Verben:	*ich kaufe* *ich reise*	*ich kaufte* *ich reiste*	*ich habe gekauft* *ich bin gereist*
Starke Verben:	*ich helfe* *ich fahre*	*ich half* *ich fuhr*	*ich habe geholfen* *ich bin gefahren*
Mischverben:	*ich denke*	*ich dachte*	*ich habe gedacht*
Partizip ohne ge-:	*ich studiere* *ich beginne*	*ich studierte* *ich begann*	*ich habe studiert* *ich habe begonnen*

(Verben mit untrennbaren Präfixen und Verben auf *-ieren* und *-eien*)

Beachten Sie:

– Das Präteritum verwendet man vor allem im schriftlichen Bereich, in der mündlichen Kommunikation eher das Perfekt. Eine Ausnahme bilden die Modalverben und die Hilfsverben *sein* und *haben*.

– Alle Verben, die einen Akkusativ verlangen und alle reflexiven Verben bilden das Perfekt mit *haben*.
Wir haben ein Haus gebaut. Ich habe mich geärgert.
(Im Süddeutschen und im Österreichischen gibt es Abweichungen.
Ich habe gesessen. – österr.: *Ich bin gesessen.*)

– Verben der Orts- und Zustandsveränderung sowie *sein* und *bleiben* bilden das Perfekt mit *sein*.
Die Blumen sind verblüht. Ich bin in Italien gewesen.

8. Fragen Sie Ihre Nachbarin/Ihren Nachbarn nach seinen Erlebnissen in der letzten Woche oder am letzten Wochenende (z. B. Arbeit, Erfolge, Ärger, Wetter, Feste, Essen, Freizeit ...).
Machen Sie sich Stichpunkte und berichten Sie dann darüber.

9. Setzen Sie die folgenden Verben ins Präteritum.

1. arbeiten   ich   arbeitete   er   ....   ihr   ....

2. wissen   er   ....   wir   ....   Sie   ....

3. können   du   ....   er   ....   wir   ....

4. sitzen   ich   ....   du   ....   ihr   ....

5. rennen   du   ....   wir   ....   ihr   ....

6. sagen   ich   ....   du   ....   ihr   ....

7. liegen   ich   ....   er   ....   Sie   ....

8. legen   ich   ....   du   ....   wir   ....

9. mögen   er   ....   wir   ....   ihr   ....

10. setzen   ich   ....   du   ....   Sie   ....

11. gehen   ich   ....   du   ....   er   ....

12. lesen   ich   ....   er   ....   wir   ....

10. Ergänzen Sie die Modalverben *können/wollen/sollen/müssen/mögen/dürfen* im Präteritum.

1. Ich .... gestern leider nicht kommen, ich hatte solche Zahn-schmerzen.

2. Sie .... als Kind nicht alleine in den Park gehen.

3. Herr Meier .... in der letzten Wochen jeden Tag bis 20.00 Uhr arbeiten.

4. Ich bin froh, dass wir einen neuen Chef haben. Den alten .... ich nicht.

5. Der Brief liegt ja immer noch hier! Der .... doch schon gestern zur Post gebracht werden.

6. Frau Meier war ja schon wieder bei dir. Was .... sie denn?

11. Setzen Sie die folgenden Sätze ins Präteritum und ins Perfekt.

1. Er weiß mal wieder nicht Bescheid.

    ....

    ....

2. Sie nennt einen falschen Namen.

....

....

3. Der Student wendet sich mit dem Problem an den Professor.

....

....

4. Anna denkt nicht daran, sich zu entschuldigen.

....

....

5. Wir senden Ihnen die Waren sofort nach Erhalt des Auftrags.

....

....

6. Kennst du diese Leute?

....

....

7. Der Einbrecher rennt die Straße hinunter.

....

....

8. Er bringt ihr regelmäßig Blumen mit.

....

....

12. Ergänzen Sie das Hilfsverb und das Partizip Perfekt.

0. Den Roman <u>habe</u> ich schon <u>gelesen</u>. (lesen)

1. Ich .... vor zwei Jahren mit dem Rauchen .... (aufhören)

2. Ich .... meinen Pass zu Hause .... (vergessen)

3. Wo .... ihr euch zum ersten Mal .... (begegnen)

4. Wo .... du deine Uhr ....? (verlieren)

5. Wir .... früher öfter .... (verreisen)

6. Ich .... 1983 .... (heiraten)

7. Daran .... ich leider nicht .... (denken)

8. Der Dieb .... unerkannt .... (verschwinden)

9. Das Haus .... bis auf die Grundmauern ....
(abbrennen)

10. .... du dich bei ihm ....? (entschuldigen)

13. **Ergänzen Sie die fehlenden Verben im Präteritum.**

widmen – planen – unternehmen – nachgehen – ändern – verlaufen – erleben – dürfen – kennen lernen – aufhalten – empfinden – sehnen – sparen –
mitteilen – lieben – sein

Die letzten beiden Jahre vor ihrer Reifeprüfung im März 1940 ....

für Sophie Scholl – äußerlich betrachtet – ohne größere Konflikte. Sie

.... dem Unterricht gerade so viel Aufmerksamkeit, wie zur

Wahrung ihres Leistungsniveaus notwendig war.

Neben der Schule .... die Gymnasiastin weiter ihren Hobbys

............., vor allem den künstlerischen: Zeichnen und gelegentlich auch Töp-

fern. Einer Freundin .... sie im November 1938 ...., dass sie

beim Aktmalen immer noch Männer zeichnen müsse.

Im Sommer .... das Baden ihre Lieblingsbeschäftigung. Sie

.... es aber auch, einfach draußen zu sein. Ihr Verhältnis zur

Natur .... sich nicht, es wurde eher noch inniger.

In den Sommerferien .... sie zusammen mit ihrem Bruder

Werner einen Ausflug an die Nordsee und .... dabei eine stür-

mische Fahrt in einem Fischkutter. Ein Jahr später, 1939, ... sie

sich für einige Tage im Künstlerdorf Worpswede ...., wo sie manchen

Künstlern bei ihrer Arbeit zuschauen .... Sie ....

das Werk der Malerin Paula Modersohn ...., für die sie eine

große Verehrung .... Bei solchen Reisen .... sie

sich immer schnell nach ihrem Schwabenland zurück. Sie ....

ihre Ferien rechtzeitig und .... sich eisern das dafür erforderli-

che Taschengeld zusammen.

(aus: Hermann Vinke: Das kurze Leben der Sophie Scholl)

⇨ IHRE GRAMMATIK: Weitere Übungen zu diesen und anderen Grammatik-
themen finden Sie im Internet unter **www.aufgaben.schubert-verlag.de**.

Kapitel 2   Wo? – Daheim und unterwegs

A. Wohnen

1. Wo möchten Sie gern wohnen? Beschreiben Sie Ihren „Wunschwohnort" so genau wie möglich und begründen Sie Ihre Auswahl.

- Dorf – Kleinstadt – Großstadt

- Innenstadt – Stadtrand

- in der Nähe öffentlicher Verkehrs-mittel

- am Meer – in den Bergen – auf dem Land

- Hochhaus – Mehrfamilienhaus – Reihenhaus – Doppelhaushälf-te – Einfamilienhaus

- Altbau – Neubau

- Eigentumswohnung – Mietwoh-nung

- viele Zimmer – großes Wohnzim-mer – große Küche – großes Bad – helle Räume – hohe Fenster – Terrasse – Balkon – Stuck* an der Decke

  * *Verzierung aus Gips, Kalk und Sand*

2. Lesen Sie den folgenden Text.

Zwei Drittel der Bürger wollen in die Stadt

Die Mehrzahl der Deutschen bevorzugt eine urbane* Umgebung.

Wie eine aktuelle Umfrage des Nürnberger Meinungsforscherzentrums *Icon* ergab, wollen 13 Prozent der Befragten am liebsten etwas Eigenes in einer innerstädtischen Lage erwerben, 53 Prozent möchten gern am Stadtrand wohnen und nur 34 Prozent wollen sich in einer ländlichen Umgebung niederlassen.

Familien mit Kindern meiden die Innenstädte. Nur 8 Prozent möchten ihre Kleinen hier großziehen. Sie würden am liebsten am Stadtrand oder in einer ländlichen Idylle leben.

Auch das Alter spielt beim Wohnungswunsch eine Rolle. 74 Prozent der über 60-Jährigen und 68 Prozent der unter 24-Jährigen bevorzugen die Stadt.

Berliner Zeitung

* Worterklärung: <u>*urbane*</u> *Umgebung* = städtische

3. Geben Sie den Inhalt des Textes wieder, indem Sie aus den vorgegebenen Wörtern Sätze bilden.

1. Mehrzahl – Deutsche – Wohnung – Stadt – bevorzugen

   ....

2. Familien mit Kindern – Stadtrand – lieber – wohnen

   ....

3. Alter – Wohnungswunsch – große Rolle – spielen

   ....

4. ältere + junge Menschen – Stadt – mögen

   ....

⇨ IHRE GRAMMATIK: Weitere Übungen zu **Lokalangaben** finden Sie auf Seite 75.

---

4. Lesen Sie die folgenden Wohnungsanzeigen aus verschiedenen Zeitungen
    für den Raum München.

Bestlage am Cosimapark, Erstbezug, zum 1.9., bildsch. 2-Zi-Whg., 57 m² Wfl., Südblk., Luxus-EBK, Parkett, EUR 830,– inkl. TG + NK + Kaut., R.A.I.-Immobilien ...

1-Zi-App., voll möbl., 29 m², Mü-Moosach, s. ruhig, W-Lage + Loggia, 20 Min. Hbf, EUR 450,– + 75,- NK, Tel.: ...

Aschheim – Erdinger Str., 2-Zi.-Dachterr.-Whg., ca. 91 m², MM EUR 990,– + NK/HZ/KT, sofort beziehbar, 1 MM Bearb.-Gebühr, H&H Immob. ...

München/Sendling, 3-Zi-DT-Whg., ca. 80 m², EBK, Parkett, Gäste-WC, frei ab Sept., Miete EUR 1030,– incl. TG + NK + KT , imp GmbH, Immobilien ...

1 1/2-Zi.-Whg. Germering, 42 m², EBK, TG, z. 1.10., EUR 520,– + NK + KT, J. Wimmer Immobilien ...

Pasing/Obermenzing, Neubau, großzüg. 2-Zi-Whg., zzgl. Hobbyr., ca. 129 m², Gartenant., S-Terr., Parkett, helles Bad, EUR 1128,– + NK, Ohl Immob. ...

Nymphenburg, hell, ruh., 2-Zi.-EG + Hobbyr., ca. 100 m² + ca. 100 m² Gart., Bj. 92, TG, gehob. Ausstatt., FbH, Marmorböden, EUR 1325,– + TG + NK, Tel. ...

Schwabing – Am Josephplatz, großz., komf. 3 Zi.-AB-Whg., 86 m², im 1. OG, Wohnküche mit EBK, Parkett, z. T. Stuckdecken, Kabel, vollst. renov., EUR 1100,– inkl. NK + ZH, prov.frei, Tel. ...

5. Ordnen Sie den Abkürzungen die richtigen Begriffe zu.

Tiefgarage – Altbauwohnung – Zentralheizung – Monatsmiete – zuzüglich – Fußbodenheizung – Wohnfläche – Einbauküche – Nebenkosten – 2-Zimmer-Wohnung – Dachterrassenwohnung – Heizung – Kaution – Hauptbahnhof – Balkon – Obergeschoss

0. 2-Zi.-Whg.   2-Zimmer-Wohnung

1. AB-Whg.   ....

2. DT-Whg.   ....

3. Hbf   ....

4. MM   ....

5. Wfl.   ....

6. OG   ....

7. Blk.   ....

8. EBK   ....

9. TG   ....

10. NK ....

11. KT/Kaut. ....

12. HZ ....

13. ZH ....

14. FbZ ....

15. zzgl. ....

6. Was bedeuten die Abkürzungen?

    0.   s. ruhig   sehr ruhig

    1.   bildsch. 2-Zi-Whg. ....

    2.   großzüg. 2-Zi-Whg. ....

    3.   großz., komf. 3-Zi.-Whg. ....

    4.   vollst. renov. ....

    5.   voll möbl. ....

    6.   W-Lage ....

    7.   Hobbyr. ....

    8.   S-Terr. ....

    9.   gehob. Ausstatt. ....

   10.   Bearb.-Gebühr ....

   11.   Gartenant. ....

7. Wenn Sie sich zum Thema Mieten in Deutschland nicht so gut auskennen, dann finden Sie hier ein paar Hinweise:

Eine Wohnung mieten

- Sie können in Deutschland eine Wohnung über einen Makler, einen Mieterverein oder von einer Privatperson mieten.
- Wenn Sie eine Wohnung über einen Makler mieten wollen, müssen Sie Provision zahlen. Das können, je nach Lage, Nachfrage und Angebot, ein bis drei Monatsmieten sein.
- In Deutschland sind die zu mietenden Wohnungen meistens mit einem Fußbodenbelag ausgestattet und die Wände sind weiß gestrichen. Bei Mietbeginn muss der Mieter eine Kaution bezahlen, die er, wenn er aus der Wohnung wieder auszieht, zurück bekommt. Die Wohnung muss aber in dem Zustand verlassen werden, wie sie vorgefunden wurde. Ist das nicht der Fall, hat der Vermieter das Recht, die Kaution einzubehalten.

- Es gibt in der Regel in Mietwohnungen keine Einbauküche. Man muss Küchenmöbel mitbringen oder sich neue kaufen. Sollte doch eine Küche in der Wohnung sein, müssen Sie normalerweise einen Ablösebetrag dafür bezahlen.
- Sie sollten sich den Mietvertrag gut durchlesen. Achten Sie auf Kündigungsfristen oder auf Stellen im Vertrag, die etwas verbieten, z. B. das Halten von Haustieren.
- In vielen Miethäusern gibt es eine Hausordnung. In so einer Hausordnung wird zum Beispiel vorgeschrieben, ab wann man die Haustür zuschließen oder dass man in gewissen Abständen das Treppenhaus säubern soll. Wenn man keinen Ärger mit den Nachbarn möchte, sollte man die Vorschriften der Hausordnung im Wesentlichen berücksichtigen.

8. Vergleichen Sie die Anmerkungen mit der Situation in Ihrem Heimatland und berichten Sie über die Möglichkeiten, in einer Großstadt eine Wohnung zu mieten (Angebot, Vermittler, Preise).

9. Lesen Sie die Antwort auf eine Wohnungsanzeige in der Süddeutschen Zeitung und ergänzen Sie die fehlenden Präpositionen.

Ihre Wohnungsanzeige WZ5024 .... 13.5. .... der SZ

Sehr geehrte Damen und Herren,

.... der Süddeutschen Zeitung .... 13.5. bieten Sie ein möbliertes Zimmer .... Zentralheizung und warmen Wasser .... monatlich 300,– Euro an. Da ich .... Wintersemester dieses Jahres einen Studienplatz .... der Universität München bekommen habe, wäre ich .... Ihrem Angebot sehr interessiert. Das Wintersemester dauert .... 1.10. .... 28.2.

Ich komme .... Gouda, bin 21 Jahre alt und studiere .... Zeit Deutsch und Geschichte .... der Universität Utrecht.

.... Wochenende fahre ich .... München und würde mir .... dieser Gelegenheit gern das Zimmer ansehen und mich .... Ihnen vorstellen. Wenn Sie noch Fragen haben, können Sie mich .... der Nummer 00314568976545 täglich .... 18.00 Uhr erreichen.

.... Ihre positive Antwort würde ich mich sehr freuen.

.... freundlichen Grüßen

Wim Berg

10. Sie suchen für einen gewissen Zeitraum ein Zimmer / eine Wohnung in Deutschland und haben die folgenden Anzeigen in der Zeitung gelesen. Wählen Sie eine Anzeige aus und nehmen Sie telefonisch Kontakt auf.

Gehen Sie dabei kurz auf folgende Punkte ein:
   - ob das Zimmer / die Wohnung noch zu mieten ist,
   - wofür und wie lange Sie das Zimmer / die Wohnung mieten wollen,
   - was Sie sonst noch über das Zimmer / die Wohnung wissen möchten,
   - wie man Sie erreichen kann.

Düsseldorf/Stadtmitte, 1 Zi. + Wohnkü., 44 m², renov., nur EUR 330,–, Tel. …

Leipzig/Innenstadt, 2-Zi.-Whg., Altbau, 61 m², EUR 160,- Tel. …

Berlin/Mitte, großzügige, repräsentative Altbauwohnung in Jugendstilhaus, 4 Zi., 195 m², gehobene Ausstattung: Parkett, neue Bäder, EUR 3200,– zzgl. NK, Tel. …

München, Nähe Uni, 1 Zi, möbl., mit Küchen- und Badbenutzung, EUR 320,–. an ruhig. Studenten zu vermieten, Tel. …

Hamburg/Stadtrand, 2 Zi., Küche, WC, Balk., 62 m², Kaltmiete EUR 360,– + 130,– NK, Tel. …

Berlin, Nähe Flughafen, 1-Zi.-Whg., 18 m², Dachgeschoss, WC außerhalb, EUR 90,–, Tel. …

München, exklusive Dachterrassenwohnung, Nähe Zentrum, 3 Zi, 105 m², EUR 1300,– + NK + TG + Kaution, Tel. …

Landhaus, außerhalb von München, 6 Zi., 2 Bäder, 220 m² Wohnfl., großer Garten, EUR 2500,– + NK, Tel. …

11. Lesen Sie den folgenden Text.

Wenn die Deckenlampe tanzt

Immer gerade dann, wenn man <u>sich</u> mal für ein Stündchen <u>aufs Ohr legen</u> will, brummt irgendwo im Haus eine Bohrmaschine. Oder der Nachbar zimmert sich einen neuen Schrank. Und wenn nachts auch noch das Bellen eines Hundes durchs Treppenhaus hallt, <u>geht das an die Nerven</u>: Lärm macht krank.

„Der Mieter hat ein Recht darauf, in seiner Wohnung ungestört zu leben", sagt der Deutsche Mieterbund. Dazu gehört auch der Schutz vor Lärm. Zwar ist nicht jedes Geräusch verboten und auch überempfindliche Menschen müssen störende Geräusche <u>hinnehmen</u>, aber es hängt vom Einzelfall ab, was man ertragen muss. So hatten in einem Fall die Mieter Lärm zu akzeptieren, dem sie zumindest tagsüber ausgesetzt waren: Kindergeschrei von einem nahe gelegenen Spielplatz. Die Mieter fühlten sich davon gestört und wollten eine Mietminderung*. Ein Gericht <u>wies diese Forderung zurück</u>. In einem anderen Fall waren die klagenden Mieter erfolgreicher: Sie wurden regelmäßig nachts durch lautes Poltern und Herumtrampeln, dass sogar die Deckenlampe wackelte, beim Schlafen gestört. Da die Beschuldigten ihr lärmerzeugendes Verhalten auch nach Gesprächen und Abmahnungen* nicht änderten, wurde ihnen der Mietvertrag gekündigt und sie mussten das Haus verlassen.

Lärm ist einer der größten Streitpunkte zwischen Nachbarn, selbst beim Thema Hausmusik. Was den einen entspannt, bringt den anderen auf die Palme. Ein Saxofonspieler zum Beispiel protestierte gegen eine Hausordnung, in der „das Singen und Musizieren nur von 8 bis 12 Uhr und von 14 bis 20 Uhr und nur in nicht belästigender Weise und Lautstärke" gestattet war. Der Musiker fühlte sich in seinen Freiheiten beeinträchtigt und der Bundesgerichtshof gab ihm Recht, denn, so die Bundesrichter, Musizieren ist Bestandteil eines sozial üblichen Verhaltens und darf insgesamt nicht verboten werden.

Zu mancher lautstarker nachbarlicher Intoleranz kommt aber nicht selten ein zweites Lärmproblem: der Straßenverkehr. Rund 20 Prozent der Bevölkerung fühlt sich durch den Straßenverkehr stark belästigt. Viele Menschen, die an lauten Straßen wohnen, haben nachts erhöhte Werte des Stresshormons Cortisol im Blut. Das kann langfristig zu Herz-Kreislauf-Erkrankungen führen. Experten vermuten, dass es in Deutschland ohne Verkehrslärmbelästigung ein paar Tausend Tote weniger gäbe. Die Stiftung Warentest* bietet für solche Fälle ein Lärmgutachten* an, in dem auch wichtige Rechtsgrundlagen genannt werden, wie man gegen Autolärm vorgehen kann. Kommunen können beispielsweise durch Tempolimits den Verkehr beruhigen oder ein Nachtfahrverbot für LKWs erlassen.

Süddeutsche Zeitung

*Worterklärungen:
Mietminderung = Verminderung/Senkung der Miete
Abmahnungen = Briefe, die zu vertrags- oder gesetzesgemäßem Verhalten auffordern
Stiftung Warentest = Verein, der im Auftrag vor allem Waren untersucht/prüft
Lärmgutachten = Untersuchung der Stärke von Lärm/Geräuschen

12. Steht das im Text? Ja oder nein? Kreuzen Sie an.

     ja   nein   1. Lärmbelästigung durch Nachbarn kommt in Deutschland häufig vor.

     ja   nein   2. Jedes Geräusch kann man gerichtlich verbieten lassen.

     ja   nein   3. Es hängt vom Einzelfall ab, was als Lärmbelästigung betrachtet werden kann.

     ja   nein   4. Hausmusik darf nicht verboten werden.

     ja   nein   5. Der laute Straßenverkehr kann auf die Dauer zu gesundheitlichen Schäden führen.

     ja   nein   6. Die Gemeinden sind durch Senkung der Höchstgeschwindigkeit in der Lage, den Straßenlärm zu vermindern.

13. Ordnen Sie den unterstrichenen Wörtern/Wendungen synonyme Ausdrücke zu.

jemanden stört etwas – akzeptieren – sich zum Ausruhen hinlegen – jemanden ärgern – über einen langen Zeitraum – ablehnen – einschränken

1. sich aufs Ohr legen   ....
2. etwas geht an die Nerven   ....
3. etwas hinnehmen   ....
4. etwas zurückweisen   ....
5. jemanden auf die Palme bringen   ....
6. die Freiheit beeinträchtigen   ....
7. langfristig   ....

14. Beantworten Sie eine der folgenden Fragen.

1. Gibt es in Ihrem Heimatland Möglichkeiten, sich gegen Lärmbelästigung zu schützen? Wenn ja, berichten Sie darüber.

2. Welche Geräusche würden Sie als Mieter einer Wohnung besonders stören?

15. Ergänzen Sie die fehlenden Präpositionen.

1. Mieter haben ein Recht .... Ruhe.

2. Schutz vor Lärm gehört .... Mietrecht.

3. Was man ertragen muss, hängt .... Einzelfall ab.

4. Ein Musiker protestierte .... die Hausordnung.

5. Er fühlte sich .... seinen Freiheiten beeinträchtigt.

6. 20 Prozent der Bevölkerung fühlen sich .... Straßenlärm belästigt.

7. Kommunen können beispielsweise .... Tempolimits den Verkehr beruhigen.

⇨ IHRE GRAMMATIK: Weitere Übungen zu **Verben mit präpositionalem Kasus** finden Sie auf Seite 81.

---

16. Sind diese Tätigkeiten Ihrer Meinung nach mit wenig oder viel Geräusch verbunden? Erstellen Sie eine Liste und diskutieren Sie Ihre Liste mit Ihrem Nachbarn.

erzählen – flüstern – schreien – rufen – reden – brüllen – jemanden kritisieren – diskutieren – sich streiten – gehen – trampeln – schleichen – bügeln – Staub saugen – bohren – hämmern – kochen – Geburtstag feiern mit 20 Gästen

wenig Geräusch	viel Geräusch
....	....
....	....
....	....
....	....
....	....
....	....

17. Beschreiben Sie die folgende Statistik mit Hilfe der angegebenen Redemittel.

- man kann in/aus der Statistik deutlich erkennen; aus der Statistik kann man entnehmen; aus der Statistik geht hervor; die Statistik zeigt; in/aus der Statistik wird deutlich ...
- Eigentumswohnungen, Mietwohnungen, Wohnungseigentümer, Großstädte, ländlich geprägte Gebiete (Saarland/Rheinland-Pfalz), teurer, preiswerter
- steht mehr/weniger Wohnraum zur Verfügung; der durchschnittliche Wohnraum beträgt ...

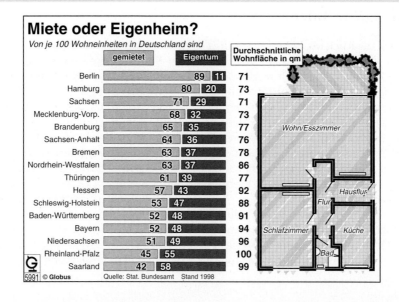

Miete oder Eigenheim?

Von je 100 Wohneinheiten in Deutschland sind gemietet / Eigentum. Durchschnittliche Wohnfläche in qm

	gemietet	Eigentum	Wohnfläche in qm
Berlin	89	11	71
Hamburg	80	20	73
Sachsen	71	29	71
Mecklenburg-Vorp.	68	32	73
Brandenburg	65	35	77
Sachsen-Anhalt	64	36	76
Bremen	63	37	78
Nordrhein-Westfalen	63	37	86
Thüringen	61	39	77
Hessen	57	43	92
Schleswig-Holstein	53	47	88
Baden-Württemberg	52	48	91
Bayern	52	48	94
Niedersachsen	51	49	96
Rheinland-Pfalz	45	55	100
Saarland	42	58	99

5991 © Globus   Quelle: Stat. Bundesamt   Stand 1998

Wohn/Esszimmer, Hausflur, Flur, Schlafzimmer, Küche, Bad

18. Welche Erklärungen könnte es für die Unterschiede zwischen Berlin und dem Saarland geben?

19. Berichten Sie über die Wohnungssituation in Ihrem Heimatland und die Möglichkeiten, eine Eigentumswohnung oder ein Haus zu erwerben.

20. Persönlicher Brief

   Eine deutsche Bekannte/Ein deutscher Bekannter will aus beruflichen Gründen für mehrere Jahre in Ihr Heimatland ziehen. Sie/Er wendet sich an Sie mit der Bitte, ihr/ihm ein paar Tipps für die Suche nach einer geeigneten Wohnung zu geben.

   Schreiben Sie ihr/ihm einen Brief und gehen Sie dabei auf folgende Punkte ein:
   – die Wohnbedingungen in Ihrer Heimatstadt oder einer größeren Stadt Ihres Heimatlandes,
   – ob man besser eine Wohnung mieten oder kaufen sollte,
   – an wen man sich wenden muss,
   – was man beim Mieten/Kaufen unbedingt beachten sollte.

   Schreiben Sie ungefähr 200 Wörter.

B. Reisen

1. Lesen Sie den folgenden Text.

Reisetrend: Internet

Klick für Klick ins Urlaubsparadies – das kommt immer mehr in Mode. Die Fakten: Rund 61 Prozent aller Internet-User* nutzen mittlerweile das Internet für ihre Reiseplanungen. Von jährlich rund 30 Millionen in Deutschland verkauften Reisen wurden rund 3,3 Millionen online gebucht. Laut einer Umfrage wollen nächstes Jahr sogar 11,6 Millionen übers Web-Reisebüro buchen.

Beeindruckende Zahlen, die sich erklären lassen. Die Reisebuchung per Datennetz hat enorme Vorteile: Ladenschluss entfällt, es bleibt viel Zeit zum gemütlichen Stöbern*. Und auch für Beratung ist auf guten Seiten gesorgt: von Klimainformationen bis zu Gesundheitstipps; manche Anbieter stellen sogar ganze Reiseführer ins Netz. Am wichtigsten aber ist der Preisfaktor: Das kostengünstige und schnelle Medium Internet erlaubt den Anbietern, schärfer zu kalkulieren. Das Ergebnis: Der Kunde kann bis zu 70 Prozent günstiger Urlaub machen.

Trotzdem: Bei elektronischer Reiseplanung ist auch Vorsicht angebracht. Denn längst nicht jedes Web-

---

Reisebüro ist so gut wie es vorgibt. Manche Firmen werben mit bis zu 1,5 Millionen Reiseangeboten – in Wahrheit sind es jedoch gerade mal 10 000. Schlimmer wird es noch, wenn Zusatzgebühren verschwiegen werden, wie etwa Steuern oder Luftsi-

cherheitsgebühren. Denn Reisebuchungen per E-Mail sind rechtlich bindend*. Im Klartext: Wer seine Reise storniert, muss zahlen. Besonders riskant ist das Bezahlen mit Kreditkarte: Abgebucht wird meist sofort, bei Reklamationen wartet man oft lange auf sein Geld. Ärgerlich! Deshalb gilt: Studieren Sie immer genau die Geschäftsbedingungen und greifen Sie im Zweifel auf namhafte Anbieter zurück. In den Geschäftsbedingungen können Sie zudem sehen, ob es eine Möglichkeit für Umbuchungen gibt. Wer seine Reise über internationale Reiseveranstalter bucht, sollte bedenken, dass solche Firmen ihren Gerichtsstand* häufig im Ausland haben. Das erschwert Regressforderungen* – und macht aus den schönsten Wochen des Jahres im Schadensfall einen Horrortrip, den man am liebsten sofort vergessen würde.

TV Movie

*Worterklärungen:
Internet-User = Internet-Nutzer: Das englische Wort *User* kann auch im Deutschen verwendet werden.
stöbern = suchen
rechtlich bindend sein = es können gerichtliche Schritte gegen den Kunden unternommen werden
Gerichtsstand = Sitz des zuständigen Gerichts
Regressforderungen = Schadenersatzforderungen

2. Suchen Sie im Text für die unterstrichenen Ausdrücke synonyme Wörter und Wendungen.

    1. etwas wird immer moderner

       ....

    2. etwas hat große Vorteile

       ....

3. <u>Man muss auf die Öffnungszeiten der Geschäfte keine Rücksicht neh</u>men.

   ....

4. <u>Man kann im Internet</u> bei manchen Anbietern <u>ganze Reisebücher finden.</u>

   ....

5. <u>preiswerter</u> Urlaub machen

   ....

6. Wer seine Reise <u>nicht antreten will</u>, muss zahlen.

   ....

7. <u>Wenn Sie Zweifel haben, sollten Sie bei bekannten</u> Anbietern <u>suchen.</u>

   ....

8. In den Geschäftsbedingungen können Sie <u>außerdem</u> sehen, ob es Möglichkeiten gibt, <u>eine andere Reise zu buchen.</u>

   ....

3. Erklären Sie, worauf sich diese Zahlen im Text beziehen?

   0. 61 %   Prozentzahl der Internet-Nutzer, die auch Reisen im Internet buchen

   1. 30 Millionen   ....

   2. 3,3 Millionen   ....

   3. 11,6 Millionen   ....

   4. 70 %   ....

   5. 1,5 Millionen   ....

   6. 10 000   ....

4a. Diese zusammengesetzten Wörter mit *Reise-* finden Sie im Text:

   Reisebuchungen   ....

   Reiseplanung   ....

   Reiseveranstalter   ....

   Reiseführer   ....

   Erklären Sie sie und bilden Sie andere zusammengesetzte Wörter mit *Reise-*.

4b. Erstellen Sie eine ABC-Liste mit Wörtern auf *-reise*. Sie brauchen nicht zu jedem Buchstaben ein Wort zu finden. Vergleichen Sie dann Ihre Liste mit Ihrem Nachbarn.

A	....	**N**	....
B	....	**O**	....
C	....	**P**	....
D	....	**Q**	....
E	....	**R**	....
F	....	**S**	....
G	....	**T**	....
H	....	**U**	....
I	....	**V**	....
J	....	**W**	....
K	....	**X**	....
L	....	**Y**	....
M	....	**Z**	....

5. Ergänzen Sie die fehlenden Präpositionen.

1. Reisebuchungen .... Internet kommen immer mehr .... Mode.

2. Man hat .... Netz viel Zeit .... Suchen.

3. .... guten Web-Seiten findet man viele Informationen.

4. Manche Anbieter stellen sogar ganze Reiseführer .... Netz.

5. Trotzdem: .... elektronischer Reiseplanung ist auch Vorsicht angebracht.

6. Manche Firmen werben .... bis zu 1,5 Millionen Reiseangeboten.

7. Besonders riskant ist das Bezahlen .... Kreditkarte.

8. Greifen Sie .... Zweifel .... namhafte Anbieter zurück.

6. Berichten Sie über eines der vorgegebenen Themen.

1. Wie planen Sie Ihren Urlaub und wo buchen Sie ihn?
2. Erzählen Sie etwas über Ihren letzten Urlaub.
3. Berichten Sie über die beliebtesten Reiseziele der Menschen Ihres Heimatlandes.

7. Suchen Sie sich bei einem deutschen Reiseveranstalter im Internet eine Reise aus und stellen Sie diese Reise vor.

www.tui.de   *www.bucherreisen.de*

www.neckermann-reisen.de   *www.interhome.de*

⇨ IHRE GRAMMATIK: Weitere Übungen zu **Lokalangaben** finden Sie auf
                     Seite 75.

---

8. Was kann man miteinander kombinieren? Ordnen Sie die richtigen Verben zu. Manchmal sind mehrere Verben möglich.

beschweren – stornieren – treffen – abbrechen – erleben – besuchen – buchen – liegen – antreten – erreichen – schreiben – lesen – hören – zurücktreten – erkundigen

1. eine Reise ....

2. Reisevorbereitungen ....

3. sich über eine Reise ....

4. ein Abenteuer ....

5. Städte/Museen...

6. einen Flug ....

7. am Strand ....

8. eine Buchung ....

9. von einer Reise ....

10. einen Reiseführer ....

11. einen Reisebericht ....

12. den Reisewetterbericht ....

13. sich nach besonderen Bedingungen ....

14. das Reiseziel ....

9. Schreiben oder spielen Sie Dialoge.

9a. Im Reisebüro

Wählen Sie eine Reise.

eine Flugreise in die Karibik – eine Reise im Winter zum Skifahren – eine Reise ans Mittelmeer mit dem Campingwagen – eine Einkaufsreise vor Weihnachten nach London – eine Wanderreise nach Österreich – eine Rundreise in einem asiatischen Land – eine Reise in ein afrikanisches Land

Erkundigen Sie sich bei einem Reisebüro nach:

Preisen – Unterbringungsmöglichkeiten – Service – Umgebung – Klima – Gefahren – Möglichkeiten der Buchungsänderung – einer Reiserücktrittsversicherung – evtl. notwendigen Dingen wie Visum, Impfungen usw.

9b. Ratschläge zum Thema: Reisen

Redemittel:	– Du solltest .../Sie sollten ...
	– Ich an deiner/Ihrer Stelle würde ...
	– ... kann ich sehr empfehlen
	– Ich habe gute Erfahrungen gemacht mit ... in ...

1. Ihr Gesprächspartner/Ihre Gesprächspartnerin weiß nicht, wohin er dieses Jahr in den Urlaub fahren soll. Versuchen Sie in einem Gespräch seine Vorlieben bzw. Abneigungen herauszufinden und geben Sie ihm/ihr Ratschläge.

2. Ihr Gesprächspartner/Ihre Gesprächspartnerin ist der Meinung, dass Urlaub zu Hause am schönsten ist. Erzählen Sie ihm/ihr etwas über die Vorteile eines Auslandsurlaubs und versuchen Sie ihn/sie davon zu überzeugen, nächstes Jahr auch ins Ausland zu fahren.

3. Ihr Gesprächspartner/Ihre Gesprächspartnerin versteht nicht, dass Menschen Urlaub auf dem Campingplatz machen. Berichten Sie über Urlaub auf dem Campingplatz und versuchen Sie, Ihren Gesprächspartner/Ihre Gesprächspartnerin von dieser Art des Urlaubs zu überzeugen.

4. Ihr Gesprächspartner/Ihre Gesprächspartnerin hat große Angst vorm Fliegen und kann deshalb keine fernen Länder besuchen. Geben Sie ihm/ihr Ratschläge, was er/sie gegen die Flugangst tun kann.

10. Beschreiben Sie die Statistik mit Hilfe der angegebenen Redemittel und berichten Sie über Ihre eigenen Qualitätsansprüche an einen Urlaub.

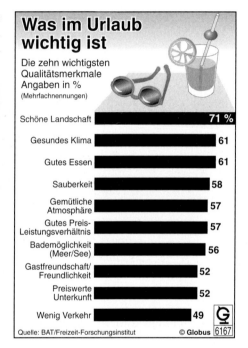

- man kann in/aus der Statistik deutlich erkennen, ...
- aus der Statistik kann man entnehmen, ...
- aus der Statistik geht hervor, ...
- die Statistik zeigt ...
- in/aus der Statistik wird deutlich ...
- die Befragten legen/ich lege großen Wert auf ...
- schätze(n) am meisten
- am wichtigsten ist ...
- ... ist weniger wichtig
- ... ist mir gleichgültig/egal

Was im Urlaub wichtig ist

Die zehn wichtigsten Qualitätsmerkmale
Angaben in %
(Mehrfachnennungen)

Schöne Landschaft	71 %
Gesundes Klima	61
Gutes Essen	61
Sauberkeit	58
Gemütliche Atmosphäre	57
Gutes Preis-Leistungsverhältnis	57
Bademöglichkeit (Meer/See)	56
Gastfreundschaft/ Freundlichkeit	52
Preiswerte Unterkunft	52
Wenig Verkehr	49

Quelle: BAT/Freizeit-Forschungsinstitut   © Globus 6167

11. Gruppenarbeit:

Was muss passieren, wenn der Urlaub zu einer großen Enttäuschung wird?

?

Erarbeiten Sie in Gruppen fünf Beispiele und stellen Sie sie anschließend der Klasse vor.

12. Lesen Sie den folgenden Brief.

München, den 5. September ...

Lieber Paul,

gestern bin ich aus dem Urlaub zurückgekommen und ich möchte dir gern etwas darüber berichten. Wie du weißt, hatte ich ein 5-Sterne-Hotel mit Halbpension gebucht. Das Hotel sollte nur wenige Minuten vom Stadtzentrum entfernt sein und direkt am Strand liegen. Auf den Fotos im Prospekt war ein großer Pool zu sehen, ein Tennisplatz und ein sehr gemütlich wirkendes Hotelrestaurant. Ich habe dir den Prospekt mal gezeigt, erinnerst du dich noch daran?

Du kannst dir nicht vorstellen, wie unsere Unterkunft in Wirklichkeit aussah! Das Zimmer war so klein wie eine Besenkammer und die Wände sind wahrscheinlich seit 20 Jahren nicht mehr gestrichen worden. Der Kühlschrank war kaputt und im Bad gab es zum Zähneputzen und Duschen nur kaltes Wasser. Ich hasse kaltes Wasser! Im hoteleigenen Swimmingpool reparierte jemand ein paar Fliesen auf dem Grund des Schwimmbeckens, was konkret bedeutete, dass er leer gepumpt war. Als ich mich an den Traumstrand legen wollte, musste ich um ein bisschen Platz im Sand hart kämpfen, denn auch die anderen Gäste wollten natürlich die Sonne genießen. Der Abstand zwischen mir und der Person, die neben mir lag, betrug genau 10 Zentimeter. Das war nicht der einzige Kampf. Jeden Abend kämpfte ich außerdem gegen meinen Hunger. Um einen Platz im Restaurant zu bekommen, stand ich ein bis zwei Stunden in einer Warteschlange. In der Regel ist mir dabei dann der Appetit vergangen.

Als ich mich nach dem Tennisplatz erkundigte, stellte sich heraus, dass der zum Nachbarhotel gehörte und wir ihn nur gegen eine sehr hohe Gebühr benutzen durften. Das ist doch unglaublich, oder? Das Stadtzentrum habe ich nicht zu Gesicht bekommen. Es fuhren keine öffentlichen Verkehrsmittel und zum Laufen war ich nach den täglichen Platzkämpfen einfach zu müde.

Ich bin froh, dass ich wieder zu Hause bin. Jetzt erhole ich mich erst einmal von meinem Urlaub. Wenn du Lust hast, kannst du mich besuchen und mir bei dem Beschwerdebrief an den Reiseveranstalter helfen.

Mit lieben Grüßen

Marie

13. Beschwerdebrief

    Ihnen ist im Urlaub etwas Ähnliches (aber nicht genau dasselbe) passiert. Schreiben Sie einen Brief an den Reiseveranstalter (INTERTOURS, Sonnenweg 25, 80976 München) und berichten Sie über die Probleme, die Sie im Urlaub hatten, bzw. die Mängel, die im Hotel aufgetreten sind. Fordern Sie einen Teil Ihres Geldes zurück.

    Redemittel:
    - ich möchte mich / wir möchten uns beschweren über ...
    - wir waren nicht in vollem Maße zufrieden / sehr unzufrieden mit ...
    - von / vom ... waren wir ziemlich enttäuscht / ... hat uns enttäuscht
    - von / vom ... hätten wir etwas anderes / mehr erwartet
    - ... entsprach nicht meinen / unseren Erwartungen
    - ... mir / uns ... % des gezahlten Betrages zu erstatten / zurückzuzahlen

    Hinweise zum Schreiben formeller Briefe:
    - Denken Sie bei formellen Briefen daran, dass Absender und Adressat mit aufgeführt werden müssen (linksseitig; rechts oben stehen Ort und Datum).
    - Die Anrede ist: Sehr geehrte Damen und Herren, ... *oder*: Sehr geehrte Damen, sehr geehrte Herren, ...
    - Der Gruß lautet: Mit freundlichen Grüßen

14. Können Sie sich noch an die Verben erinnern?
    Ergänzen Sie die fehlenden Verben aus dem Brief oder frei.

    Lieber Paul,

    gestern bin ich aus dem Urlaub .... und ich möchte dir gern etwas darüber .... Wie du weißt, hatte ich ein 5-Sterne-Hotel mit Halbpension .... Das Hotel sollte nur wenige Minuten vom Stadtzentrum entfernt sein und direkt am Strand .... Auf den Fotos im Prospekt war ein großer Pool zu ...., ein Tennisplatz und ein sehr gemütlich wirkendes Hotelrestaurant. Ich habe dir den Prospekt mal gezeigt, ... du dich noch daran? Du kannst dir nicht ...., wie unsere Unterkunft in Wirklichkeit aussah! Das Zimmer war so klein wie eine Besenkammer und die Wände sind wahrscheinlich seit 20 Jahren nicht mehr .... worden. Der Kühlschrank war kaputt und im Bad gab es zum Zähneputzen und Duschen nur kaltes Wasser. Ich .... kaltes Wasser! Im hoteleigenen Swimmingpool reparierte jemand ein paar Fliesen auf dem Grund des Schwimmbeckens, was konkret ...., dass er leer gepumpt war. Als ich mich an den Traumstrand .... wollte, musste ich um ein bisschen Platz im Sand hart kämpfen, denn auch die anderen Gäste wollten natürlich die Sonne .... Der Abstand zwischen mir und der Person, die neben mir lag, ... genau 10 Zentimeter. Das war nicht der einzige Kampf. Jeden Abend kämpfte ich außerdem gegen meinen Hunger. Um einen Platz im Restaurant zu ...., ... ich ein bis zwei Stunden in einer Warteschlange. In der Regel ist mir dabei dann der Appetit ....

Als ich mich nach dem Tennisplatz erkundigte, ... sich heraus, dass der zum Nachbarhotel .... und wir ihn nur gegen eine sehr hohe Gebühr .... durften. Das ist doch unglaublich, oder? Das Stadtzentrum habe ich nicht zu Gesicht .... Es .... keine öffentlichen Verkehrsmittel und zum Laufen war ich nach den täglichen Platzkämpfen einfach zu müde.

Ich bin froh, dass ich wieder zu Hause bin. Jetzt .... ich mich erst einmal von meinem Urlaub. Wenn du Lust hast, kannst du mich .... und mir bei dem Beschwerdebrief an den Reiseveranstalter ....

15. Schriftliche Stellungnahme

Gefragt ist Ihre Meinung zum Thema Reise-Vielfalt.

Schreiben Sie einen ca. 200–250 Wörter langen Text.

Geben Sie die Informationen wieder, die Sie der Statistik entnehmen.

Beschreiben Sie die Vor- und Nachteile der fünf Reisetypen.

Erläutern Sie, welchen Typ Sie bevorzugen und begründen Sie Ihre Meinung.

Reise-Vielfalt

Von je 100 Befragten bezeichnen sich als

Eventtourist
„Reisen zu Veranstaltungen als Urlaubsersatz"

Spartourist
„Lieber billige Reise als gar keine"

keine Angabe

Intervaller
„Mal eine Urlaubsreise, mal Urlaub zu Hause"

„Einmal im Jahr eine längere Reise"

Kurzurlauber
„aber dafür mehrmals im Jahr"

7   34 Jahresurlauber

7

15

21

16

Quelle: BAT/Freizeit-Forschungsinstitut, Stand 1999

© Globus 6222

C. Europa und die Deutschen

1. Europa-Rekorde

   Welches Land ist Ihrer Meinung nach der Gewinner?

   Dänemark – Belgien – Deutschland – Griechenland – Irland – Großbritannien – die Niederlande – Spanien

   1. Wo gibt es die meisten Apotheken?

   2. Wo wird das meiste Obst und Gemüse gegessen?

   3. Wo werden die meisten Zeitungen gelesen?

   4. Wo werden jährlich die meisten Patente angemeldet?

   5. Wo sind die meisten Bewohner Mitglied in einem Verein?

   6. Wo ist jeder zweite ein Sportfan?

   7. Welches Land besitzt die meisten Schiffe?

   8. Wo wird am meisten ferngesehen?

   Die richtigen Antworten finden Sie im Lösungsschlüssel.

2. Lesen Sie den folgenden Text.

Deutsche sind statistische Durchschnittseuropäer

Im statistischen Amt der Europäischen Union, *Eurostat*, werden alle Daten des Lebens der Europäer von der Geburt bis zum Tod erfasst. Die Dokumentation enthüllt, dass die Deutschen in vielen Bereichen im Mittelfeld liegen.

Nach den Angaben des Instituts haben die Schweizerinnen und die Spanierinnen mit 82,4 Jahren die höchste Lebenserwartung, bei den Männern können die Schweden mit knapp 77 Jahren auf ein langes Leben hoffen. In Deutschland werden die Frauen 81 Jahre, die Männer 74,5 Jahre alt und liegen damit sogar etwas unter dem EU-Durchschnitt.

Bei den Geburtenzahlen befinden sich die deutschen Frauen mit je 1,37 Kind auch unterhalb der Mitte. Eine besonders niedrige Geburtenrate weist Spanien mit 1,2 Kind pro Frau auf, Spitzenreiter sind die Iren mit 1,9 Kindern.

Die meisten Selbstmorde verübten die Finnen – bei den Männern schieden dort statistisch gesehen 37 von 100 000 freiwillig aus dem Leben. Den höchsten Alkoholkonsum verzeichneten die Franzosen mit 15,6 Litern pro Person, die Deutschen brachten es auf 10,9 Liter.

Die stärksten Raucher waren mit 3020 Zigaretten pro Einwohner im

---

Jahr die Griechen. Schweden und Finnen tranken und rauchten deutlich weniger als der EU-Durchschnittsbürger.

Fleißigste EU-Bürger waren *Eurostat* zufolge die Griechen mit einer wöchentlichen Arbeitszeit von 44,7 Stunden.

Die Deutschen scheinen mit ihrem Leben allerdings nicht besonders glücklich zu sein. Bei einer Umfrage gaben nur 18 Prozent der Deutschen an, „sehr zufrieden" zu sein. Immerhin beantworteten 66 Prozent der Dänen und 46 Prozent der Niederländer diese Frage mit „ja".

3. Beantworten Sie die folgende Frage.

Hat Sie an dem Text etwas überrascht oder haben Sie diese Ergebnisse erwartet?

4. Ergänzen Sie die fehlenden Verben.

1. Das statistische Amt der Europäischen Union .... alle Daten des Lebens der Europäer.

2. Die Deutschen .... in vielen Bereichen im Mittelfeld.

3. Bei den Männern können die Schweden auf ein langes Leben ....

4. Die meisten Selbstmorde .... die Finnen.

5. Statistisch gesehen .... 37 von 100 000 finnische Männer freiwillig aus dem Leben.

6. Die Deutschen .... nicht besonders glücklich mit ihrem Leben zu sein.

5. Wenn Ihr Heimatland bei den genannten Ländern nicht dabei war, berichten Sie über Eigenheiten der Bewohner (viel/wenig essen/trinken/Zeitung lesen ...) oder Besonderheiten im alltäglichen Leben.

6. Beantworten Sie die folgenden Fragen und begründen Sie Ihre Wahl.

1. Welche europäische Großstadt ist Ihrer Meinung nach die schönste?
2. In welchem europäischen Land würden Sie gern Urlaub machen?
3. Welche europäische Sprache würden Sie gern lernen?
4. Wenn Sie in einem europäischen Land außerhalb Ihres Heimatlandes leben müssten, für welches Land würden Sie sich entscheiden?

7. Beschreiben Sie die folgende Statistik und benennen Sie die Einwohner
   (männlich/weiblich und im Plural) der aufgeführten Länder.

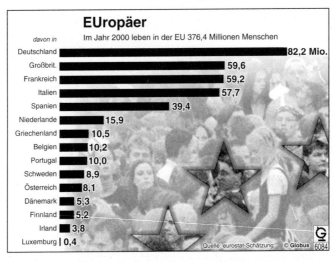

Land	männlicher Einwohner	Einwohnerin	Einwohner (Plural)
0. Deutschland	der Deutsche	die Deutsche	die Deutschen
1. Großbritannien	....	....	....
2. Frankreich	....	....	....
3. Italien	....	....	....
4. Spanien	....	....	....
5. Niederlande	....	....	....
6. Griechenland	....	....	....
7. Belgien	....	....	....
8. Portugal	....	....	....
9. Schweden	....	....	....
10. Österreich	....	....	....
11. Dänemark	....	....	....
12. Finnland	....	....	....
13. Irland	....	....	....
14. Luxemburg	....	....	....

⇨ IHRE GRAMMATIK: Weitere Übungen zur **n-Deklination männlicher
    Substantive** und zu **Nationalitäten** finden Sie auf Seite 78.

8. Im Jahr der Sprachen wurde von der Europäischen Kommission gefordert, dass jeder europäische Bürger mindestens drei Sprachen sprechen soll.

    Nehmen Sie zu dieser Forderung Stellung.
    Wenn Sie mit der Forderung einverstanden sind, unterbreiten Sie bitte Vorschläge zur Realisierung, wenn nicht, dann begründen Sie Ihre Ablehnung.

9. Lesen Sie den folgenden Text.

Lust auf Hausgemachtes

Wie viele andere Europäer lösen sich die Deutschen von der totalen Fixierung auf die US-Kultur – und zeigen neues Selbstbewusstsein in Fernsehen, Pop und Literatur.

Mitte der achtziger Jahre himmelten Teenager fast überall in Europa dieselben Idole an: Die Superstars in Pop und Film hießen Madonna und Tom Cruise, im Fernsehen schaffte es der englischsprachige Sender MTV, zum Kultsender für Jugendliche zu werden, und abends widmeten sich die älteren Generationen den Intrigen bei den US-Serien „Dallas" oder „Denver-Clan".

Die Feindbilder jener Zeit standen fest: Deutsche Fernsehproduktionen und deutsche Literatur fanden die meisten jungen Deutschen ebenso langweilig wie deutsche Schlager und deutsche Kinofilme. Einiges, was damals in Deutschland produziert wurde, war in der Tat peinlich.

Am Anfang des neuen Jahrtausends sieht alles anders aus: Im Fernsehen ziehen deutsche Serien massenhaft Zuschauer an, während die US-Importe floppen, deutsche Popmusik ist in und der deutsche Film und die deutsche Literatur gelten wieder was – auch wenn im Film im europäischen Vergleich die Engländer die Nase vorn

haben und in der Literatur die Skandinavier die Bestseller garantieren. Für Europapatrioten deutet vieles darauf hin, dass die Deutschen der kulturellen Leitmacht Amerikas allmählich müde werden und sich auf ihre eigenen Stärken besinnen. Bei den Zuschauern, so analysieren Kritiker, herrscht offensichtlich ein Überdruss gegenüber allzu perfekten, übermanipulierten Bildern und Erzählweisen. Die Einfachheit dänischer Filme, der Eigensinn skandinavischer Autoren unterscheidet sich wohltuend vom Handwerk amerikanischer Creative-Writing-Kurs-Absolventen. Die Fixierung auf den großen Bruder USA hat nachgelassen und es entsteht Raum für regionalen kulturellen Eigensinn.

Doch, das muss man an dieser Stelle auch sagen, der Wandel kommt nur schleppend voran. Die Kinos z. B. sind noch immer voll, und zwar europaweit, wenn US-Star Julia Roberts die Hauptrolle spielt.

Immerhin scheinen ein paar Stars des amerikanischen Showgeschäfts entdeckt zu haben, dass Europa cool ist, denn sie rühmen sich ihrer Wohnsitze auf dem alten Kontinent und bezeichnen Auftritte auf Londoner Bühnen als Höhepunkt ihrer Karriere.

Der SPIEGEL

10. Beschreiben Sie mit Ihren eigenen Worten:

    a) die Situation in den 80er Jahren

    ....

    ....

    ....

    b) die Entwicklungen zu Beginn des neuen Jahrtausends

    ....

    ....

    ....

11. Ordnen Sie den unterstrichenen Ausdrücken Synonyme zu:

    beliebter Sender – bewundern – hervorheben – langsam das Interesse verlieren – beschämend – unangenehm – liegt im Trend – werden mehr beachtet – liegen an der Spitze – Abneigung – verehren – ein Widerwille – abgenommen – Unangepasstheit – ist weniger geworden – langsam – zögernd – loben – sich intensiv beschäftigen mit – haben an Bedeutung gewonnen

    0. jmdn. <u>anhimmeln</u>   bewundern/verehren

    1. <u>Kultsender</u> für Jugendliche   ....

    2. <u>widmeten sich</u> den Intrigen bei der   ....
       US-Serie „Dallas"

    3. was damals in Deutschland produziert wur-   ....
       de, war <u>peinlich</u>

    4. deutsche Popmusik <u>ist in</u>   ....

    5. der deutsche Film und die deutsche Literatur ....
       <u>gelten wieder was</u>

    6. die Engländer <u>haben die Nase vorn</u>   ....

    7. dass die Deutschen <u>der kulturellen Leit-   ....
       macht Amerikas allmählich müde werden</u>

    8. <u>Überdruss</u>   ....

    9. <u>Eigensinn</u> skandinavischer Autoren   ....

    10. die Fixierung auf die USA hat <u>nachgelassen</u> ....

    11. der Wandel kommt nur <u>schleppend</u> voran ....

    12. Europa <u>ist cool</u>   ....

    13. sich <u>rühmen</u>   ....

12. Markieren Sie die richtige Lösung.

In den 80er Jahren ... (1) Jugendliche aus aller Welt die gleichen Idole. Amerikanische Film- und Fernsehproduktionen ... (2) in vielen Ländern das Fernsehprogramm. Deutsche Musik wurde ... (3) vielen jungen Deutschen ... (4) langweilig empfunden. Heute scheint das ... (5) der Fall zu sein. Amerikanische Fernsehserien ... (6) unter mangelnden Zuschauerzahlen, während sich deutsche Produktionen besonderer ... (7) erfreuen. Diese Tendenz ist nicht nur in Deutschland zu ... (8). Romane ... (9) den skandinavischen Ländern werden Bestseller und Filme aus England gehören ... (10) den besten der letzten Jahre. Doch, das muss man auch feststellen, ... (11) sich diese Entwicklung sehr langsam. Noch immer sind die Kinos bis auf den letzten Platz gefüllt, wenn berühmte amerikanische Filmstars die Hauptrolle ... (12).

1.	a)	verehrten	O
	b)	ehren	O
	c)	himmeln	O
2.	a)	sagten	O
	b)	bestimmten	O
	c)	führten	O
3.	a)	für	O
	b)	mit	O
	c)	von	O
4.	a)	wie	O
	b)	als	O
	c)	durch	O
5.	a)	Gegenstück	O
	b)	Gegenteil	O
	c)	Gegenpol	O
6.	a)	leiden	O
	b)	ärgern	O
	c)	freuen	O
7.	a)	Beliebtheit	O
	b)	Liebe	O
	c)	Freude	O
8.	a)	feststellen	O
	b)	erkennen	O
	c)	zeichnen	O
9.	a)	von	O
	b)	aus	O
	c)	für	O
10.	a)	mit	O
	b)	von	O
	c)	zu	O
11.	a)	wird	O
	b)	vollzieht	O
	c)	geht	O
12.	a)	spielen	O
	b)	machen	O
	c)	darstellen	O

13. Ergänzen Sie die zum Verb gehörende Präposition.

1. hindeuten ....
2. sich besinnen ....
3. sich unterscheiden ....
4. fixiert sein ....

⇨ IHRE GRAMMATIK: Weitere Übungen zu **Verben mit präpositionalem Kasus** finden Sie auf Seite 81.

14. Berichten Sie über das Verhältnis zwischen amerikanischen und eigenen
    Produktionen in Ihrem Heimatland im Bereich von
    – Popmusik
    – Kinofilmen
    – Fernsehfilmen oder Fernsehserien
    – Literatur.

15. Beantworten Sie eine der folgenden Fragen.

    Wenn Sie Europäer sind:
    Welche Filme/Bücher/Musik kennen Sie aus Ihren Nachbarländern/Ihrem
    Nachbarland?

    Wenn Sie kein Europäer sind:
    Welche Filme/Bücher/Musik kennen Sie aus Europa?

16. Schriftliche Stellungnahme

    Manche Länder versuchen durch Quotenregelung, d. h. durch eine Ver-
    pflichtung, dass z. B. bei einem Radiosender 40 Prozent der gesendeten
    Musik aus einheimischer Produktion stammen muss, die jeweilige Kultur
    und Sprache des Landes zu unterstützen.

    Nehmen Sie zu solchen Maßnahmen Stellung und machen Sie Vorschläge,
    womit man Ihrer Meinung nach die eigene Kultur fördern könnte.

    Schreiben Sie einen Text von ca. 200 Wörtern.

D. Ihre Grammatik

Lokalangaben

Wechselpräpositionen

	Wo? = Dativ	Wohin? = Akkusativ
an	*Das Bild hängt an der Wand.*	*Er hängt das Bild an die Wand.*
auf	*Die Vase steht auf dem Tisch.*	*Ich stelle die Vase auf den Tisch.*
hinter	*Der Ball liegt hinter dem Tor.*	*Der Ball fliegt hinter das Tor.*
in	*Der Brief ist in der Schublade.*	*Er legte den Brief in die Schublade.*
neben	*Er sitzt neben seiner Frau.*	*Sie setzte sich neben ihren Kollegen.*
unter	*Die Katze schläft unter dem Sofa.*	*Die Katze kroch unter das Sofa.*
über	*Das Flugzeug fliegt über den Wolken.*	*Er klebte das neue Bild über das alte.*
vor	*Wir treffen uns vor dem Eingang.*	*Er legte die Blumen vor die Wohnungstür.*
zwischen	*Der Brief steckt zwischen den Büchern.*	*Er steckte den Brief zwischen die Buchseiten.*

1. Beantworten Sie die folgenden Fragen.

    0. Wo liegt das Buch? (Tisch)
        Das Buch liegt auf dem Tisch.

    1. Wo hängt das Bild? (Wand)

        ....

    2. Wo wohnen Sie? (kleine Wohnung/6. Etage)

        ....

    3. Wo haben Sie studiert? (Schweiz)

        ....

    4. Wo haben Sie Ihren Urlaub verbracht? (Niederlande)

        ....

    5. Wo liegt das Dokument? (Büro/Schreibtisch)

        ....

6. Wo warst du? (Sportplatz)

....

7. Wo ist er operiert worden? (Universitätsklinik)

....

8. Wo befindet sich der Informationsschalter? (Eingang / Bahnhof)

....

9. Wo liegt das Haus des Försters? (Wald)

....

10. Wo lagert der Wein? (Keller)

....

Richtungsangaben		Ortsangaben im Dativ *Wo bist du? Ich bin ...*
zu (D)	zur Angabe in Richtung auf ein **konkretes Ziel** und bei **Personen** *Ich fahre zum Bahnhof.* *Morgen komme ich zu dir.*	*auf dem Bahnhof* *bei dir*
nach (D)	zur Richtungsangabe **ohne Artikel** *Morgen fahre ich nach Berlin/nach Spanien/nach Hause. Fahren Sie bitte nach links. Der Kompass zeigt nach Norden.*	*in Berlin/in Spanien/ zu Hause*
in (A)	zur Richtungsangabe bei **Ländernamen mit Artikel/bzw. Adjektiv**, im Sinne von *hinein-(fahren/gehen)* *Ich fahre in die Schweiz/in das warme Spanien.* *Ich gehe in die Schule/ins Krankenhaus.* *Ich fahre in die Berge.*	*in der Schweiz* *in der Schule* *in den Bergen*
auf (A)	zur Richtungsangabe bei **Inseln, Bergen, Messen, Kongressen usw.**, im Sinne von *nach oben* *Wir fliegen auf die Malediven. Wir steigen auf den Mont Blanc. Ich fahre nächste Woche auf einen Kongress. Er klettert aufs Dach.*	*auf den Malediven* *auf einem Kongress* *auf dem Dach*
an (A)	zur Richtungsangabe bei **Flüssen und Seen, Grenzen**, im Sinne von *heran.* *Ich fahre an den Rhein, an die Nordsee.* *Er ging ans Fenster.*	*am Rhein* *am Fenster*

2. Ergänzen Sie die Präposition und den bestimmten/unbestimmten Artikel.

Wohin gehen Sie? Ich gehe

1. .... Bahnhof.
2. .... Kino.
3. .... Deutschkurs.
4. .... Keller.
5. .... Arzt.
6. .... Strand.
7. .... Nachbarin.
8. .... Dachboden.

Wohin fahren Sie? Ich fahre

9. .... Elbe.
10. .... Italien.
11. .... USA.
12. .... Kanarischen Inseln.
13. .... Nahen Osten.
14. .... Heimatstadt.
15. .... Türkei.
16. .... Hause.
17. .... Schwarze Meer.
18. .... Irland.

Erklären Sie den Unterschied: *Ich gehe zum Kino. – Ich gehe ins Kino.*
Ich gehe zur Post. – Ich gehe in die Post.

3. Ergänzen Sie Orts- bzw. Richtungsangaben.

1. Die Leute sitzen ....
2. Wir fahren jedes Jahr ....
3. Marie ist nicht .... Sie ist ....
4. Er stellt das Fahrrad immer ....
5. Der Ball liegt ....
6. Wir waren letztes Jahr ....
7. Ich würde das Bild .... hängen.
8. Als wir .... ankamen, regnete es in Strömen.
9. Ich lege Bücher niemals ....
10. Sie ist mit Franz .... verabredet.
11. Ich bin müde. Ich lege mich ....
12. Es ist wunderschönes Wetter. Lass uns .... gehen.

n-Deklination

Die Deklination männlicher Substantive

	Singular	Plural	Singular	Plural
Nominativ	*der Mann*	*die Männer*	*der Junge*	*die Jungen*
Akkusativ	*den Mann*	*die Männer*	*den Jungen*	*die Jungen*
Dativ	*dem Mann*	*den Männern*	*dem Jungen*	*den Jungen*
Genitiv	*des Mannes*	*der Männer*	*des Jungen*	*der Jungen*
	⇩		⇩	
	„normale" Deklination		„n"-Deklination	

Nach demselben Prinzip wie *Junge* werden folgende männliche Substantive dekliniert:

- **männliche Personen und Tiere auf -e:**
  der Bote, der Bube, der Erbe, der Experte, der Gefährte, der Genosse, der Hirte, der Junge, der Knabe, der Kollege, der Komplize, der Kunde, der Laie, der Lotse, der Neffe, der Riese, der Sklave, der Zeuge ...
  der Brite, der Bulgare, der Däne, der Franzose, der Grieche, der Ire ...
  der Affe, der Bär, der Bulle, der Hase, der Löwe, der Ochse, der Rabe ...

- **weitere männliche Personen:**
  der Bauer, der Herr, der Fürst, der Graf, der Held, der Kamerad, der Nachbar, der Narr, der Prinz

- **Substantive auf -and, -ant, -ent, -ist:**
  der Doktorand, der Elefant, der Lieferant, der Demonstrant; der Student, der Präsident, der Produzent, der Korrespondent, der Polizist, der Kommunist, der Terrorist, der Journalist ...

- **Substantive aus dem Griechischen:**
  der Biologe, der Soziologe, der Fotograf, der Architekt, der Diplomat, der Demokrat, der Automat, der Monarch, der Katholik

- **einige abstrakte Substantive** (Genitiv mit -s):
  der Name, der Gedanke, der Buchstabe, der Wille

---

4. Ergänzen Sie die passenden Substantive im Plural.

   Erbe – Staatspräsident – Architekt – Polizist – Student – Experte – Interessent – Journalist

   1. Vom Gipfeltreffen der sieben .... berichteten .... aus aller Welt.

2. Bei dem Fussballspiel waren Tausende von .... im Einsatz.

3. An der Ausschreibung für den neuen Regierungssitz beteiligten sich viele ....

4. Die Anzahl der .... in diesem Fach ist nicht gestiegen, die Anzahl der .... aber hat um ein Vielfaches zugenommen.

5. Nach dem Tod des Unternehmers streiten sich jetzt die .... um die Aufteilung des Vermögens.

6. Die Unfallstelle wurde von .... genau untersucht.

5. Ergänzen Sie die passenden Substantive im Singular.

Lebensgefährte – Lieferant – Herr – Zeuge – Nachbar – Kunde – Korrespondent – Monarch

1. Der Richter glaubte der Aussage des .... nicht.

2. Nach dem Bericht unseres .... ist die Lage im Kriegsgebiet ernst.

3. Die berühmte Schauspielerin besuchte mit ihrem .... die Salzburger Festspiele.

4. Die Ware ist wieder einmal nicht pünktlich angekommen. Mit diesem .... haben wir immer Ärger!

5. Wie verstehst du dich mit deinem neuen ....?

6. Haben Sie die Telefonnummer des .... notiert?

7. Wer war die schöne Frau an der Seite des ....?

8. Ich hätte gerne .... Meier gesprochen.

6. Ergänzen Sie die fehlenden Endungen.

Klassentreffen

Letztes Wochenende hatten wir Klassentreffen. Meine Klasse war sehr international. Ich war vorher sehr aufgeregt und fragte mich, ob mein Banknachbar Gilles, ein Franz........., wohl kommen würde. Leider kam er nicht. Er hat vor zwei Jahren eine Franz......... geheiratet und lebt jetzt in Paris. Dafür traf ich Mehmet wieder, einen Türk........., er ist noch Junggeselle und arbeitet in einem türkischen Restaurant. Carlos, unser einziger Span........., erschien mit seiner Frau Antonia, einer Span......... . Meine Freundin Evangeliya ist

Griech......... . Sie hat sich früher sehr für Schwed......... interessiert, doch leider

kein Schwed......... für sie. Jetzt ist sie mit Marec, einem Pol........., verheiratet.

Michael war auch da. Er ist Ir......... und arbeitet seit einem Jahr bei einer

Computerfirma in Dublin. John, unser Schott........., hat sich am meisten

verändert. Er hat mindestens 30 kg zugenommen. Seit ich ihn kenne, weiß

ich, dass man Schott......... wohl als Brit........., aber nicht als Engländ.........

bezeichnen darf.

Ein paar Deutsche gab es in meiner Klasse natürlich auch noch. Doch über

die erzähle ich nichts, sonst wird die Geschichte zu lang.

7.   Finden Sie die Bezeichnungen für die Einwohner der folgenden Länder.

	Land	männlicher Einwohner	Einwohnerin	Einwohner (Plural)
0.	Polen	der Pole	die Polin	die Polen
1.	der Sudan	....	....	....
2.	der Iran	....	....	....
3.	Ungarn	....	....	....
4.	Peru	....	....	....
5.	Chile	....	....	....
6.	Kanada	....	....	....
7.	Lettland	....	....	....
8.	die Türkei	....	....	....
9.	China	....	....	....
10.	Japan	....	....	....
11.	Malta	....	....	....
12.	Mexiko	....	....	....

Ergänzungshinweis:

- *der Deutsche – die Deutsche – die Deutschen* werden wie ein Adjektiv
  dekliniert.

- Ausnahmen bilden die Einwohner von
  Israel: *der Israeli – die Israeli – die Israelis*
  Saudi-Arabien: *der Saudi – die Saudi – die Saudis*
  Somalia: *der Somali – die Somali – die Somalis*
  Pakistan: *der Pakistani – die Pakistani – die Pakistanis*

Verben mit präpositionalem Kasus

Im Deutschen gibt es eine Reihe von Verben, die mit einer festen Präposition gebraucht werden:

*Ich warte **auf meine Schwester**.*   *Ich denke **an meinen Freund**.*

Wir empfehlen, das Verb, die Präposition und den Fall des nachfolgenden Objekts gleich zusammen zu lernen.

1. Fragen

*Ich warte **auf Martin**. – **Auf wen** wartest du?*   **Person**
*Ich warte **auf das Resultat der Prüfung**. – **Worauf** wartest du?*   **Sache**

*Ärgerst du dich mal wieder **über Peter**? – Ja, ich ärgere mich **über ihn**.*   **Person**
*Ärgerst du dich **über den Fehler**? – Ja, ich ärgere mich **darüber**.*   **Sache**

2. Nebensätze und Infinitivkonstruktionen

*Es kommt **darauf** an, dass sich viele Kollegen an diesem Projekt beteiligen.*
(ankommen auf)
*Achten Sie **darauf**, beim Verlassen des Raums die Fenster zu schließen.*
(achten auf)

dabei/wobei	*daran/woran*
dafür/wofür	*darauf/worauf*
dagegen/wogegen	*darin/worin*
damit/womit	*darum/worum*
danach/wonach	*darüber/worüber*
davon/wovon	*darunter/worunter*
⇩	⇩
Präposition beginnt mit einem **Konsonanten**.	Präposition beginnt mit einem **Vokal**.

8. Ordnen Sie den Verbgruppen die richtige Präposition mit dem richtigen Fall zu.

bei + Dativ	nach + Dativ	zu + Dativ	gegen + Akkusativ
auf + Dativ	in + Dativ	in + Akkusativ	um + Akkusativ
an + Dativ	mit + Dativ	für + Akkusativ	über + Akkusativ
vor + Dativ	von + Dativ	auf + Akkusativ	an + Akkusativ

1. an + Dativ	2.	3.	4. ....
arbeiten	glauben	beruhen	sich freuen
erkranken	denken	basieren	hoffen
hängen	sich gewöhnen	bestehen	warten
teilnehmen	sich erinnern	beharren	verzichten

5.	6.	7.	8. ....
sich bedanken	sich bedanken	sich wehren	sich irren
bleiben	sich interessieren	protestieren	sich täuschen
sich beschweren	sorgen	stimmen	sich üben
sich entschuldigen	sprechen	verstoßen	unterrichten

9.	10.	11.	12. ....
sich verlieben	anfangen	fragen	sich bemühen
teilen	sich beschäftigen	riechen	beneiden
geraten	rechnen	schmecken	sich handeln
einwilligen	sich begnügen	urteilen	bitten

13.	14.	15.	16. ....
sich freuen	abhängen	sich fürchten	sich entschließen
sich ärgern	sich erholen	warnen	gehören
diskutieren	handeln	erschrecken	neigen
verfügen	träumen	sich hüten	zählen

9. Partnerinterview

Fragen Sie Ihren Nachbarn/Ihre Nachbarin und berichten Sie anschließend über die Antworten. (Sie dürfen natürlich lügen.)

0. Woran denken Sie/denkst du gerade?
Ich denke gerade an das Ende der Unterrichtsstunde.
Mein Nachbar/Meine Nachbarin denkt gerade an das Ende der Unterrichtsstunde.

1. Wo............ haben Sie manchmal Angst?

2. Wo............ denken Sie oft nach?

3. Wo............ freuen Sie sich besonders?

4. Wo............ haben Sie sich letzte Woche geärgert?

5. Wo............ könnte man Ihnen eine Freude machen?

6. Gibt es etwas, wo............ Sie erschrecken?

7. Wo............ beschäftigen Sie sich in Ihrer Freizeit?

8. Wo............ möchten Sie bald beginnen?

9. Wo............ können Sie im nächsten Jahr ganz sicher rechnen?

10. Wo............ träumen Sie ab und zu?

10. Ergänzen Sie die fehlenden Präpositionen und Endungen, wenn nötig.

1. Der Schriftsteller zählt .... d..... großen Autoren seiner Zeit.

2. Hier riecht es stark .... Knoblauch.

3. Im Umgang mit Geld neigt sie .... Verschwendung.

4. Fürchtest du dich noch immer .... Spinnen?

5. Ein solches Verhalten verstößt .... d..... Höflichkeitsregeln.

6. Darf ich dich .... ein..... Gefallen bitten?

7. Das Buch handelt .... ein..... kleinen Jungen während des Krieges.

8. Es handelt sich .... ein..... Rechenfehler.

9. Die Ärzte verzichteten bei der Hilfsaktion .... ihr..... Honorar.

10. .... dies..... Frau kann ich dich nur warnen!

11. Wir verfügen nicht .... ausreichende finanzielle Mittel.

12. Ich beschäftige mich zur Zeit .... ein..... ähnlichen Thema.

13. Ich beneide dich .... dein..... schönen Beine.

14. Der Tourist fragte .... d..... Weg zum Hotel „Astoria".

15. .... dies..... Stress muss ich mich erst mal erholen.

16. Du solltest dich nicht .... dies..... Stundenlohn begnügen.

17. Die Firma ist durch Missmanagement .... ein..... schwierige Lage geraten.

18. Bei ROT über die Ampel fahren?! Das verstößt .... d..... Straßenver-kehrsordnung!

19. .... dies..... Ergebnis hat keiner gerechnet.

20. Ich habe mich schwer .... dir getäuscht!

11. Ergänzen Sie die fehlenden Präpositionen, Pronominaladverbien und En-dungen.

0. Erinnerst du dich noch <u>an</u> deine Schulzeit? – Oh ja, <u>daran</u> erinnere ich mich noch sehr gut.

1. Denkst du schon wieder .... dein..... Arbeit? – Nein, ich habe keine Lust, ... zu denken.

2. Beruht der Vertrag .... ein..... rechtlichen Grundlage? – Natürlich beruht er ....!

3. Hast du dich .... d..... Blumen schon bedankt? – Nein, ... habe ich mich noch nicht bedankt.

4. Sprichst du noch einmal mit Klaus .... d..... Problem? – Wir haben bereits gestern .... gesprochen.

5. Hat sich Susanne .... Georgs Verhalten geärgert? – Ich glaube, sie hat sich sehr .... geärgert.

6. Nimmst du am Samstag .... d..... Weiterbildungsveranstaltung teil? – Nein, ... nehme ich nicht teil.

Kapitel 3   Wann? – Zeit und Tätigkeit

A. Zeit und Tätigkeit

1. Womit verbringen Sie Ihre Zeit? Wie viele Minuten bzw. Stunden in einer Woche benötigen Sie dafür? Erstellen Sie eine Reihenfolge der zehn Tätigkeiten, mit denen Sie die meiste Zeit verbringen.

   fernsehen – arbeiten – schlafen – einkaufen – essen – unterwegs sein – im Stau stehen – im Internet surfen – E-Mails lesen oder schreiben – telefonieren – aufräumen und sauber machen – Sport treiben – ausgehen – Bücher lesen – lernen – studieren – kochen – Körperpflege – Freunde besuchen – nichts tun – ...

Tätigkeit	Stunden/Minuten pro Woche
1.	....
2.	....
3.	....
4.	....
5.	....
6.	....
7.	....
8.	....
9.	....
10.	....

2. Gruppenarbeit: Beantworten Sie eine der folgenden Fragen.

   Diskutieren Sie in der Gruppe und suchen Sie nach Gemeinsamkeiten und Unterschieden:
   - Gibt es etwas, wofür Sie gern mehr Zeit zur Verfügung hätten?
   - Was raubt/stiehlt Ihnen Ihre Zeit?
   - Stehen Sie manchmal unter Zeitdruck? Wenn ja, wann?
   - Können Sie einfach dasitzen und nichts tun?

3. Ergänzen Sie die zusammengesetzten Wörter mit *Zeit-*.

Zeitverschwendung – Zeitreise – Zeitdruck – Zeitaufwand – Zeitplan – Zeitspanne – Zeitgewinn – Zeitlupe – Zeitstrafe

1. Beim 100-Meter-Lauf kamen die ersten drei Läufer fast gleichzeitig ins Ziel. Man konnte den Sieger erst in der .... erkennen.

2. Er hat viel zu viel zu tun. Unter diesem ständigen .... leidet er jetzt schon seit Monaten.

3. Damit brauchst du dich nicht zu beschäftigen. Das ist reine ....!

4. Um das Projekt rechtzeitig abzuschließen, müssen wir einen genauen .... aufstellen.

5. Ich würde gern eine .... machen und im 19. Jahrhundert leben.

6. In dieser kurzen .... spielte der Film 20 Millionen Euro ein.

7. Beim Formel-1-Rennen gab es einen Fehler beim Boxenstopp. Der Fahrer erhielt eine .... von zehn Sekunden.

8. Ich kann die Arbeit diese Woche nicht beenden. Der .... ist größer, als ich dachte.

9. Wenn du die wenig befahrene Landstraße nimmst, hast du einen .... von ca. zwei Stunden.

4. Schriftliche Stellungnahme

Nehmen Sie Stellung zu der folgenden Meinung von Clifford Stoll, einem der Wegbereiter des Internets:

„Das Wichtigste, was wir Menschen besitzen, ist unsere Zeit auf dieser Erde. Sie ist begrenzt. Und wir verschwenden sie, surfen durchs Netz und klick, klick, klick, sind fünf Stunden vergangen. Am Ende sitzt man da und fragt sich, was es einem gebracht hat. Bin ich ein besserer Mensch geworden? Bin ich weiser geworden? Hat es meine Persönlichkeit vertieft? Verstehe ich besser, was die Welt im Innersten zusammenhält? Nein. Ich bin bloß fünf Stunden älter geworden."

Schreiben Sie einen Text von ca. 200–250 Wörtern Länge. Lesen Sie zuvor die Hinweise auf der nächsten Seite.

Hinweise zum Schreiben von Stellungnahmen:

- Beim Schreiben einer Stellungnahme ist Ihre eigene Meinung zu einem Thema gefragt. Das bedeutet aber nicht, dass Sie den ganzen Text lang nur Ihre persönliche Ansicht darlegen sollten. Beziehen Sie allgemeines Wissen, andere Meinungen, vorgegebene Informationen (z. B. aus einer Statistik) mit ein.

- Strukturieren Sie Ihren Text in eine Einleitung, einen Hauptteil und einen Schluss. Mögliche Inhalte:

Einleitung:
- Beschreiben Sie kurz das Thema / das Problem.
- Sagen Sie etwas Allgemeines über das Thema / das Problem oder etwas über die Entwicklung des Themas / des Problems.

Hauptteil:
- Gehen Sie jetzt auf die vorgegebenen Informationen (z. B. eine Grafik / eine These / eine Meinung) ein. Nehmen Sie das Thema / das Problem „auseinander" und betrachten Sie es von verschiedenen Seiten. Suchen Sie Pro- und Kontra-Argumente. Prüfen Sie, welche Argumente Ihrer eigenen Meinung entsprechen und machen Sie dies deutlich.

Schluss:
- Ziehen Sie aus Ihrer Argumentation Schlussfolgerungen.
- Weisen Sie auf mögliche Konsequenzen / Entwicklungen / Probleme in der Zukunft hin.
- Machen Sie sich, bevor Sie mit dem Schreiben beginnen, Stichpunkte. Sammeln und ordnen Sie Ihre Argumente.

- Sprachliche Hilfsmittel:

Einleitung:
- Das Thema (Zeitverschwendung im Internet) ... ist ein Problem / (Zeitverschwendung im Internet) ... ist ein Thema,
  - ... das erst seit wenigen Jahren aktuell ist.
  - ... das schon lange diskutiert wird.
  - ... mit dem man sich unbedingt beschäftigen sollte.
  - ... das vor allem für ... (junge Leute) von großer Wichtigkeit / sehr wichtig ist.
- Es ist allgemein bekannt, dass ...
- Bekannt ist bisher nur, dass ...
- In der Öffentlichkeit herrscht die Meinung, dass ...
- Erst kürzlich stand in der Zeitung, dass ...
- Noch vor wenigen Jahren ... / Bereits früher ...
- Wenn wir zurückblicken / die Entwicklung der letzten Jahre betrachten, ...

Hauptteil:

- Der Statistik/Grafik/der Meinung von … kann man entnehmen …
- Die Statistik/Grafik/Meinung zeigt/lässt erkennen/macht deutlich …
- … spricht dafür/dagegen.
- Die Situation ist doch folgende: …
- Dazu kommt noch …
- Man sollte nicht vergessen, dass …
- Ein weiteres Beispiel wäre …
- Nach meinen Erfahrungen/Meiner Ansicht nach …
- … bin ich mit … nicht/ganz einer Meinung
- Diese Ansicht kann ich nicht teilen.
- Als Gegenargument lässt sich hier anführen, dass …

Schluss:

- Zusammenfassend kann man feststellen/sagen, dass …
- Daraus ergibt sich die Schlussfolgerung, dass …
- Die Konsequenzen daraus sind …
- Für die Zukunft könnte das bedeuten/heißen, dass …

• Vermeiden Sie Umgangssprache.

5. Interpretieren Sie die Karikatur von Volker Kriegel.

Zum Verständnis längerer zusammenhängender Texte

6.   Lesen Sie das folgende Interview.

Die Entdeckung der Langsamkeit
Gespräch mit dem Hirnforscher Ernst Pöppel

Herr Pöppel, die Informationsflut zwingt uns, immer schneller zu werden. Es gibt Seminaranbieter, die behaupten, man könnte 25.000 Wörter pro Minute lesen. Ist das möglich?

Lesen hat unterschiedliche Bedeutungen. Ich kann einen Text überfliegen. Da habe ich bereits ein Vorwissen und überprüfe nur noch, ob etwas Neues drinsteht. Mein Wissen ist schon fertig, es entstehen keine neuen Gedanken oder Bilder. Dann gibt es das Lesen mit Sinnentnahme, bei dem ich etwas Neues erfassen will. Denn Buchstaben repräsentieren Worte, durch die im Hirn oft Bilder entstehen.

Gibt es denn rein physiologische Grenzen?

Die Geschwindigkeit der Informationsverarbeitung ist eine Materialkonstante des Gehirns. Das Gehirn hat eine Art Computertaktzeit, die es braucht, um einzelne Informationen zu erkennen. Die liegt bei 30 bis 40 Millisekunden (Eine Millisekunde ist 1/1000 Sekunde.). Schneller geht es nicht, denn Informationen können dann nicht mehr richtig verarbeitet werden. Es bleibt daher auch nichts hängen. Zudem fasst das Gehirn alle zwei bis drei Sekunden die Informationselemente automatisch zusammen und verknüpft sie. In diesem Gegenwartsfenster können maximal sieben solcher Verknüpfungen erfasst werden. Mehr ist einfach nicht drin.

Wie kann ich einen Text besser verarbeiten?

Wer sich gut vorbereiten will, muss das mit Muße tun. Er muss über den Text nachgedacht haben, ihn bildlich oder grafisch umsetzen und so beide Gehirnhälften aktivieren. Dann ergibt sich ein viel tieferes Verständnis und man kann auch besser argumentieren. Dazu brauche ich implizites Wissen über meine personale Identität. Ich muss mir klar sein, wer ich bin. Das ist fundamental wichtig für den Erfolg. Denn es gibt keine Wahrnehmung ohne Gedächtnis und emotionale Bewertung. Alles ist vernetzt. Man nimmt nicht nur Informationen auf. Diese werden nur dann abgespeichert, wenn man einen persönlichen Bezug dazu hat.

Aber die Informationsflut erfordert doch nun mal Schnelligkeit?

Das Schnell-Lesen dient dem Ausmerzen des Irrelevanten. Doch dazu brauche ich interne Kriterien. Ich muss wissen, was ich überhaupt wissen will. Zudem führt der Rausch des Schnell-Lesens leicht dazu, dass man zu viel wegschmeißt. Neue Dinge sollte man deswegen auf einem Stapel sammeln und sich in Ruhe anschauen. Das geht nur mit Muße. Wir nehmen uns heute zu wenig Zeit für neue Dinge.

Verändert das Internet die Informationsaufnahme?

Wenn man etwas interessant findet, sollte man es ausdrucken. Man hat einfach einen anderen Bezug zu einem Stück Papier, das man in der Hand hält. Man begreift es besser. Der Bildschirm ist dagegen etwas Distanziertes und zudem nicht immer günstig für die Augen. Immer wenn man selbst motorisch etwas tut, bleibt es besser haften. Das gilt auch für das Schreiben oder Unterstreichen eines Textes. Die eigene Aktivität ist entscheidend.

Professor Ernst Pöppel ist Hirnforscher und Leiter des Instituts für Medizinische Psychologie an der Ludwig-Maximilians-Universität München.

Junge Karriere

7. Was steht im Text? Markieren Sie die richtige Antwort.

1. Wie schnell sollte man lesen, wenn man Neues erfahren will?
    - O a) Man kann auch bei sehr schnellem Lesen neues Wissen erfassen.
    - O b) Wenn man etwas Neues aus einem Text entnehmen will, muss man sich etwas mehr Zeit nehmen.
    - O c) Texte überfliegen heißt, dass nichts Neues im Text steht.

2. Gibt es physiologische Grenzen?
    - O a) Das Gehirn braucht mindestens 30 Millisekunden, um eine Information zu verarbeiten.
    - O b) Die einzelnen Informationselemente werden unbegrenzt zusammengefasst und verknüpft.
    - O c) Die Geschwindigkeit der Informationsverarbeitung des Gehirns ist bei jedem Menschen anders.

3. Wie kann ich einen Text besser verarbeiten?
    - O a) Es werden alle aufgenommenen Informationen automatisch von den Gehirnhälften abgespeichert.
    - O b) Die emotionale Bewertung einer Information ist für deren Verarbeitung unerheblich.
    - O c) Wer einen Text besser verarbeiten will, muss sich dafür Zeit nehmen und ihn bildlich umsetzen.

4. Erfordert die Informationsflut Schnelligkeit?
    - O a) Ja, die Informationsflut braucht Schnelligkeit.
    - O b) Richtiges Schnell-Lesen setzt voraus, dass man Informationsziele hat.
    - O c) Schnell-Lesen ist in jedem Fall falsch.

5. Verändert das Internet die Informationsaufnahme?
    - O a) Texte sind auf dem Computer oft schlecht zu lesen.
    - O b) Man kann sich besser an etwas erinnern, wenn es mit eigener Aktivität verbunden ist.
    - O c) Man sollte jeden Text ausdrucken.

8. Erklären Sie die Wendungen mit anderen Worten.

1. einen Text <u>überfliegen</u> ....

2. etwas bleibt im Gedächtnis <u>hängen</u> ....

3. etwas mit <u>Muße</u> machen ....

9. Ergänzen Sie die fehlenden Verben.

1. Beim Überfliegen von Texten .... im Gehirn keine neuen Gedanken oder Bilder.

2. Die Zeit, die das Gehirn braucht, Informationen zu ...., ... bei 30–40 Millisekunden.

3. Schneller können Informationen nicht .... werden. Es bleibt im Gehirn nichts ....

4. Wir .... uns heute zu wenig Zeit für die Dinge.

5. Man .... Texte besser, wenn man sie auf einem Stück Papier in der Hand ....

10. Ergänzen Sie die Artikel.

1.	.... Internet	8.	.... Gehirn
2.	.... Text	9.	.... Gehirnhälfte
3.	.... Informationsverarbeitung	10.	.... Gedanke
4.	.... Informationsflut	11.	.... Gedächtnis
5.	.... Geschwindigkeit	12.	.... Wahrnehmung
6.	.... Aktivität	13.	.... Vorwissen
7.	.... Muße	14.	.... Verständnis

11. Berichten Sie über Ihr Leseverhalten.

– Wann und wo lesen Sie? (Tageszeit/Situation z. B. beim Zugfahren/nach dem Frühstück/während meiner Arbeit ...)

– Was lesen Sie? (Zeitungen/Zeitschriften/Bücher/Berichte/Protokolle/wissenschaftliche Arbeiten/Comics/Anzeigen ...)

– Wie lesen Sie? (langsam/genau/schnell/nur die Überschriften/alles zweimal/ich blättere nur durch und betrachte die Fotos/ich suche nach Schlüsselwörtern ...)

12. Verwenden Sie für unterschiedliche Texte verschiedene Lesestile (detailliertes Lesen/überfliegendes Lesen)? Wenn ja, berichten Sie darüber.

13. Zu Ihrem zehnjährigen Dienstjubiläum möchten Ihnen Ihre Kollegen ein Buch schenken. Weil sich Ihre Kollegen nicht ganz sicher sind, was Sie mögen, haben Sie drei Bücher zur Auswahl, von denen Sie sich für ein Buch entscheiden müssen. Treffen Sie eine Wahl und erklären Sie, warum Sie sich für dieses eine und nicht für die anderen Bücher entschieden haben.

Redemittel:
- ich habe mich für … entschieden
- ich bevorzuge …; am meisten interessiert mich …
- die Auswahl/Entscheidung ist mir besonders schwer/leicht gefallen
- … finde ich auch gut, aber …; … interessiert mich zwar, aber …
- … mag ich weniger/überhaupt nicht …

Uwe Timm: Die Entdeckung der Currywurst
Novelle • Kiepenheuer & Witsch

In Erinnerung an seine Kindheit macht sich der Erzähler auf die Suche nach der ehemaligen Besitzerin einer Imbissbude in Hamburg. Er findet Lena Brückner in einem Altersheim und erfährt die Geschichte ihrer „schönsten Jahre" und wie es zur Entdeckung der Currywurst kam. Der Bogen spannt sich weit zurück in die letzten Apriltage der Jahres 1945. Uwe Timm gestaltet in diesem Roman eine rührende, phantastische, aber auch vergnügliche Liebesgeschichte.

Matthias Uelschen: Ausgesorgt!
Ratgeber • Econ

Dieser Finanzratgeber ersetzt beinahe das Gespräch mit Ihrem Bankberater. Der Autor bewertet unterschiedliche Geldanlagen, was eine große Hilfeleistung für Leute bedeutet, die ihr Geld anlegen wollen. Matthias Uelschen erzählt aber auch jede Menge Geschichten von Leuten, die durch falsches Geldmanagement Schulden gemacht haben oder sonstige Fehler begingen.

Gregor Schöllgen: Willy Brandt
Biographie • Propyläen

Willy Brandt war einer der bedeutendsten und zugleich populärsten Kanzler der Bundesrepublik und einer der herausragenden Sozialdemokraten des 20. Jahrhunderts. Wie nur wenige hat er das politische Klima in Deutschland geprägt. Zehn Jahre nach seinem Tod legt der Historiker Gregor Schöllgen die erste große Brandt-Biographie vor – ein intimes Porträt des Menschen und eine kritische Würdigung des Politikers Willy Brandt.

14. Ergänzen Sie die fehlenden Verben.

nachlesen – vorlesen – einlesen – auslesen – durchlesen – ablesen – verlesen

1. Er kann seine Rede nicht frei halten, er muss sie ....

2. Dieses Buch ist sehr schwierig, man muss sich in den Stil des Autors erst ....

3. Wie viel kostest das Auto? 350 000 Euro? Oh nein, 35 000 Euro, ich habe mich ....

4. Papa, kannst du mir eine Geschichte ....?

5. Bist du schon fertig mit dem Buch? Ja, ich habe es ....

6. Das Kleingedruckte beim Kaufvertrag sollte man sich immer genau ....

7. Ich kenne die einzelnen Fakten nicht mehr so genau. Ich muss sie noch mal ....

B. Gestern und heute

1. Lesen Sie den folgenden Text.

Ein kurzer Rückblick

1989 fiel in Berlin die Mauer und mit ihr bald darauf die DDR. Die Ereignisse in diesem wichtigsten Herbst der deutschen Geschichte überschlugen sich:

– Bereits im Sommer 1989 kam es zu einer Massenflucht von DDR-Bürgern über die traditionellen DDR-Urlaubsländer Ungarn und CSSR.

– Die Ungarn bauten die Befestigungen an ihrer Grenze zu Österreich ab, die Botschaft der Bundesrepublik Deutschland in Prag war in diesen Tagen der dichtest besiedelte Platz der Erde. Die Botschaftsflüchtlinge durften nach langen Verhandlungen des damaligen bundesdeutschen Außenministers mit Vertretern der DDR-Regierung mit dem Zug direkt in die Bundesrepublik ausreisen.

– In der DDR konstituierten sich Oppositionsgruppen, die für eine Demokratisierung der DDR und gegen die Manipulationen der letzten Kommunalwahlen kämpften.

– In Leipzig gingen die Teilnehmer am montäglichen Friedensgebet in der Nikolaikirche auf die Straße und protestierten mit dem Ruf „Wir sind das Volk" gegen die Bevormundung des Staates. An diesen Montagsdemonstrationen nahmen Ende Oktober bereits 300 000 Menschen teil.

– Der damalige Staats- und Parteichef Erich Honecker, der mit Ge-

---

walt gegen die Demonstranten vorgehen wollte, verlor die Unterstützung in den eigenen Reihen und wurde abgelöst. Sein Nachfolger versuchte, mit Zugeständnissen an die DDR-Bevölkerung die Situation im Land zu beruhigen, doch  die Demonstrationen hatten sich inzwischen auf viele Städte ausgeweitet.

– Am 9. November 1989 erklärte ein Regierungsvertreter auf einer im Fernsehen live übertragenen Pressekonferenz die Reisefreiheit von DDR-Bürgern ohne Visumszwang und nannte fälschlicherweise als Zeitpunkt „ab sofort".

– Am selben Abend strömten Tausende von DDR-Bürgern an die Grenzübergänge nach West-Berlin.

– Um 23.14 Uhr kapitulierte die DDR-Grenzpolizei vor dem Ansturm der Massen und öffnete einfach die Schlagbäume. Damit war die deutsch-deutsche Grenze Vergangenheit.

– Anfang Dezember wurde die DDR-Führung von der eigenen Parteibasis entmachtet. Sie musste geschlossen zurücktreten.

– Die neue Führung traf sich seit dem 7.12. mit Vertretern der Oppositionsgruppen am *Runden Tisch*.

– Der *Runde Tisch* beschloss die sofortige Auflösung des Ministeriums für Staatssicherheit und Wahlen am 6. Mai 1990.

– Am 3. Oktober 1990 trat die DDR der Bundesrepublik Deutschland bei. Die DDR hatte aufgehört zu existieren.

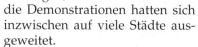 Wenn Sie noch mehr über deutsche Geschichte wissen wollen, dann beachten Sie bitte unsere im Internet angegebenen Links unter **www.aufgaben. schubert-verlag.de**.

---

2. Beantworten Sie eine der folgenden Fragen.

　1. Haben Sie die Wende in der DDR und die Wiedervereinigung Deutschlands mitverfolgen können (z. B. durch Berichte in Ihrem Heimatland)? Wenn ja, berichten Sie darüber.

　2. Welche Hoffnungen und Ängste verbanden sich in Ihrem Heimatland mit der deutschen Wiedervereinigung?

3.   Lesen Sie den folgenden Text.

Die Hoffnungen und Wünsche der Ostdeutschen

In ersten, Anfang 1990 durchgeführten Umfragen sprachen sich 94 Prozent der ostdeutschen Bevölkerung für eine Vereinigung der beiden deutschen Staaten aus.

Die Erwartungen der DDR-Bürger an die Bundesregierung waren hoch. Der Wunsch nach Freiheit und Wohlstand stand im Vordergrund. Eine große Mehrheit der Ostdeutschen war sich auch über die Risiken, die der Systemwechsel mit sich bringen würde, im Klaren. Die meisten gingen davon aus, dass das neue Warenangebot nicht zu alten Preisen zu haben wäre. Sie wussten auch, dass die Einführung der Marktwirtschaft den Verlust von Arbeitsplätzen und die Schließung von Betrieben zur Folge hätte. Allerdings waren die ostdeutschen Bürger davon überzeugt, dass dieser Anpassungsprozess höchstens fünf Jahre dauert und dann westliches Lebensniveau erreicht ist.

Umfrageergebnisse zehn Jahre nach der Wiedervereinigung

Bei einer Umfrage im Jahr 2000, die „Die Zeit" in Auftrag gab, bezeichnete sich jeder Fünfte als Verlierer der Vereinigung, weitere 20 % der Befragten ordneten sich selbst weder der Gewinner- noch der Verliererseite zu. Zu den Verlierern zählen sich selbst Arbeitslose, schlechter Gebildete, schlechter Verdienende und Personen zwischen 45 und 60 Jahren. Die Arbeitslosigkeit ist in den neuen Bundesländern (Ostdeutschland) mehr als doppelt so hoch wie in den alten Bundesländern (Westdeutschland).

Doch man kann die Statistik auch positiv sehen: knapp 60 Prozent fühlen sich als Gewinner der Einheit, vor allem junge Menschen bis 35 Jahre, höher Gebildete und Berufstätige.

Die Entwicklung seit der Wende beurteilten die Bürger der neuen Bundesländer wie folgt:

Was ist nach der Wiedervereinigung besser geworden, was ist schlechter geworden, was hat sich so gut wie nicht verändert?

besser		schlechter	kaum verändert
95	Das Angebot an Waren und Dienstleistungen	1	(3)
86	Der Zustand von Straßen und Gebäuden	5	(7)
76	Der eigene Lebensstandard	5	(18)
74	Die Möglichkeit, seine Meinung frei zu äußern	4	(19)
71	Die Wohnbedingungen	2	(25)
63	Sich politisch betätigen zu können	4	(23)
62	Tun und lassen können, was man will	6	(29)
55	Das eigene Selbstbewusstsein	5	(38)
50	Schutz vor staatlicher Willkür	14	(25)
41	Das eigene Wohlfühlen in der Gesellschaft	18	(37)
37	Die Gesundheitsversorgung	38	(21)
34	Die Entwicklungschancen für Kinder	50	(10)

Wenn Sie jetzt an Ihre Berufsarbeit denken, was hat sich dort seit der Wende
für Sie verbessert, verschlechtert und was hat sich kaum verändert?

besser		schlechter	kaum verändert
69	Gehalt	9	(13)
59	Eigenverantwortung in der Arbeit	7	(28)
51	Möglichkeit, sich beruflich weiter zu entwickeln	14	(27)
40	Mitbestimmungsmöglichkeiten im Betrieb	24	(27)
38	Befriedigung aus der Arbeit	24	(31)
12	Sicherheit des Arbeitsplatzes	65	(16)

DIE ZEIT

4. Beantworten Sie die folgende Frage:

   Haben Sie mit diesen Umfrageergebnissen gerechnet oder hat Sie etwas
   überrascht? Begründen Sie Ihre Antwort.

   Redemittel:
   – Das habe ich erwartet; das war zu erwarten; damit habe ich gerechnet.
   – Das war doch klar; das konnte man absehen.
   – Ich hätte nicht gedacht, ...
   – ... hat mich hat erstaunt/verwundert
   – Sehr überrascht war ich von/über ...
   – Es ist kaum zu glauben, dass ...

5. Beschreiben Sie anhand der ersten Statistik, was sich in Ihrem Heimatland
   in den letzten zehn Jahren verbessert oder verschlechtert hat.

   Redemittel:
   – ... hat sich verbessert.
   – ... hat eine positive Entwicklung genommen.
   – ... hat sich in eine positive Richtung entwickelt.
   – Eine erfreuliche Tendenz ist zu verzeichnen in/bei ...
   – Es gibt Fortschritte ...
   – ... ist gleich geblieben/hat stagniert.
   – ... ist noch keine Tendenz absehbar.
   – ... hat sich verschlechtert.
   – ... ist ein Rückschritt erkennbar.
   – ... ist die Lage denkbar schlecht.
   – ... entwickelt sich in eine negative Richtung.
   – ... weist negative Tendenzen auf.

6. Ergänzen Sie die fehlenden Präpositionen und die Artikelendungen, wenn nötig.

1. .... 1989 fiel .... Berlin die Mauer.

2. .... dies..... wichtigen Herbst überschlugen sich die Ereignisse.

3. Bereits .... Sommer 1989 kam es .... einer Massenflucht .... DDR-Bürgern .... d..... traditionellen DDR-Urlaubsländer Ungarn und CSSR.

4. Die Ungarn bauten die Befestigungen .... ihr..... Grenze .... Österreich ab.

5. Die Botschaftsflüchtlinge durften .... langen Verhandlungen .... d..... Zug direkt .... d..... Bundesrepublik ausreisen.

6. .... d..... DDR konstituierten sich Oppositionsgruppen, die .... ein..... Demokratisierung der DDR und .... d..... Manipulationen der letzten Kommunalwahlen kämpften.

7. .... Leipzig gingen die Teilnehmer .... montäglichen Friedensgebet .... d..... Nikolaikirche .... die Straße.

8. Sie protestierten .... d..... Ruf „Wir sind das Volk" .... Bevormundung des Staates.

9. .... dies..... Montagsdemonstrationen nahmen .... Ende Oktober bereits 300 000 Menschen teil.

10. Der damalige Staats- und Parteichef Erich Honecker, der .... Gewalt .... die Demonstranten vorgehen wollte, verlor die Unterstützung .... d..... eigenen Reihen.

11. .... 9. November 1989 erklärte ein Regierungsvertreter .... einer Pressekonferenz die Reisefreiheit .... DDR-Bürgern .... Visumszwang.

12. .... selben Abend strömten Tausende .... DDR-Bürgern .... die Grenzübergänge .... West-Berlin.

13. .... 23.14 Uhr kapitulierte die DDR-Grenzpolizei .... d..... Ansturm der Massen.

14. .... Anfang Dezember wurde die DDR-Führung .... d..... eigenen Parteibasis entmachtet.

15. Der *Runde Tisch* beschloss die sofortige Auflösung des Ministeriums .... Staatssicherheit und Wahlen .... 6. Mai 1990.

⇨ IHRE GRAMMATIK: Weitere Übungen zu **Temporalangaben** finden Sie
auf Seite 106.

---

7.   Bilden Sie aus den vorgegebenen Wörtern Sätze.

   1.   Anfang 1990 – 94 Prozent, ostdeutsche Bevölkerung – Wiedervereinigung – sich aussprechen

        ....

   2.   Erwartungen, DDR-Bürger – Bundesregierung – hoch sein

        ....

   3.   große Mehrheit, Ostdeutsche – Schwierigkeiten + Risiken, Wiedervereinigung – sich im Klaren sein

        ....

        ....

   4.   heute – jeder fünfte Ostdeutsche – Verlierer – sich bezeichnen

        ....

   5.   Arbeitslosigkeit – neue Bundesländer – doppelt so hoch sein – alte Bundesländer

        ....

   6.   doch – 60 Prozent, Ostdeutsche – Gewinner, Einheit – sich fühlen

        ....

Ein Blick zurück

1987 schrieb Deutschlands anerkanntester politischer Kolumnist Sebastian Haffner in seinem Buch „Von Bismarck zu Hitler" seine Meinung zur Situation der beiden deutschen Staaten nieder:

„Wie würde denn eine Wiedervereinigung der beiden deutschen Staaten, wie sie sich nun in 40 Jahren entwickelt haben und wie sie heute sind, überhaupt aussehen können? Merkwürdigerweise versagt da das Vorstellungsvermögen. Eine Wiedervereinigung der Art, dass einer der beiden deutschen Staaten verschwände und in dem anderen aufginge, kann man sich gerade noch ausmalen. Freilich würde das einen Krieg voraussetzen, und eine Wiedervereinigung dieser Art könnte wohl unter heutigen Bedingungen nur noch im Massengrab stattfinden ..."

                                                         Sebastian Haffner: Von Bismarck zu Hitler

C. Während der Arbeitszeit

1. Beantworten Sie die folgenden Fragen.

    1. Wann beginnt Ihre Arbeitszeit, wann endet sie?
    2. Was genau tun Sie alles während Ihrer Arbeitszeit?
    3. Welche Tätigkeiten empfinden Sie als Zeitverschwendung, für welche Tätigkeit hätten Sie gerne mehr Zeit?
    4. Haben Sie regelmäßige Termine; z. B. Besprechungen, Sitzungen, Kundengespräche usw.? Wenn ja, wann? Wer legt die Termine fest? Berichten Sie etwas über Inhalt und Ablauf Ihrer „festen Termine".

Redemittel: Termine

– einen Termin vereinbaren/anberaumen/machen/festlegen/festsetzen/sich geben lassen/einhalten/absagen/verschieben/verlegen/vergessen/nicht wahrnehmen
– den Termin in den Terminkalender eintragen
– weitere Termine:
  • Arzttermin/Operationstermin/Zahlungstermin/Liefertermin
  • Abgabetermin, z. B. für eine schriftliche Arbeit
  • Einsendetermin, z. B. bei einem Preisausschreiben
Wann hätten Sie Zeit?
  • morgen/übermorgen
Wann ginge es bei Ihnen?
  • am Freitag (Vormittag/Nachmittag)
Wann würde es Ihnen passen?
  • um 13.00 Uhr/13.00 Uhr
  • um 11.30 Uhr/11.30 Uhr/halb zwölf
  • um 13.15 Uhr/13.15 Uhr/Viertel nach eins/viertel zwei
  • um 15.45 Uhr/15.45 Uhr/Viertel vor vier/drei viertel vier
  • nächste Woche/in der nächsten Woche

---

2. Einen Termin telefonisch vereinbaren
Lesen Sie die Dialoge mit verteilten Rollen.

A   KONAK. Guten Tag, was kann ich für Sie tun?
B   Ja, guten Tag, Susanne van Dijk hier, ich hätte gern Herrn Schimanski gesprochen.
A   Einen kleinen Augenblick bitte, ich verbinde Sie.
C   Schimanski.
B   Guten Tag, Herr Schimanski, Susanne van Dijk hier, von der Firma IPRO. Ich wollte Ihnen gerne unsere neuen Farbmuster vorstellen. Könnten wir vielleicht für die nächste Woche einen Termin bei Ihnen in Köln vereinbaren?

C Ja, Frau van Dijk, gerne. Es müsste allerdings Ende der Woche sein, denn bis
   Donnerstag Mittag ist mein Terminkalender bereits voll.
B Donnerstag Nachmittag wäre mir sehr recht. Sagen wir 15.00 Uhr. Ginge das
   bei Ihnen?
C Eine halbe Stunde später wäre mir lieber. Also 15.30 Uhr.
B Gut. Ich bin nächste Woche Donnerstag um 15.30 bei Ihnen.
C In Ordnung. Dann bis nächste Woche und danke für Ihren Anruf.
B Ich danke Ihnen, Herr Schimanski. Auf Wiederhören.

A Goethe-Institut Inter Nationes. Guten Tag.
B Guten Tag, mein Name ist Alessandro Traverso. Ich würde gern einen Sprach-
   kurs bei Ihnen machen, aber ich weiß nicht genau, welches Niveau ich habe.
A Moment bitte, ich verbinde Sie mit der Sprachabteilung.

C Stephanie Blum, guten Tag, was kann ich für Sie tun?
B Ja, guten Tag, mein Name ist Alessandro Traverso. Ich würde gern einen
   Sprachkurs bei Ihnen machen, aber ich weiß nicht genau, welches Niveau ich
   habe.
C Das ist überhaupt kein Problem. Am besten ist, wir vereinbaren einen Ter-
   min für einen kleinen Einstufungstest, dann wissen Sie hinterher ganz ge-
   nau, welcher Kurs für Sie der richtige ist.
B Wie lange dauert der Test?
C Ungefähr 15 bis 20 Minuten.
B Und was kostet er?
C Nichts. Der Test ist gratis.
B Kann ich morgen bei Ihnen vorbeikommen?
C Ja, morgen Nachmittag. Hätten Sie um 16 Uhr Zeit?
B Ginge es auch eine Stunde später? Um 16 Uhr bin
   ich noch in einer Besprechung.
C 17 Uhr ginge auch.
B Dann komme ich morgen, 17 Uhr.
C Gut, dann bis morgen, Herr Traverso.

A SAMSON, Reiner Oppelt. Guten Tag.
B Ja, Herr Oppelt, Gunnar Jansson hier. Ich bin auf dem Weg zu Ihnen, aber im
   Moment stehe ich im Stau. Ich kann den Termin um 10 Uhr auf keinen Fall ein-
   halten. Ich werde mich voraussichtlich um mindestens eine Stunde verspäten.
A Das bringt mich in große Terminprobleme. Ich muss erst mal sehen, ob ich
   die nachfolgenden Termine verschieben kann.
B Es tut mir Leid, aber hier war ein Unfall. Das war wirklich nicht vorherseh-
   bar.
A Na, ich werde versuchen, gegen 11.30 Uhr einen Termin für Sie zu reservie-
   ren. Schaffen Sie das?
B Ich hoffe es. Sollte es doch später werden, melde ich mich bei Ihnen.
A Gute Fahrt noch, Herr Janssen.
B Danke, auf Wiederhören.

3. Lesen Sie noch einmal die folgenden Sätze aus den Dialogen und beachten Sie die unterstrichenen Verbformen.

   1. Ich <u>hätte</u> gern Herrn Schimanski gesprochen.

   2. <u>Könnten</u> wir vielleicht für die nächste Woche einen Termin bei Ihnen in Köln vereinbaren?

   3. Es <u>müsste</u> allerdings Ende der Woche sein, denn bis Donnerstag Mittag ist mein Terminkalender bereits voll.

   4. Donnerstag Nachmittag <u>wäre</u> mir sehr recht. Sagen wir 15.00 Uhr. <u>Ginge</u> das bei Ihnen?

   5. Eine halbe Stunde später <u>wäre</u> mir lieber.

   Hinweis:
   Die Verben stehen im Konjunktiv II. Man verwendet den Konjunktiv II unter anderem, wenn man höflich und zurückhaltend wirken möchte. Im Geschäftsleben ist diese Form üblich.

4. Schreiben Sie aus dem zweiten Dialog alle Sätze, in denen der Konjunktiv II verwendet wird, heraus.

5. Ergänzen Sie das Verb im Konjunktiv II.

   1. Ich .... gern Frau Schneider gesprochen.

   2. .... Sie mich mit der Verkaufsabteilung verbinden?

   3. Ich .... gern an einem Sprachkurs teilnehmen.

   4. .... wir vielleicht für die nächste Woche einen Termin bei Ihnen in Köln vereinbaren?

   5. Wann .... Sie Zeit?

   6. .... es auch eine Stunde später?

   7. Es .... allerdings vor 12.00 Uhr sein, dann habe ich den nächsten Termin.

   8. Morgen .... mir lieber.

⇨ IHRE GRAMMATIK: Weitere Übungen zum **Konjunktiv II** finden Sie auf Seite 163.

---

6. Vereinbaren Sie einen Termin. Spielen oder schreiben Sie Dialoge zu folgenden Situationen:

   1. Sie möchten einen Termin mit Herrn Jans von der Anwaltskanzlei Möller vereinbaren. Sie haben Fehler in einem Vertrag entdeckt und möchten den Vertrag noch mal von einem Anwalt prüfen lassen.

2. Sie haben einen Termin beim Zahnarzt. Ihre letzte Besprechung hat so lange gedauert, dass Sie den Termin nicht einhalten konnten. Bitten Sie um einen neuen Termin.

3. Sie haben in zwei Wochen einen Termin in Deutschland und müssen die Ergebnisse eines Projekts präsentieren. Sie können aber schon jetzt absehen, dass Sie in zwei Wochen noch keine Ergebnisse vorlegen können. Verschieben Sie den Termin.

4. Sie sind die Sekretärin von Frau Schneider. Ein Vertreter einer Firma ruft schon zum dritten Mal an, um einen Termin bei Frau Schneider zu bekommen. Frau Schneider hat allerdings an einem Gespräch mit dem Vertreter kein Interesse. Versuchen Sie, dem Vertreter auf freundliche Weise abzusagen.

⇨ IHRE GRAMMATIK: Weitere Übungen zu **Temporalangaben** finden Sie auf Seite 106.

---

7. Checkliste

Lesen Sie die folgende Checkliste für Termine.
Welche Punkte finden Sie wichtig, welche weniger wichtig, welche Punkte würden Sie ergänzen? Begründen Sie Ihre Auswahl.

Vor dem Gespräch
– Wer ist mein Gesprächspartner?
– Wo findet das Gespräch statt?
– Wann findet das Gespräch statt?
– Wie viel Zeit ist dafür vorgesehen?
– Welche Termine habe ich davor und danach?
– Ist die Verständigung garantiert, wenn einer der Gesprächspartner verhindert ist?
– Gibt es bereits eine Tagesordnung?
– Kenne ich meinen Gesprächspartner so gut, dass ich seine Stärken und Schwächen einschätzen kann?
– Welche Themen sind mir wichtig, was will ich zur Sprache bringen?
– Was will ich erreichen?
– Wie kann ich mein Ziel erreichen?
– Habe ich alle notwendigen Vorbereitungen getroffen, alle Unterlagen zusammen?
– Wer protokolliert das Gespräch / fasst die Resultate zusammen?

Nach dem Gespräch
– Wie hat mein Gesprächspartner reagiert?
– Habe ich mein Ziel erreicht?
– Was kann ich noch tun, um mein Ziel zu erreichen?

---

8.   Lesen Sie den folgenden Text.

Wenn Besprechungen zum Zeitkiller werden

Besprechungen sind ein wichtiger Bestandteil der betrieblichen Kommunikation. Sie beanspruchen viel Arbeitszeit. Eine Besprechung ist sinnvoll, wenn Entscheidungen vorbereitet, Informationen ausgetauscht, Sachverhalte geklärt und Ideen gesammelt werden. Wenig nützlich sind Besprechungen, in denen Mitarbeiter lediglich Informationen oder Anweisungen erhalten. Sechs häufig begangene Fehler machen Besprechungen zum nutzlosen Zeitkiller:

1. Die Teilnehmer sind nicht optimal vorbereitet.

Häufig heißt es, dass keine Zeit für die Vorbereitung da ist. Dabei werden Besprechungen insgesamt kürzer, wenn sie vorbereitet sind. Zur optimalen Vorbereitung sind alle verpflichtet, nicht nur Vorgesetzte. Jeder muss wissen, was er vorzubereiten hat.

2. Das Verhalten der Teilnehmer

Bei bestimmten Personentypen wird die Besprechung tatsächlich zum Alptraum.

Da gibt es den Vielredner oder den Besserwisser, der unbedingt Recht haben muss. Auch der Negative, der alles ablehnt, aber selbst keinen Vorschlag macht, wird zur Gefahr in einer Besprechung. Eine gute Atmosphäre ist äußerst wichtig. Schwierige Teilnehmertypen sollten in einem Gespräch unter vier Augen auf ihr Verhalten hingewiesen werden.

3. Das schlechte Protokoll

„Der schlimmste Fehler nach Sitzungen sind gar keine Protokolle, der zweitschlimmste schlechte Protokolle."(R. A. Mackenzie): Ein Kurzprotokoll mit den wichtigsten Daten und Erkenntnissen muss am Ende der Besprechung vorgelesen werden. So erübrigt sich ein eigens abgefasstes Protokoll über die gesamte Besprechung. Nur durch das Protokoll kann geprüft werden, ob die Beschlüsse der Besprechung erledigt wurden. Nicht erledigte Aufgaben und Probleme kommen als erste Punkte auf die nächste Tagesordnung.

Protokolle sollten so abgefasst sein, dass auch Abwesende damit klar kommen.

4. Externe Störungen und Unterbrechungen

Das Telefon ist der größte Störenfried. Es gilt aber auch zu verhindern, dass externe Personen die

Besprechung unterbrechen. Nebensächlichkeiten innerhalb der Diskussion können ebenso störend wirken.

5. Die Diskussion kommt nicht in Gang

Manche Teilnehmer schweigen aus Gleichgültigkeit oder um sich keine Blöße zu geben. Es ist aber auch möglich, dass der Besprechungsleiter durch langatmigen Wortschwall das Anlaufen der Diskussion erschwert. Die Teilnehmer müssen durch Fragen animiert werden, eine Stellungnahme abzugeben. Der Diskussionsleiter sollte seine eigene Äußerung am Anfang der Besprechung zurückhalten.

6. Plötzlicher Themenwechsel

Der Besprechungsleiter muss jedes Abschweifen unterbinden, wenn es nicht mit dem Thema der Besprechung zusammenhängt.

Produktion

9.   Was sind das für Personen? Beschreiben Sie sie.

   1.   der <u>Vorgesetzte</u>   ....

   2.   <u>Vielredner</u>   ....

   3.   <u>Besserwisser</u>   ....

   4.   <u>Störenfried</u>   ....

10.   Suchen Sie im Text für die unterstrichenen Ausdrücke synonyme Wörter und Wendungen.

   1.   etwas <u>ist nicht mehr notwendig</u> *(in Absatz 3)*

     ....

   2.   ein Protokoll <u>schreiben</u> *(in Absatz 3)*

     ....

   3.   <u>unwichtige Angelegenheiten</u> *(in Absatz 4)*

     ....

   4.   <u>sich nicht schwach zeigen oder blamieren wollen</u> *(in Absatz 5)*

     ....

   5.   <u>ein endlos scheinender Gesprächsbeitrag</u> *(in Absatz 5)*

     ....

   6.   das Thema <u>wechseln</u> *(in Absatz 6)*

     ....

11. Ordnen Sie die passenden Verben zu.

    0. Fehler bei einer Besprechung   abgeben
    1. Teilnehmer durch Fragen   unterbreiten
    2. das Abschweifen vom Thema   stören
    3. langatmiger Wortschwall kann die Diskussion   begehen
    4. eine Stellungnahme   hinweisen
    5. sich keine Blöße   geben
    6. Nebensächlichkeiten können die Diskussion   animieren
    7. ein Protokoll   abfassen
    8. einen Vorschlag   vorbereiten
    9. schwierige Teilnehmer auf ihr Verhalten   unterbinden
    10. eine Besprechung muss man optimal   erschweren

Redemittel: Besprechungen

- eine Besprechung/Sitzung/Versammlung/Tagung/Konferenz
- eine Besprechung findet statt
- eine Besprechung leiten/moderieren
- an einer Besprechung teilnehmen
- die Tagesordnung/die Tagesordnungspunkte
- das Protokoll/ein Protokoll schreiben/führen/abfassen; protokollieren

---

12. Beantworten Sie die folgenden Fragen.

    1. Welche der unter Nr. 8 aufgeführten sechs Fehler haben Sie schon mal in einer Besprechung erlebt? Berichten Sie darüber.

    2. Worauf sollte man außer den genannten Punkten in Besprechungen noch achten?

13. Sammeln Sie in Gruppen Tagesordnungspunkte für eine der unten aufgeführten Sitzungen/Versammlungen. Stellen Sie die erarbeiteten Tagesordnungspunkte anschließend der Klasse vor. Achten Sie auf die zeitliche Abfolge.

Sitzung der Mitarbeiter eines Fernsehsenders
Beim Fernsehsender LOOK sind die Einschaltquoten drastisch zurückgegangen. Auf einer Sitzung sollen Maßnahmen getroffen werden, wieder mehr Zuschauer zu gewinnen.

Betriebsversammlung
In der Firma Siemens sollen Mitarbeiter stärker motiviert werden. Zu diesem Thema wird eine Zusammenkunft mit Vertretern des Managements und Mitarbeitern aus verschiedenen Abteilungen stattfinden.

Redemittel: Tagesordnung

- Auf unserer Tagesordnung stehen heute folgende Punkte/Themen: ...
- Ich schlage folgende Tagesordnung vor: ...
- Wir befassen uns (heute) mit ...
- Wir sprechen/diskutieren (heute) über ...
- Wir besprechen heute ...
- Wir haben uns folgendes Programm vorgenommen ...
- Erstens ...
- Zweitens ...
- Drittens ...
- Der erste Punkt unserer Tagesordnung ist ...
- Als zweiten Punkt haben wir ... vorgesehen ...
- Als letztes Thema steht ... auf dem Programm.
- Am Anfang/Zu Beginn sprechen wir über ...
- Wir beginnen mit ...
- Danach werden wir ...
- Anschließend ...
- Zum Schluss ...

Sitzung der Mitarbeiter eines Theaters mit dem Kulturdezernenten

Der Kulturdezernent der Stadt hat dem Theater die Hälfte der finanziellen Unterstützung gestrichen.

Auf einer Sitzung mit dem Kulturdezernenten wollen die Mitarbeiter des Theaters dagegen kämpfen.

Sitzung des Stadtrates

Der Stadtrat plant eine Sitzung zum Bau eines großen Einkaufs- und Erlebniszentrums.

Lehrerversammlung

Die Lehrer an einem Sprachinstitut wollen den Unterricht teilnehmerorientierter gestalten. In einer Versammlung sollen dazu Ideen gesammelt und Entscheidungen getroffen werden.

14. Leserbrief an eine Zeitschrift

In der Zeitschrift „Management heute" hat ein führender Unternehmensberater folgende zwei Vorschläge gegen die Zeitverschwendung in Arbeitsbesprechungen unterbreitet:

1. Alle Arbeitsbesprechungen werden im Stehen abgehalten.

2. Arbeitsbesprechungen finden prinzipiell eine Stunde vor Beginn der offiziellen Arbeitszeit statt.

Schreiben Sie einen Brief (200–250 Wörter) an die Zeitschrift, in dem Sie Ihre Meinung zu den genannten Vorschlägen darlegen und vielleicht eigene Vorschläge zu diesem Thema machen.

D. Ihre Grammatik

Temporalangaben

Temporale Präpositionen
Präpositionen stehen vor einer Nomengruppe.
Im weiteren Verlauf des Buches nennen wir präpositionale Angaben wie
die unten aufgeführten: *Nominalform*.

1. Zeitpunkt:
Wann hast du mit ihm darüber gesprochen/sprichst du mit ihm darüber?

um
um 10.00 Uhr (Uhrzeit)
um 1900 (ungefähr)

gegen (= ungefähr)
gegen 12.00 Uhr
gegen Mitternacht

an/am (Dativ)
am Montag (Tage)
am Dienstag Abend/Nachmittag
am fünften April (Datum)
am Wochenende
am Anfang der Ferien
am Ende der Sitzung

bei/beim
bei Tagesanbruch
bei Sonnenuntergang
beim Essen/Tennisspielen

zu
zu Beginn der Ferien
zu Weihnachten/Ostern
(in Süddeutschland: *an Weihnachten*)

in/im (Dativ)
im Urlaub/in den Ferien
im Herbst (Jahreszeiten)
im Moment/im Augenblick
in der Pause
in der Nacht
im Jahre 2002
als zukünftiger Zeitpunkt: *in zwei
Wochen/einem Monat/einem Jahr*

vor
vor zwei Jahren
vor dem Essen

nach
nach der Besprechung
nach dem Essen

ohne Präposition
2005 (Jahreszahlen)
Freitag, den 5. April
nächste Woche
Anfang Mai; Ende Juni
(Zeitangaben ohne Präposition stehen im Akkusativ.)

2. Zeitdauer:

seit: Angabe eines Anfangspunktes
Er lernt seit drei Jahren Deutsch.
*Seit seinem 15. Lebensjahr raucht
er.*

bis/bis zu(m): Angabe eines Endpunktes
Der Kurs dauert bis 21.00 Uhr.
Der Kurs dauert bis zum 15. Mai.

> **innerhalb:** Angabe eines Zeitraums
> *Der Auftrag wird innerhalb der*
> *nächsten zwei Wochen erledigt.*

> **während:** Angabe einer Zeitdauer
> *Während seines Studiums lernte er*
> *Spanisch.*

> **von/vom ... bis ...:** Angabe eines Anfangs- und Endpunktes
> *Ich bin vom 15. Juli bis 31. Juli im Urlaub.*

1. Beantworten Sie die Fragen mit den in Klammern angegebenen Stichpunkten.

1a. Wann kann ich Herrn Schulze telefonisch erreichen?

   0. (Mittwoch)   Sie können Herrn Schulze am Mittwoch wieder erreichen.
   1. (Wochenende)   ....
   2. (nächste Woche)   ....
   3. (zwei Stunden)   ....
   4. (14.00 Uhr)   ....
   5. (Nachmittag)   ....

1b. Wann ist sie bei Ihnen gewesen?

   1. (½ Stunde)   ....
   2. (Weihnachten)   ....
   3. (Sommerferien)   ....
   4. (letzten Dienstag) ....
   5. (Mittagspause)   ....

2. Ergänzen Sie die fehlenden Präpositionen, wenn nötig.

   1. Die Gegend ist .... Frühling am schönsten.
   2. .... Ende des Jahres muss das Projekt abgeschlossen sein.
   3. Er hat sich .... seines Urlaubs gut erholt.
   4   Das Bild ist .... Beginn des letzten Jahrhunderts entstanden.
   5. Wir treffen uns .... Dienstag .... 15.30 Uhr.
   6. Der Vertrag wurde .... zehn Jahren von den beiden Regierungen unterzeichnet.
   7. Der Sportler wurde .... 2000 Olympiasieger.

8. .... Anfang der Sitzung wurde die Tagesordnung vorgestellt.

9. Ich sehe ihn erst .... drei Monaten wieder.

10. Wir haben .... der Frühstückspause über das Problem gesprochen.

11. Marie besucht ihre Eltern .... Ostern.

12. Hast du dich .... der Besprechung auch so gelangweilt?

13. Ich muss mich beeilen, ... einer halben Stunde fährt mein Zug.

14. .... 15. Mai haben Sie Zeit, die Unterlagen einzureichen.

15. Was macht ihr .... Silvester?

16. Könntest du das .... der nächsten drei Tage erledigen?

Temporale Konjunktionen
Konjunktionen leiten Haupt- oder Nebensätze ein und verbinden Sätze miteinander. Im weiteren Verlauf des Buches nennen wir Angaben, die mit Konjunktionen eingeleitet werden: *Verbalform*.

Zeitliches Nacheinander:

– *Nachdem Paul in einem italienischen Restaurant gegessen hatte, ging er ins Kino.*
– *Bevor/Ehe Paul ins Kino ging, aß er in einem italienischen Restaurant.*

Beachten Sie:
Nachdem Paul in einem italienischen Restaurant <u>gegessen hatte</u> (Plusquamperfekt), <u>*ging*</u> *er ins Kino* (Präteritum).

Gleichzeitigkeit:

Vergangenheit:
– *Während Paul in Spanien war, besuchte er Maria.*
– *Als Paul in Spanien war, besuchte er Maria.* (einmalig)
– *Immer/Jedes Mal wenn Paul in Spanien war, besuchte er Maria.* (mehrmalig)

Gegenwart/Zukunft:
– *Während Paul in Spanien ist, besucht er Maria.*
– *Wenn Paul in Spanien ist, besucht er Maria.*

Betonung der gleichen Anfangs- und Endpunkte parallel laufender Handlungen:
– *Solange ich diese Rückenschmerzen noch habe/hatte, spiele/spielte ich nicht mehr Tischtennis.*

Zeitdauer

Anfangspunkt:
– *Seit/Seitdem er abgereist ist, haben wir nichts mehr von ihm gehört.*

Endpunkt:
– *Bis du dein Examen machen kannst, musst du noch viel lernen.*

3. Bilden Sie Satzgefüge. Verwenden Sie Konjunktionen, die Gleichzeitigkeit ausdrücken.

   0. Wir räumten auf. Wir fanden den verschwundenen Ring.
      Während/Als wir aufräumten, fanden wir den verschwundenen Ring.
      Wir fanden den verschwundenen Ring, während/als wir aufräumten.

   1. Er studierte. Er trieb viel Sport.

      ....

   2. Sie war krank. Sie las viel.

      ....

   3. Sie packte die Koffer für die Reise. Er sah fern.

      ....

   4. Er fuhr oft nach München. Dort besuchte er das Hofbräuhaus.

      ....

   5. Sie stieg in die S-Bahn. Ein Unbekannter raubte ihr die Handtasche.

      ....

   6. Die Sängerin sang gerade eine Arie. Da klingelte im Publikum ein Handy.

      ....

   7. Die Rettungsarbeiten waren in vollem Gange. Es gab ein zweites Erd-
      beben.

      ....

   8. Ich schenke den Gästen Wein ein. Du könntest vielleicht die Vorspeise
      servieren.

      ....

4. Bilden Sie Satzgefüge mit *nachdem*. Achten Sie auf die Zeitform.

   0. Er bemerkte den Fehler, danach ging er gleich zu seinem Chef.
      Nachdem er den Fehler **bemerkt hatte**, **ging** er gleich zu seinem Chef.

   1. Er stellte das Manuskript fertig, danach sendete er es dem Verlag.

      ....

2. Zwei Beamte führten eine ausführliche Sicherheitskontrolle durch. Danach durften die Passagiere an Bord des Flugzeuges gehen.

....

3. Zuerst drückte der Bankangestellte auf den roten Knopf, dann öffnete sich die Tür zum Tresorraum automatisch.

....

4. Es regnete tagelang. Es kam in einigen Teilen des Landes zu Überschwemmungen.

....

5. Zuerst untersuchte der Arzt den Verletzten, anschließend wurde er sofort operiert.

....

6. Die Experten ermittelten die Unfallursache. Der Flugzeugtyp wurde sofort aus dem Verkehr gezogen.

....

5. Bilden Sie Satzgefüge mit *bevor/ehe*.

0. du – schwimmen gehen / du – dein Zimmer – aufräumen müssen – noch
   Bevor du schwimmen gehst, musst du noch dein Zimmer aufräumen.

1. wir – Vertrag – unterschreiben / Anwalt – ihn – prüfen müssen

....

2. du – Vorstellungsgespräch – gehen / du – dich – Firma – gut informieren müssen

....

3. du – dich – Prüfung – anmelden / du – viel lernen müssen – noch

....

4. du – Brief – abschicken / ihn – Peter – Korrektur lesen – sollten

....

5. wir – Auto – kaufen können / wir – fleißig – sparen müssen – noch

....

6. Passagiere – einsteigen / Flugzeug – technisch – überprüft werden

....

Ausgewählte temporale Adjektive

Gegenwart:	gegenwärtig, heutig, augenblicklich, momentan, jetzig

Zukunft:	morgig, zukünftig

Vergangenheit:	gestrig, ehemalig, vorherig, damalig

allgemein: einmalig, mehrmalig
táglich *(die täglichen Nachrichten)*
tägig *(die zweitägige Konferenz)*
monatlich *(das monatliche Gehalt)*
monatig *(ein dreimonatiges Praktikum)*
jährlich *(die jährliche Untersuchung)*
jährig *(das vierjährige Studium)*

Hinweis: Temporale Adjektive werden vorwiegend in der Schriftsprache
verwendet.

6. Ergänzen Sie die temporalen Adjektive.

0. (vorher)   Wie war die <u>vorherige</u> Frage?

1. (im Moment)   Ihre .... finanzielle Lage ist
                           Besorgnis erregend.

2. (von heute)   Was steht in der .... Zeitung?

3. (im Augenblick)   Wie ist die .... Situation im
                           Krisengebiet?

4. (von damals)   Das ist mein .... Chef.

5. (in der Zukunft)   Paul kommt mit seiner .... Frau.

6. (einmal)   Das ist eine .... Chance.

7. (im Monat)   Martas .... Einkommen ist nicht
                           sehr hoch.

8. (drei Jahre)   Er beginnt ein .... Studium in
                           England.

9. (in der Gegenwart)   Das ist der .... Stand der
                           Verhandlungen.

10. (zwei Monate)   Sein Gesundheitszustand hat sich nach dem
                           .... Kuraufenthalt stark verbessert.

Konditionalangaben

Konditionale Präpositionen (Nominalform)

bei   D   – *Bei schlechtem Wetter kommen wir nicht.*
      – *Beim Abschalten des Gerätes müssen Sie die Hinweise beachten.*
ohne A   – *Ohne Computer schaffen wir die Arbeit nicht.*

Konditionale Konjunktionen (Verbalform)

wenn/falls – *Wenn/Falls das Wetter schlecht ist, kommen wir nicht.*
      – *Wenn Sie das Gerät abschalten, müssen Sie die Hinweise beachten.*
      – *Wenn/Falls wir keinen Computer haben, schaffen wir die Arbeit nicht.*

Ergänzungshinweis:
Die Nominalform wird eher in der geschriebenen Sprache verwendet, die Verbalform eher in der gesprochenen Sprache und der Alltagssprache.

Hinweise zur Umformung von Präpositionalgruppen in Nebensätze

Ausgangssätze:
   a. *Bei schlechtem Wetter kommen wir nicht.*
   b. *Beim Abschalten des Gerätes müssen Sie die Anweisungen beachten.*
   c. *Ohne Computer schaffen wir die Arbeit nicht.*

1. Wenn Sie einen Satz bilden wollen, dann brauchen Sie ein **Verb**.
   Formen Sie das Substantiv in ein Verb um oder suchen Sie zum Substantiv ein passendes Verb.
   a. *bei schlechtem Wetter*   *das Wetter **ist***
   b. *beim Abschalten*   **abschalten**
   c. *ohne Computer*   *keinen Computer **haben***

2. Sie brauchen ein **Subjekt**:
   a. *Wetter*
   b. Übernehmen Sie das Subjekt aus dem zweiten Teil das Satzes: *Sie*
   c. *Computer*

3. Und Sie brauchen eine **Konjunktion, die einen Nebensatz einleitet**:
   wenn/falls/im Falle, dass ...

4. Die Präposition wird gestrichen und der Satz mit Konjunktion, Subjekt und Verb gebildet.

Lösungen:
   a. *Wenn/Falls das Wetter schlecht ist, kommen wir nicht.*
   b. *Wenn Sie das Gerät abschalten, müssen Sie die Anweisungen beachten.*
   c. *Wenn/Falls wir keinen Computer haben, schaffen wir die Arbeit nicht.*

7.   Formen Sie die Präpositionalangaben in konditionale Nebensätze um.

    0. <u>Bei anhaltender Kälte</u> müssen die Straßen enteist werden.
        <u>Wenn die Kälte anhält,</u> müssen die Straßen enteist werden.

    1. <u>Bei Aufleuchten des roten Knopfes</u> ist das Gerät sofort auszuschalten.

        ....

    2. <u>Ohne gültiges Visum</u> dürfen Sie nicht in dieses Land einreisen.

        ....

    3. <u>Bei Ausfall des Motors</u> schaltet sich automatisch ein Ersatzmotor ein.

        ....

    4. <u>Ohne deine Hilfe</u> schafft er das Staatsexamen nicht.

        ....

    5. Vergessen Sie <u>beim Verlassen des Flugzeugs</u> Ihr Handgepäck nicht.

        ....

    6. <u>Ohne Führerschein</u> darf man nicht Auto fahren.

        ....

    7. <u>Bei regelmäßiger Teilnahme am Kurs</u> erhalten Sie eine Teilnahmebestätigung.

        ....

    8. <u>Bei genauer Betrachtung des Bildes</u> konnte man erkennen, dass es eine Fälschung ist.

        ....

    9. <u>Bei gleichbleibenden Temperaturen</u> weist das Gerät keinerlei Störungen auf.

        ....

  10. <u>Ohne die Unterschrift des Direktors</u> ist der Vertrag nicht gültig.

        ....

  11. <u>Bei guter Sicht</u> kann man von hier aus bis nach Österreich schauen.

        ....

  12. <u>Ohne das Vertrauen der Kunden</u> laufen die Geschäfte schlecht.

        ....

Irreale Konditionalsätze

Wenn man einen irrealen Konditionalsatz bilden möchte, also: *Was wäre passiert, wenn ...?* oder *Was würde passieren, wenn ...?* verwendet man den **Konjunktiv II**. Der Konjunktiv II hat nur **zwei Zeitformen: die Gegenwart und die Vergangenheit**.

Die Vergangenheit ist am einfachsten zu bilden. Man braucht nur die Hilfsverben *haben* oder *sein* in den Konjunktiv II zu setzen:

> *ich **bin** gegangen*   *ich **wäre** gegangen*
> *ich **habe** gekauft*   *ich **hätte** gekauft*

8. Formen Sie die unterstrichenen Präpositionalgruppen nach folgendem Beispiel in irreale Konditionalsätze um.

   0. <u>Ohne die Aussage des Zeugen</u> hätte der Täter nicht überführt werden können.
   <u>Wenn der Zeuge nicht **ausgesagt hätte,**</u> hätte der Täter nicht überführt werden können.

   1. <u>Ohne seine Hilfe</u> wäre ich durch die Prüfung gefallen.

   ....

   2. <u>Bei besserem Training</u> hätte er den Lauf gewinnen können.

   ....

   3. <u>Ohne den unermüdlichen Einsatz der Hilfskräfte</u> wäre die Zahl der Opfer weit höher gewesen.

   ....

   4. <u>Bei höheren Einschaltquoten</u> wäre die Literatursendung nicht aus dem Programm genommen worden.

   ....

   5. <u>Bei schlechtem Wetter</u> hätte das Fest im Zelt stattgefunden.

   ....

   6. <u>Bei besserer Kommunikation zwischen den Abteilungen</u> wäre der Fehler nicht passiert.

   ....

   7. <u>Bei weniger Schnee</u> wäre das Weihnachtsfest nicht so schön geworden.

   ....

   8. <u>Ohne gutes Abschlusszeugnis</u> hätte er die Stelle nicht bekommen.

   ....

Kapitel 4   **Warum? – Träume und Realität**

A. Schlafen

1. Lesen Sie den folgenden Text.

Die schlaflose Gesellschaft

Schuld an allem hat ein hagerer Mann namens Thomas Alva Edison, der Erfinder der Glühlampe, der mit dem elektrischen Licht nicht nur zum Millionär wurde, sondern auch die dunkle Nacht zum Tag machte. Damit stellte Edison das erholsame Drittel des Lebens zur Disposition. Er selbst schimpfte bis zu seinem Tode im Jahre 1931 auf seine „verschlafenen" Zeitgenossen, denn nach seiner Meinung würden die meisten Menschen 100 Prozent mehr als nötig essen und 100 Prozent mehr als nötig schlafen.

Zu Beginn des 21. Jahrhunderts hat Edison durch seine Erfindungen den Schlaf und den Traum, die Zwillinge der Nacht, in große Not gebracht. Der Trend geht zur schlaflosen Gesellschaft. Mit den Hühnern ins Bett gehen und beim ersten Morgenrot wieder aufstehen – dieser jahrtausendlange Lebensrhythmus ist vorbei. Künstliches Licht, spätes Arbeiten und nächtliches Fernsehen sind die Regel, lustorientiertes Nachtschwärmen gilt als schick.

Im Durchschnitt schläft der erwachsene Deutsche nicht mehr wie früher neun Stunden am Tag, er schläft nur noch siebeneinhalb. Knapp 20 Prozent aller Berufstätigen arbeiten regelmäßig abends oder nachts, Schichtarbeiter kommen z. B. nur noch auf fünf Stunden Schlaf pro Tag.

Unaufmerksamkeit, Konzentrationsschwäche, verlangsamtes Denken oder Handeln sind die Folgen von Übermüdung. Insgesamt erleidet die Volkswirtschaft einen Schaden von 200 Milliarden Euro jährlich, der durch Produktionsausschuss, schwere Verkehrsunfälle oder gar todbringende Katastrophen, deren Ursachen auf Übermüdung von Personen zurückzuführen sind, entsteht.

Auch Schlafstörungen haben deutlich zugenommen. 20 Millionen Deutsche, so schätzt man, fürchten die Nacht, denn sie finden keinen Schlaf oder wachen kurze Zeit nach dem Einschlafen wieder auf. Mindestens zwei Millionen von ihnen nehmen regelmäßig Schlaftabletten. Insgesamt können die Forscher 88 verschiedene Schlafstörungen benennen.

115

> Der durch Arbeit, psychischen Druck oder andere Ursachen bedingte Schlafmangel hat auch eine Verkürzung der Träume zur Folge, was erst zu Unbehagen und schlechter Laune, später auch zu körperlichen Leiden führen kann. Am Ende ist der am Träumen gehinderte Mensch nur noch ein Schatten seiner selbst.

Der SPIEGEL

2. Beschreiben Sie kurz mit eigenen Worten:

1. die Rolle, die im Text Thomas Alva Edison zugeschrieben wird

   ....

   ....

2. die Einstellung Edisons gegenüber seinen Zeitgenossen

   ....

   ....

3. die Situation des Schlafens heute

   ....

   ....

4. die Gründe für die Verkürzung des Schlafs

   ....

   ....

5. die Folgen der Verkürzung der Schlafenszeiten

   ....

   ....

6. die Auswirkungen auf den Traum

   ....

   ....

3. Berichten Sie über die Schlafgewohnheiten in Ihrem Heimatland.

1. Wann stehen die meisten Leute auf, wann gehen sie in der Regel ins Bett?
2. Hält man in Ihrem Land Mittagsruhe?
3. Haben sich die Schlafzeiten Ihrer Meinung nach geändert? Wenn ja, was könnten die Ursachen sein?

⇨ IHRE GRAMMATIK: Weitere Übungen zu **Kausalangaben** finden Sie auf Seite 133.

---

4. Hier finden Sie Teile des Textes noch einmal. Ergänzen Sie die fehlenden Präpositionen.

1. Schuld .... allem hat ein hagerer Mann namens Thomas Alva Edison.

2. Er wurde .... dem elektrischen Licht nicht nur .... Millionär, sondern machte auch die dunkle Nacht .... Tag.

3. Bis .... seinem Tode im Jahre 1931 schimpfte er .... seine „verschlafenen" Zeitgenossen.

4. .... Beginn des 21. Jahrhunderts hat Edison .... seine Erfindungen den Schlaf und den Traum .... große Not gebracht.

5. Der Trend geht .... schlaflosen Gesellschaft.

6. Es ist vorbei, ... den Hühnern .... Bett zu gehen und .... ersten Morgenrot wieder aufzustehen.

7. .... Durchschnitt schläft der erwachsene Deutsche nur noch siebeneinhalb Stunden.

8. Schichtarbeiter kommen nur noch .... fünf Stunden Schlaf pro Tag.

9. Auch todbringende Katastrophen sind .... Übermüdung .... Personen zurückzuführen.

10. Der .... Arbeit bedingte Schlafmangel hat auch eine Verkürzung der Träume .... Folge, was später auch .... körperlichen Leiden führen kann.

11. .... Ende ist der .... Träumen gehinderte Mensch nur noch ein Schatten seiner selbst.

5. Der kleine Schlummerhelfer

Erarbeiten Sie allein oder in Gruppen Empfehlungen für Schlaflose.

– Sie sollten (nicht) ... – Ich empfehle Ihnen ... – Ich würde an Ihrer Stelle ... – Verzichten Sie auf ... – Vermeiden Sie ... – Treiben Sie ... – Gehen Sie ... – Denken Sie (nicht) ... nach – Achten Sie auf ...	... Kaffee – Tee – Alkohol – Nikotin – warme Milch mit Honig – Sport – Spaziergang – Probleme – fernsehen – lesen – laut tickende Uhren – leuchtende Zifferblätter – schweres und scharf gewürztes Essen – Schäfchen zählen – Schlaftabletten nehmen – nachts den Kühlschrank plündern – 14–18 Grad Schlafzimmertemperatur – zu festen Zeiten ins Bett gehen – erst ins Bett gehen, wenn Sie müde sind – unbegrenzt ausschlafen – jeden Morgen zur gleichen Zeit aufstehen ...

Einige Tipps zu diesem Thema finden Sie im Lösungsschlüssel.

6. Was sind das für Menschen? Beschreiben Sie diese Personen.

1. der Langschläfer

   ....

2. der Schlafwandler

   ....

3. die Schlafmütze

   ....

4. der Schlafgast

   ....

5. der Traumdeuter

   ....

6. der Träumer

   ....

7. Finden Sie für die folgenden Umschreibungen zusammengesetzte Wörter mit *Schlaf-*:

1. Zeit zum Schlafen   ....

2. Eisenbahnwagen mit Schlafgelegenheit   ....

3. Lied zum Einschlafen   ....

4. Stadt oder Stadtteil ohne Gelegenheit zur Freizeitgestaltung   ....

5. Getränk, das guten Schlaf bringen soll   ....

6. deckenähnliche Hülle zum Schlafen z. B. in Zelten   ....

Verlassen stieg die Nacht an Land,
der Tag war ihr davongerannt.
Durchs Dunkel tönte ihr Geschrei,
wo denn der liebe Tag wohl sei.

Indessen saß der Tag bei mir,
bei weißem Brot und hellem Bier
hat er die Suchende verlacht:
Die sähe doch nichts, es sei ja Nacht.

Robert Gernhardt

---

8. Welches Sprichwort/Zitat gefällt Ihnen am besten? Begründen Sie Ihre Meinung.

   – Der Schlaf ist doch eine köstliche Erfindung.
   (Heinrich Heine)
   – Kein größerer Dieb als der Schlaf. Er raubt uns das halbe Leben.
   (Deutsches Sprichwort)
   – Wer länger schläft als sieben Stund', verschläft sein Leben wie ein Hund.
   (Deutsches Sprichwort)

9. Schriftliche Stellungnahme

   Nehmen Sie zur folgenden Nachricht aus der Zeitschrift *Focus* Stellung.

   Gehen Sie dabei vor allem auf die Ursachen der Schlafprobleme ein und erläutern Sie, was Ihrer Meinung nach von Seiten der Eltern, aber auch von Seiten öffentlicher Institutionen wie Schule und Staat dagegen getan werden kann.

Die Sandmännchen-Krise

Kinderärzte schlagen Alarm: In Deutschland haben 21 Prozent der Kinder bis zu zwölf Jahren Schlafstörungen, in den USA sind es bereits 37 Prozent. Nach Aussagen von Wissenschaftlern für Schlafforschung kann vor allem die optische und akustische Überreizung durch Fernsehen und Computerspiele Einschlafstörungen und häufiges Erwachen in der Nacht verursachen. Verbreitet sind auch Störungen aufgrund schulischer und familiärer Probleme, viele Kinder leiden unter Albträumen*. Neue Forschungsergebnisse bestätigen, dass Schlafstörungen bei Kindern besonders gravierend sind: Sie können deren geistige und körperliche Entwicklung beeinträchtigen. Fehlt etwa der Tiefschlaf der ersten Nachthälfte, werden weniger Wachstumshormone ausgeschüttet, das Kind wächst nicht richtig.

FOCUS

---

*Worterklärung: *Albtraum/Alptraum* = schlechter/schrecklicher Traum

Das Sandmännchen hat im ehemaligen DDR-Fernsehen jeden Abend gegen 19.00 Uhr Kindern eine Gute-Nacht-Geschichte erzählt und ihnen symbolisch Sand zum Schlafen in die Augen gestreut.

B. Kriminalität

1. Lesen Sie den folgenden Text.

Null Toleranz – eine erfolgreiche Strategie gegen Kriminalität?

Wie in vielen Weltstädten haben auch die Bürger in deutschen Großstädten unter einer hohen Kriminalitätsrate zu leiden. Zwar verfügt z. B. Berlin mit 3,5 Millionen Einwohnern über die höchste Polizeidichte deutscher Großstädte (5,5 Polizisten auf 1000 Einwohner), aber die Aufgaben der Polizei haben

Straftaten rund um die Uhr
Im Jahr 2000 ereignete sich in Deutschland

alle **41 Sekunden** ein Betrugsfall

alle **3 Stunden 10 Minuten** ein Mord/Totschlag

alle **47 Sekunden** eine Sachbeschädigung

jede **Stunde 23 Minuten** eine Erpressung

alle **56 Sekunden** ein Ladendiebstahl

alle **15 Minuten 16 Sekunden** ein Umweltdelikt

jede **Minute 21 Sekunden** ein Fahrraddiebstahl

alle **10 Minuten 5 Sekunden** ein Sexualdelikt

alle **3 Minuten 45 Sekunden** ein Wohnungseinbruch

alle **9 Minuten 58 Sekunden** ein Raub (ohne Handtaschen-/ Bankraub)

alle **4 1/2 Minuten** eine Körperverletzung

alle **5 Minuten 48 Sekunden** ein Wirtschaftsdelikt

alle **9 Minuten 16 Sekunden** ein Computerdelikt

alle **6 Minuten 20 Sekunden** ein Autodiebstahl

Quelle: Polizeiliche Kriminalstatistik

© Globus 7140

sich nach der Wiedervereinigung vor allem in den neuen Bundesländern vervielfacht. Politiker, die höhere Strafen fordern, erfreuen sich in letzter Zeit immer größerer Beliebtheit. Sie kündigen an, auf die steigende Klein-, Mittel- und Schwerkriminalität mit der Strategie „Null Toleranz" reagieren zu wollen, die seit einigen Jahren in New York erfolgreich praktiziert wird. Das heißt, in Zukunft sollen auch geringfügige Gesetzesverstöße wie z. B. das Sprühen von Graffitis oder Schwarzfahren nicht mehr geduldet werden. Wer beim Be-

schmutzen von Häuserwänden, beim Radfahren auf Fußgängerwegen oder beim Schwarzfahren erwischt wird, muss mit empfindlichen Strafen rechnen.

Einige Bürger zweifeln allerdings, ob die gewünschte Abschreckung* in die richtige Richtung geht: Werden tatsächlich Verbrecher an Straftaten gehindert oder werden unbescholtene* Bürger häufiger belangt*?

Ob sich das amerikanische Modell auf deutsche Städte übertragen lässt, wird sich erst in Zukunft herausstellen.

*Worterklärungen:
gewünschte Abschreckung = Strategie, um Straftaten zu verhindern
unbescholtene Bürger = rechtschaffende/ehrenhafte Bürger
jmd. wird (von der Polizei) belangt = zur Verantwortung gezogen

2. Erklären Sie die unterstrichenen Ausdrücke mit anderen Worten.

    1. <u>geringfügige</u> Gesetzesverstöße ....

    2. <u>empfindliche</u> Strafen   ....

    3. etwas wird sich <u>herausstellen</u>   ....

3. Beschreiben Sie die folgende Statistik oder die Statistik im Text.
(Redemittel zur Beschreibung einer Statistik siehe Kapitel 1 und 2.)

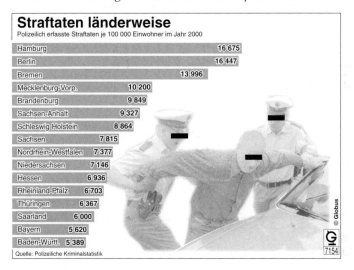

Straftaten länderweise
Polizeilich erfasste Straftaten je 100 000 Einwohner im Jahr 2000

Hamburg	16 675
Berlin	16 447
Bremen	13 996
Mecklenburg-Vorp.	10 200
Brandenburg	9 849
Sachsen-Anhalt	9 327
Schleswig-Holstein	8 864
Sachsen	7 815
Nordrhein-Westfalen	7 377
Niedersachsen	7 146
Hessen	6 936
Rheinland-Pfalz	6 703
Thüringen	6 367
Saarland	6 000
Bayern	5 620
Baden-Württ.	5 389

Quelle: Polizeiliche Kriminalstatistik

© Globus
7154

4. Beantworten Sie eine der folgenden Fragen.

    1. Welche Ursachen hat Ihrer Meinung nach die Jugendkriminalität?

    2. Wie könnte man Ihrer Meinung nach Verbrechen effektiver bekämpfen? Unterbreiten Sie Vorschläge.

    3. Welche Maßnahmen werden in Ihrem Heimatland zur Verbrechensbekämpfung ergriffen?

⇨ IHRE GRAMMATIK: Übungen zu **Kausal- und Konsekutivangaben** finden Sie auf Seite 133.

---

5. Ergänzen Sie die fehlenden Präpositionen.

    1. Die Bürger in deutschen Großstädten haben .... einer hohen Kriminalitätsrate zu leiden.

    2. Berlin verfügt .... die höchste Polizeidichte deutscher Großstädte.

3. Jetzt reagieren Politik und Polizei .... die steigende Kriminalität.

4. Wer beim Beschmutzen .... Häuserwänden erwischt wird, muss .... empfindlichen Strafen rechnen.

5. Werden tatsächlich Verbrecher .... Straftaten gehindert?

6. Ob sich das amerikanische Modell .... deutsche Städte übertragen lässt, wird sich erst herausstellen.

6. Ergänzen Sie die fehlenden Verben:

entkommen – nachweisen – verüben – verhaften – gestehen – überführen – anzeigen – begehen

1. ein Verbrechen bei der Polizei ....

2. ein Verbrechen .... / ....

3. Der Täter konnte ....

4. Die Polizei konnte den Täter .... / ....

5. Der Kommissar konnte dem Täter die Tat ....

6. Einige Täter .... beim Verhör die Tat.

7. Ergänzen Sie die fehlenden Verben in der folgenden Anzeige.

Strafanzeige gegen unbekannt

Gestern wurde mir auf dem S-Bahnhof Schöneweide meine Brieftasche .... und ich möchte Ihnen kurz den Tathergang ....
Ich .... mir am Schalter um 12.45 Uhr eine Fahrkarte, die ich zusammen mit meiner Brieftasche in meine Handtasche ....
Anschließend .... ich die Handtasche mit dem Reißverschluss.
Beim Einsteigen in die S-Bahn (12.53 Uhr) .... mich plötzlich jemand von hinten an. Als ich mich umdrehte, sah ich eine Person mit einer gelben Jacke zum Ausgang .... Weitere Angaben zu dieser Person kann ich leider nicht .... Als der Schaffner ...., ... ich, dass meine Brieftasche .... Die Brieftasche ....: meinen Führerschein, meine Autozulassungspapiere für einen Suzuki Swift 2.0, meine Versicherungskarte, 253,– Euro in bar, meine Konto-Karte und eine Kreditkarte (Visa).

8. Brief

Überlegen Sie sich einen Vorfall und erstatten Sie selbst Strafanzeige gegen unbekannt.

```
(Vorname, Nachname)                          (Ort, Datum)
(Straße, Hausnummer)
(Postleitzahl, Ort)
(Tel./Faxnummer)


An die Staatsanwaltschaft
(Straße, Hausnummer)
(Postleitzahl, Ort)


Strafanzeige gegen unbekannt

Sehr geehrte Damen und Herren,
folgenden Vorfall möchte ich zur Anzeige bringen:

. . . . . . . . . . . . . . . . . . . . . . . . . . . . . . . .
. . . . . . . . . . . . . . . . . . . . . . . . . . . . . . . .
. . . . . . . . . . . . . . . . . . . . . . . . . . . . . . . .
. . . . . . . . . . . . . . . . . . . . . . . . . . . . . . . .
. . . . . . . . . . . . . . . . . . . . . . . . . . . . . . . .
. . . . . . . . . . . . . . . . . . . . . . . . . . . . . . . .
. . . . . . . . . . . . . . . . . . . . . . . . . . . . . . . .
. . . . . . . . . . . . . . . . . . . . . . . . . . . . . . . .
. . . . . . . . . . . . . . . . . . . . . . . . . . . . . . . .
. . . . . . . . . . . . . . . . . . . . . . . . . . . . . . . .
. . . . . . . . . . . . . . . . . . . . . . . . . . . . . . . .
. . . . . . . . . . . . . . . . . . . . . . . . . . . . . . . .
. . . . . . . . . . . . . . . . . . . . . . . . . . . . . . . .

Bitte nehmen Sie die Ermittlungen auf und teilen Sie mir das
Aktenzeichen mit, unter dem der Vorgang bearbeitet wird.

Mit freundlichen Grüßen
(Vorname, Nachname)
```

---

9. Lesen Sie den folgenden Text.

Korruption – alltägliches Geschäft im Schatten

Politik und Korruption – zu diesem Thema fallen vielen nur Sprüche ein wie: „Wenn einer dir etwas in die rechte Tasche steckt, so halte ihm auch die linke hin." Und in der Tat: Deutschen Firmen und Politikern wurde es nicht schwer gemacht, denn bis 1998 konnten Firmen Bestechungsgelder sogar steuerlich absetzen*: „Zur Erlangung eines dienstlichen Geheimnisses habe ich DM 300 an einen Mitarbeiter der Kommunalverwaltung Potsdam gezahlt. Ich bitte um steuerliche Berücksichtigung*." Diese fingierte Erklärung schickte die Organisation „Transparency International" (TI), die den weltweiten Kampf gegen die Korruption angetreten hat, an das Finanzamt. Die Finanzbeamten berücksichtigten die Ausgaben unter „sonstige Werbekosten".

Korruption ist Missbrauch von Macht zu privatem Nutzen, so lautet die Definition von TI, sie untergräbt* die gesellschaftliche Integrität und verstärkt die Armut. Großaufträge würden nicht wegen des besten Preis-Leistungs-Verhältnisses vergeben, sondern nach der Höhe der Bestechungsgelder.

Laut Bundeskriminalamt gelten als Schwerpunkte der Korruption in Deutschland: die Vergabe öffentlicher Aufträge und im Bereich der Leistungsverwaltung die Erteilung von Arbeits-, Aufenthalts- oder Fahrerlaubnissen. Bei der Bewertung des Phänomens Korruption ist aber nicht allein der materielle Schaden entscheidend.

Schlimmer ist, dass die Bevölkerung allmählich das Vertrauen in die staatliche Verwaltung verliert. Der ehemalige Präsident des Bundeskriminalamtes verwies vor kurzem auf die Höhe der Dunkelziffer in diesem Deliktbereich. „Zu jedem Korrumpierten gehört auch ein Korrumpierender, das heißt, bei der Korruption gibt es nur Täter, keine unmittelbaren Opfer. Die Ermittler stoßen daher meist auf eine Mauer des Schweigens."

In Berlin bemüht sich das Innenministerium derzeit, mit einem Gesetzentwurf zur „Informationsfreiheit" mehr Transparenz in die Arbeit der Behörden zu bringen. Bürger sollen, so ist es vorgesehen, Zugang zu allen amtlichen Informationen erhalten.

Das Modell des „gläsernen Staates" wäre möglicherweise ein Anfang für das Ende der Korruption.

Rheinische Post

*Worterklärungen:

Bestechungsgelder = Gelder, die ausgegeben werden, um sich auf rechtswidrigem Wege einen Vorteil zu verschaffen

steuerliche Berücksichtigung finden/etwas steuerlich absetzen = den ausgegebenen Betrag ganz oder teilweise von der Steuer/dem Staat zurückerstattet bekommen

die gesellschaftliche Integrität <u>untergraben</u> = zerstören

10. Geben Sie den Inhalt des Textes zu den folgenden Punkten wieder:

    1. die Schwerpunkte der Korruption in Deutschland

    ....

    2. die Folgen für den Staat

    ....

    3. die Situation der Polizei

    ....

    4. die Bemühungen des Innenministeriums

    ....

11. Ergänzen Sie die fehlenden Präpositionen.

    1. Korruption ist Missbrauch .... Macht .... privatem Nutzen.

    2. Großaufträge würden nicht .... des besten Preis-Leistungs-Verhältnisses vergeben.

    3. .... Bundeskriminalamt gilt die Vergabe öffentlicher Aufträge .... Schwerpunkt der Korruption.

    4. Die Bevölkerung verliert allmählich das Vertrauen .... die staatliche Verwaltung.

    5. Der ehemalige Präsident des Bundeskriminalamtes verwies .... kurzem .... die Höhe der Dunkelziffer .... diesem Deliktbereich.

    6. Die Ermittler stoßen meist .... eine Mauer des Schweigens.

    7. In Berlin bemüht sich das Innenministerium .... mehr Transparenz .... den Behörden.

    8. Die Bürger sollen Zugang .... amtlichen Informationen erhalten.

    9. Ein „gläserner" Staat könnte ein Anfang .... das Ende der Korruption sein.

12. Gruppenarbeit

    Stellen Sie sich vor, Sie wären in einer Kommission, die einen Maßnahmeplan gegen Korruption erstellen müsste.

    Erarbeiten Sie in Gruppen oder einzeln Vorschläge zur Bekämpfung der Korruption und präsentieren Sie diese anschließend der Klasse.

C. Studienwahl

1. Lesen Sie den folgenden Text.

Letzte Ausfahrt Uni

Manche Abiturienten stolpern ins nächstbeste Fach, nur weil sie immer so gute Deutschaufsätze geschrieben haben oder der Biolehrer so sympathisch war. Doch die Mehrheit entscheidet sich viel planvoller für einen Studiengang – aus purem Interesse und wegen der Berufsaussichten. Das hat das Hannoveraner Hochschul-Informations-System (HIS) bei einer Umfrage unter Studienanfängern herausgefunden. „Und die, die nicht wissen, was sie studieren sollen, landen bei Jura", sagt der Konstanzer Bildungsforscher Tino Bargel.

Die HIS-Studie stützt einige weitere Klischees: Natürlich sind es überwiegend Studierende der Wirtschafts- und Rechtswissenschaften, die ihr Studium aus beruflichen Gründen begonnen haben. 42 Prozent der Wirtschaftswissenschaftler und 45 Prozent der Juristen wollen später selbstständig arbeiten und viel Geld verdienen. Von den Kunststudenten wollen das nur 7 Prozent, und auch bei den Lehramtsstudenten ist es gerade mal jeder Achte. Sie halten soziale Aspekte für wichtiger: 17 Prozent wollen zu Veränderungen beitragen und anderen helfen. Insgesamt haben, der HIS-Studie zufolge, 86 Prozent der Studienanfänger bereits einen festen Berufswunsch, die wenigsten studieren einfach nur so, weil das Studium z. B. ein lockeres Leben verspricht. Besonders junge Männer haben oft nur die eigene Karriere im Blick, deshalb studieren so viele von ihnen Betriebswirtschaftslehre (BWL), Jura oder Informatik.

Aber die Frauen stehen ihnen dabei nicht wirklich nach. Eine Abiturientin, die gerne Germanistik studiert hätte, entschied sich dann doch für Psychologie, weil sie meinte, damit hätte sie für das spätere Berufsleben mehr Möglichkeiten, eine andere, die eigentlich nur Romanistik studieren wollte, wählte als Nebenfach Informatik – IT sei eben gefragt.

Neben den Berufsaussichten achten die zukünftigen Studenten bei der Wahl ihres Faches auf den Studienort. Was zählt ist das Umfeld: nach Hamburg oder nach Köln wegen der

Medien, nach Berlin wegen des Nachtlebens, nach München wegen der Nähe zu den Alpen und zu Italien. Wer weg will vom heimischen Herd, geht in die Metropolen oder an die Traditionsuniversitäten wie Freiburg, Göttingen oder Münster. Egal, wie schlecht die Studienbedingungen dort sind.

Hochschulranglisten spielen übrigens fast gar keine Rolle – umso mehr jedoch die Entfernung vom Heimatort. Früher gab es mehr Abiturienten, die sich nach dem Blick auf die Deutschlandkarte für die Uni entschieden, die am weitesten vom Elternhaus entfernt liegt. Heute gehen zwei Drittel aller Studenten an die Uni, die bei Mutti um die Ecke liegt. Manche scheuen schlicht die Kosten für eine eigene Bude, andere wollen bei ihren Schulfreunden bleiben.

UniSPIEGEL

2. Ergänzen Sie die Sätze.

1. Die Mehrheit der Wirtschafts- und Rechtswissenschaftsstudenten entscheidet sich für ihr Fach ....

2. Kunst- und Lehramtsstudenten legen mehr Wert ....

3. Das Verhalten der Männer bei der Studienwahl unterscheidet sich von dem der Frauen ....

4. Hochschulranglisten spielen bei der Studienwahl ....

5. Zwei Drittel der heutigen Studenten ....
   für ein Studium .... ihres Elternhauses.

3. Finden Sie das passende Synonym.

1. Manche Abiturienten <u>stolpern ins nächstbeste Fach</u>.
   - ○ a) suchen sich ein Fach bewusst aus
   - ○ b) finden rein zufällig ein Fach
   - ○ c) lassen sich ein Fach empfehlen

2. Es sind <u>überwiegend</u> Studierende der Wirtschafts- und Rechtswissenschaften, die Ihr Studium aus beruflichen Gründen begonnen haben.
   - ○ a) mehrheitlich
   - ○ b) alles
   - ○ c) wahrscheinlich

3. Aber die Frauen <u>stehen</u> den Männern dabei <u>nicht</u> wirklich <u>nach</u>.
   - ○ a) stehen nicht hinter den Männern
   - ○ b) schneiden im Vergleich ähnlich ab
   - ○ c) sind besser als die Männer

4. Wer weg will <u>vom heimischen Herd</u>, geht in die Metropolen.
   - ○ a) aus der Küche seiner Mutter
   - ○ b) aus seinem Heimatland
   - ○ c) von zu Hause

5. Manche <u>scheuen</u> schlicht <u>die Kosten</u> für eine eigene Bude.
   - ○ a) wollen kein Geld ausgeben
   - ○ b) haben kein Geld
   - ○ c) wollen ihr Geld anlegen

4. Ergänzen Sie die fehlenden Präpositionen.

1. Die Mehrheit entscheidet sich .... Interesse und .... der Berufsaussichten .... einen Studiengang.

2. Das hat das Hannoveraner Hochschul-Informations-System (HIS) .... einer Umfrage .... Studienanfängern herausgefunden.

3. Es sind überwiegend Studierende der Wirtschafts- und Rechtswissenschaften, die Ihr Studium .... beruflichen Gründen begonnen haben.

4. Besonders junge Männer haben oft nur die eigene Karriere .... Blick.

5. Neben den Berufsaussichten achten die zukünftigen Studenten .... der Wahl ihres Faches .... den Studienort.

6. Wer weg will .... heimischen Herd, geht .... die Metropolen oder .... die Traditionsuniversitäten.

7. Früher gab es mehr Abiturienten, die sich nach dem Blick .... die Deutschlandkarte .... die Uni entschieden, die am weitesten .... Elternhaus entfernt liegt.

5. Ordnen Sie das passende Verb/die passenden Verben zu.

0.	Semesterferien	bewerben
1.	an der Abschlussarbeit	einschreiben
2.	sich an einer Universität	haben
3.	im Studentenwohnheim	entscheiden
4.	Vorlesungen und Seminare	zahlen
5.	das Studienfach/die Universität	wechseln
6.	ein Betriebspraktikum	wohnen
7.	Studiengebühren	schreiben
8.	sich für ein Studienfach	absolvieren
		besuchen

6. Beschreiben Sie die folgenden Begriffe mit anderen Worten.

1. Kommilitone   ....

2. Stipendium   ....

3. Exmatrikulation ....

4. Immatrikulation ....

5. Promotion ....

6. Habilitation ....

7. Beantworten Sie die folgenden Fragen.

1. Welche großen und welche bekannten Universitäten gibt es in Ihrem Heimatland?

2. Was sind die Gründe für die Wahl der Studienrichtung in Ihrem Heimatland?

3. Was sind die beliebtesten Studienfächer in Ihrem Heimatland?

4. Würden Sie lieber an einer kleinen oder an einer großen Universität studieren? Begründen Sie Ihre Meinung.

5. Welche Rolle spielt der Studienort? Begründen Sie Ihre Meinung.

8. Die beliebtesten Studienfächer

Beschreiben Sie die folgende Statistik.
(Redemittel zur Beschreibung einer Statistik siehe Kapitel 1 und 2.)

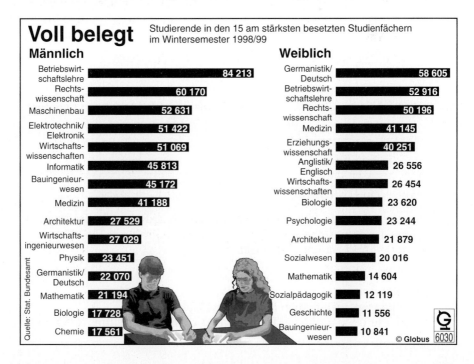

Voll belegt Studierende in den 15 am stärksten besetzten Studienfächern im Wintersemester 1998/99

Männlich

Betriebswirtschaftslehre	84 213
Rechtswissenschaft	60 170
Maschinenbau	52 631
Elektrotechnik/Elektronik	51 422
Wirtschaftswissenschaften	51 069
Informatik	45 813
Bauingenieurwesen	45 172
Medizin	41 188
Architektur	27 529
Wirtschaftsingenieurwesen	27 029
Physik	23 451
Germanistik/Deutsch	22 070
Mathematik	21 194
Biologie	17 728
Chemie	17 561

Weiblich

Germanistik/Deutsch	58 605
Betriebswirtschaftslehre	52 916
Rechtswissenschaft	50 196
Medizin	41 145
Erziehungswissenschaft	40 251
Anglistik/Englisch	26 556
Wirtschaftswissenschaften	26 454
Biologie	23 620
Psychologie	23 244
Architektur	21 879
Sozialwesen	20 016
Mathematik	14 604
Sozialpädagogik	12 119
Geschichte	11 556
Bauingenieurwesen	10 841

Quelle: Stat. Bundesamt

© Globus 6030

129

9. Benennen Sie die Berufsbezeichnung zur jeweiligen Studienrichtung für
    Männer und Frauen.

    0. Physik   Physiker   Physikerin

    1. Betriebswirtschaftslehre   ....

    2. Rechtswissenschaften   ....

    3. Medizin   ....

    4. Architektur   ....

    5. Erziehungswissenschaften   ....

    6. Biologie   ....

    7. Chemie   ....

    8. Bauingenieurwesen   ....

10. Schriftliche Ausarbeitung eines Referats

    Sie fahren zu einer internationalen Tagung mit Vertretern von Fachhoch-
    schulen, Hochschulen und Universitäten und sollen über das Ansehen von
    verschiedenen Berufen in Ihrem Heimatland ein Referat halten.

    Gehen Sie in Ihren Ausführungen auf Berufe mit hohem und niedrigem
    öffentlichen Ansehen ein und geben Sie Gründe dafür an. Beschreiben Sie
    auch eventuelle Veränderungen innerhalb der letzen Jahre / Jahrzehnte.

    Schreiben Sie einen Text von ca. 200–250 Wörtern Länge.

⇨ IHRE GRAMMATIK: Übungen zu **Kausal- und Konsekutivangaben**
                    finden Sie auf Seite 133.

> Hinweise zur schriftlichen Ausarbeitung eines Referats:
>
> • Ihr schriftliches Referat sollte, wie auch die schriftliche Stellungnahme
>   (Hinweise dazu siehe S. 86/87), eine klare Gliederung in Einleitung,
>   Hauptteil und Schluss aufweisen.
>
> • Mögliche Inhalte:
>   **Einleitung:**
>   – Stellen Sie zuerst einen Bezug zum Publikum her.
>   – Erläutern Sie dann das Thema und die Gliederung Ihres Referats.

Hauptteil:
Der Hauptteil beschäftigt sich mit dem Thema an sich, also z. B.
- historische Entwicklung
- heutige Situation
- Problemkonstellationen
- Beispiele
- Pro- und Kontra-Argumente
- eigene Meinung

Schluss:
- Fassen Sie die wichtigsten Punkte noch mal kurz zusammen.
- Geben Sie evtl. Ausblicke auf zukünftige Entwicklungen/Probleme/ Projekte o. ä.
- Bedanken Sie sich beim Publikum für die Aufmerksamkeit.

- Für die meisten schriftlichen Arbeiten gilt: Machen Sie sich, bevor Sie mit dem Schreiben beginnen, Stichpunkte. Sammeln und ordnen Sie Ihre Argumente.

- Vermeiden Sie Umgangssprache.

- Sprachliche Hilfsmittel:

Einleitung:
- Sehr geehrte Zuhörerinnen und Zuhörer .../Verehrtes Publikum .../Sehr geehrte Kolleginnen und Kollegen ...
- Ich bin gebeten worden, Ihnen heute etwas über ... zu berichten.
- Es ist mir eine Freude/Ich freue mich, Ihnen heute/auf dieser Tagung/Konferenz etwas über ... berichten/erzählen zu können.
- Das Thema meines Referates ist/lautet ...
- Zuerst möchte ich kurz auf ... eingehen.
- Beginnen möchte ich mit ...
- Danach/Anschließend werde ich etwas zu/über ... sagen.
- Abschließend/Zum Schluss möchte ich noch gerne ...
- Ich habe mein Referat folgendermaßen gegliedert: Ich werde erstens ... zweitens ... drittens ... und zum Schluss ...

Hauptteil:
- Wenn wir zurückblicken/die Entwicklung der letzten Jahre betrachten ...
- In den letzten Jahren konnten wir ... eine rasante Entwicklung verzeichnen.
- Heute ist festzustellen/kann man konstatieren/lässt sich erkennen, dass ...

- Probleme ergeben sich/resultieren aus .../sind vor allem bei ... zu bemerken.
- Mögliche Lösungen sehe ich/bieten sich an ... im Bereich ... durch ...
- Folgende Beispiele lassen sich dafür anführen ...
- Ein Beispiel dafür wäre ...
- Nach meinen Erfahrungen/Meiner Ansicht nach ...
- ... hat meines Erachtens Vor- und Nachteile ...

Schluss:

- Lassen Sie mich zum Schluss noch feststellen/sagen, dass ...
- Daraus kann man schlussfolgern, dass .../folgende Schlüsse ziehen: ...
- Für die Zukunft könnte das ... bedeuten/heißen, dass ...
- Herzlichen Dank für Ihre Aufmerksamkeit./Ich bedanke mich herzlich für Ihre Aufmerksamkeit.

11. Formeller Brief

Bewerbung um ein Stipendium: Die Universität München vergibt Stipendien für ausländische Studienbewerber.

Schreiben Sie einen Brief an die Universität und bewerben Sie sich um ein Stipendium. Machen Sie Angaben zu Ihrer Person, Ihrer Ausbildung, was Sie wie lange in München studieren möchten und warum Sie dieses Stipendium benötigen.

Schreiben Sie einen Text von ca. 200 Wörtern Länge.

D. Ihre Grammatik

Kausal- und Konsekutivangaben

Beispiel:	**Grund/Ursache**:	*Er ist krank.*
	erwartete Folge:	*Er bleibt heute zu Hause.*

Kausale und konsekutive Konjunktionen (Verbalform)

Angabe des Grundes (Kausalangabe):

*Er bleibt heute zu Hause, **weil/da** er krank <u>ist</u>.*   ⟶   **Nebensatz**
***Weil/Da** er krank <u>ist</u>, bleibt er heute zu Hause.*

*Er bleibt heute zu Hause, **denn** er <u>ist</u> krank.*   ⟶   **Hauptsatz Typ 1**

Nach *denn* steht der gesamte Hauptsatz in normaler Reihenfolge, hier also z. B. Subjekt, finites Hilfsverb, Ergänzung.

Angabe der erwarteten Folge (Konsekutivangabe):

Er ist krank, ***deshalb/deswegen***   ⟶   **Hauptsatz Typ 2**
                darum/daher
                infolgedessen/demzufolge <u>*bleibt*</u> *er heute zu Hause.*

Nach diesen Konjunktionen folgt direkt das finite Verb.

*Er ist **so** krank, **dass** er heute zu Hause <u>bleibt</u>.*   ⟶   **Nebensatz**

Kausale und konsekutive Präpositionen (Nominalform)

Gründe: ***Aufgrund/Wegen** seiner Krankheit bleibt er heute zu Hause.*
                (Genitiv)

Folgen: ***Infolge** des starken Schneefalls kam es zu Staus auf den Autobahnen.*
                (Genitiv)

Weitere Präpositionen:

Gründe: ***Aus** Angst schwieg er.*
                (*Aus* steht bei bewussten, beabsichtigten Handlungen.)
                *Sie sprang **vor** Freude in die Luft.*
                (*Vor* steht bei eher unbewussten körperlichen Reaktionen.)

1. Erfinden Sie Gründe. Bilden Sie abwechselnd Sätze mit *weil* und *denn*.

    0. Herr Proll ist sehr traurig.
        Herr Proll ist sehr traurig, **weil** sein Hund gestorben ist.
        Herr Proll ist sehr traurig, **denn** sein Hund ist gestorben.

    1. Marie kam zu spät zum Unterricht.

        ....

    2. Josef hat seine Hausaufgaben nicht gemacht.

        ....

    3. Willi ist beim Wettkampf als letzter durchs Ziel gelaufen.

        ....

    4. Georgs Sachen sind sehr schmutzig.

        ....

    5. Frau Weiß ist überglücklich.

        ....

    6. Fritz hatte einen Unfall mit seinem Porsche.

        ....

    7. Familie Müller kann dieses Jahr nicht in den Urlaub fahren.

        ....

2. Was waren/sind die Folgen? Lassen Sie Ihrer Phantasie freien Lauf. Verwenden Sie verschiedene grammatische Möglichkeiten.

    0. Susi war eifersüchtig.
        Deshalb/Deswegen/Darum/Demzufolge durchsuchte sie Martins Kleiderschrank.
        Susi war **so** eifersüchtig, **dass** sie Martins Kleiderschrank durchsuchte.

    1. Paul war betrunken.

        ....

    2. Marie war wütend.

        ....

    3. Christian kam wie immer zu spät zur Arbeit.

        ....

    4. Steffi gab mehr Geld aus als sie hatte.

        ....

    5. Fritz verpasste den Zug.

        ....

   6.   Karin hat Angst vorm Fliegen.

       ....

   7.   Marianne arbeitet zu viel.

       ....

   8.   Otto wurde von Petra verlassen.

       ....

   9.   Christine liest ausschließlich Krimis.

       ....

  10.   Annemarie isst sehr gern Schokolade.

       ....

  11.   Anton trainierte täglich sechs Stunden.

       ....

  12.   Franz machte in seiner Schulzeit nie Hausaufgaben.

       ....

  13.   Marta nahm keine warme Kleidung mit.

       ....

3.   Verbinden Sie die beiden Sätze miteinander, indem Sie die angegebene Konjunktion verwenden.

3a. Kausalsätze

   0.   <u>Er hat Hunger.</u> Er kauft sich eine Currywurst. (weil)
       Weil er Hunger hat, kauft er sich eine Currywurst.
       Er kauft sich eine Currywurst, **weil** er Hunger hat.

       <u>Er hat Hunger.</u> Er kauft sich eine Currywurst. (denn)
       Er kauft sich eine Currywurst, **denn** er hat Hunger.

   1.   <u>Er friert.</u> Er zieht sich einen Pullover an. (weil)

       ....

   2.   <u>Er war wütend.</u> Er warf das Glas auf den Boden. (weil)

       ....

   3.   <u>Er hat sich den Fuß verletzt.</u> Er kann nicht mitspielen. (denn)

       ....

   4.   <u>Mein Auto ist kaputt.</u> Ich kann dich nicht abholen. (weil)

       ....

5. Ich habe starke Zahnschmerzen. Ich muss dringend zum Arzt. (denn)

   ....

6. Ich muss heute länger arbeiten. Ich komme erst sehr spät nach Hause.
   (weil)

   ....

3b. Konsekutivsätze

0. Er hat Hunger. Er kauft sich eine Currywurst. (deswegen)
   Er hat Hunger, **deswegen** kauft er sich eine Currywurst.

1. Sie hat Ärger mit ihrem Freund. Sie kann sich nicht auf ihre Arbeit
   konzentrieren. (darum)

   ....

2. Sie ist verliebt. Sie hat seit Tagen gute Laune. (so dass)

   ....

3. Sie stand im Stau. Sie kam zur Sitzung 30 Minuten zu spät. (deshalb)

   ....

4. Viele Menschen arbeiten nachts. Sie leiden unter Schlafstörungen. (infolgedessen)

   ....

5. Herr Schneider war nervös. Er lief die ganze Zeit im Zimmer auf und ab.
   (so dass)

   ....

6. Die Wetterverhältnisse waren sehr schlecht. Es kam zu einer Reihe von
   Verkehrsunfällen. (deshalb)

   ....

7. Das Verhalten der Menschen hat sich nicht wesentlich verändert. Die
   Umweltprobleme sind noch groß. (demzufolge)

   ....

8. Der Betrieb leitete seine Abwässer in den Fluss. Die Wasserqualität
   verschlechterte sich. (infolgedessen)

   ....

9. Das Schiff havarierte. Das Öl floss ins Meer. (darum)

   ....

10. Das Öl verklebte das Gefieder. Es starben viele Vögel. (deswegen)

   ....

Hinweise zur Umformung von Präpositionalgruppen in Nebensätze
Siehe ausführliche Hinweise auf S. 112.

    a. ***Aus Wut*** *betrank er sich.*
    b. ***Aus Mitleid*** *half er ihr.*

1. Verb:
    a. *aus Wut*   ***wütend sein/****Wut* ***haben***
    b. *aus Mitleid*   *Mitleid* ***haben***

2. Subjekt: *er*

3. Konjunktion, die einen Nebensatz einleitet: *weil/da*

4. Umformung: a. ***Weil er wütend war,*** *betrank er sich.*
                     Er betrank sich, ***weil er wütend war.***
                  b. *Er half ihr,* ***weil er Mitleid hatte.***
                     (Achten Sie auch auf die Zeitform!)

4.   Formen Sie die Präpositionalgruppen in kausale Nebensätze um.

   0.   Vor Begeisterung sprang er von seinem Sitz auf.
        Weil er so begeistert war, sprang er von seinem Sitz auf.

   1.   Aus Langeweile begann sie einen Schal zu stricken.

        ....

   2.   Sie schrieb diesen Brief aus Verzweiflung über ihre finanzielle Situation.

        ....

   3.   Aus Eifersucht beauftragte sie einen Detektiv.

        ....

   4.   Vor Freude über ihren Sieg kamen ihr die Tränen.

        ....

   5.   Aus Angst schloss sie sich nachts in ihrem Zimmer ein.

        ....

   6.   Aus Eitelkeit ließ sie ihre Nase operieren.

        ....

   7.   Infolge starken Regens wurden einige Teile der Landschaft überflutet.

        ....

   8.   Sie bekam die Stelle wegen ihrer sehr guten Englischkenntnisse.

        ....

9. <u>Aufgrund der steigenden Nachfrage</u> hat der Hersteller die Produktion verdoppelt.

....

10. <u>Infolge steigender Arbeitslosenzahlen</u> sanken in der Stadt die Umsätze der Geschäftsleute.

....

11. <u>Aufgrund der vielen Auftritte in der letzten Zeit</u> gönnt sich der Sänger eine Ruhepause.

....

12. Sie kann <u>wegen ihrer Kopfschmerzen</u> heute nicht ins Theater gehen.

....

Konzessivangaben

Beispiel: **Grund/Ursache:**   *Er ist krank.*
                nicht erwartete Folge: *Er besucht die Theatervorstellung.*

Konzessive Konjunktionen (Verbalform)

Angabe einer Einschränkung bzw. der nicht erwarteten Folge (Konzessivangabe)

Einschränkung:

*Er besucht die Theatervorstellung, **obwohl** er krank <u>ist</u>.* ⟶ **Nebensatz**
***Obwohl** er krank <u>ist</u>, besucht er die Theatervorstellung.*

nicht erwartete Folge:

*Er ist krank, **trotzdem/dennoch** <u>besucht</u> er die* ⟶ **Hauptsatz Typ 2**
Theatervorstellung.
oder:
*Er war krank, er <u>hat</u> **trotzdem/dennoch** die Theatervorstellung besucht.*

Konzessive Präpositionen (Nominalform)

***Trotz** seiner Krankheit* (Genitiv) *besucht er die Theatervorstellung.*

5. Verbinden Sie die beiden Sätze miteinander, indem Sie die angegebene Konjunktion verwenden.

0. <u>Er hatte Hunger.</u> Er aß beim Abendessen nichts. (obwohl)
    Obwohl er Hunger hatte, aß er beim Abendessen nichts.

   Er hatte Hunger. <u>Er aß beim Abendessen nichts.</u> (trotzdem)
   Er hatte Hunger, **trotzdem** aß er beim Abendessen nichts.
   Er hatte Hunger, er aß **trotzdem** beim Abendessen nichts.

1. <u>Sie ist Millionärin.</u> Sie dreht jeden Pfennig zweimal um. (obwohl)

    ....

2. Sie ist krank. <u>Sie geht heute ins Büro.</u> (trotzdem)

    ....

3. <u>Viele Menschen könnten mit öffentlichen Verkehrsmitteln fahren.</u>
    Sie nehmen das Auto. (obwohl)

    ....

4. <u>Sie war pünktlich losgefahren.</u> Sie kam über eine Stunde zu spät.
    (obwohl)

    ....

5. Der Arzt hatte es ihm verboten. <u>Er rauchte jeden Tag zwei Schachteln
    Zigaretten.</u> (dennoch)

    ....

6. <u>Das Paket wurde rechtzeitig abgeschickt.</u> Es ist bis heute nicht ange-
    kommen. (obwohl)

    ....

7. Tierschützer arbeiteten Tag und Nacht. <u>Sie konnten viele Tiere nicht
    retten.</u> (trotzdem)

    ....

8. Draußen waren 0° C . <u>Er ging ins Meer baden.</u> (dennoch)

    ....

9. <u>Fast alle Mitarbeiter sprachen sich gegen den Vorschlag aus.</u> Er wurde
    vom Abteilungsleiter akzeptiert. (obwohl)

    ....

10. Ich habe mir die Bedienungsanleitung genau durchgelesen. <u>Ich habe sie
    nicht verstanden.</u> (trotzdem)

    ....

6. Formen Sie die Präpositionalgruppen in konzessive Nebensätze um.

0. <u>Trotz seiner Erfolge</u> blieb er ein bescheidener Mensch.
   Obwohl er sehr erfolgreich war, blieb er ein bescheidener Mensch.

1. <u>Trotz ihrer zahlreichen Bewerbungen</u> hat sie noch keine Stelle gefunden.

   ....

2. <u>Ungeachtet der Proteste vieler Menschen</u> wurde die alte Kirche abgerissen.

   ....

3. <u>Trotz seines Fleißes</u> fiel er durch die Abschlussprüfung.

   ....

4. <u>Trotz der Warnung seines Arztes</u> nahm er an dem Marathonlauf teil.

   ....

5. <u>Ungeachtet der schlechten Arbeitsbedingungen</u> wollten die Mitarbeiter das Projekt erfolgreich beenden.

   ....

6. <u>Trotz ihrer Faulheit</u> wurde sie ein Superstar.

   ....

7. <u>Trotz der Bemühungen unseres Firmenvertreters</u> verliefen die Verhandlungen ergebnislos.

   ....

8. <u>Trotz sehr starker Schneefälle</u> wurden die Skiwettkämpfe nicht unterbrochen.

   ....

9. <u>Trotz vieler Besucher</u> entstanden keine Wartezeiten am Eingang des Vergnügungsparks.

   ....

10. <u>Ungeachtet ihrer schlechten finanziellen Situation</u> kündigte sie bei der Firma Meier.

   ....

Kapitel 5   **Wie? – Höflich und schnell**

A. Zwischen den Kulturen

1. Lesen Sie den folgenden Text.

Kostspielige Missverständnisse

Verschwitzt kommen die Entsandten eines deutschen Unternehmens am Flughafen von Casablanca an. Von einer Gruppe einheimischer Geschäftsleute werden Sie freundlich empfangen. Die Gastgeber haben sich Gedanken gemacht, wie sie den Verhandlungen mit den zukünftigen Geschäftspartnern einen günstigen Boden bereiten* können: Ein schmackhaftes Essen zum Auftakt kann da doch nicht verkehrt sein. Die Deutschen erwarten ein vornehmes Essen, stattdessen türmen sich auf ihrem Tisch Cheeseburger und fettige Pommes. Den deutschen Gästen sieht man ihr Unbehagen an, das Lächeln der Gastgeber gefriert ebenfalls. Sie sind über die ausbleibende Freude enttäuscht, denn sie hatten es ja nur gut gemeint. Ein schlechter Start für die erste Verhandlungsrunde. Keiner der beiden Partner hatte sich zuvor ausreichend über die Gepflogenheiten* im anderen Land informiert. In arabischen Ländern gilt Essen wie bei *McDonald's* als etwas Besonderes, in Deutschland ist es zumindest als Geschäftsessen verpönt*. Mangelndes Wissen über die kulturellen Eigenheiten der Nation, mit der man verhandelt, führen oft dazu, dass Manager erfolglos von Gesprächen zurückkehren und sich gar nicht erklären können, wie die Barrieren zwischen ihnen und den Gesprächspartnern entstanden sind. Viele Betriebe senden deshalb ihre Mitarbeiter zu länderspezifischen Seminaren, bei denen man Dinge, auf die man bei Geschäftsverhandlungen achten muss, erfährt. So lernt man z. B., dass Japaner die Farbe grau bei Anzügen schätzen, nicht so sehr aber bunte Krawatten oder Hemden, oder dass man beim Geschäftsessen mit französischen Partnern in der Pause zwischen Dessert und Käse auf keinen Fall abschalten sollte, denn in dieser Zeit werden bevorzugt delikate Geschäftsfragen besprochen und gelöst.

Man muss nicht gleich in die Rolle eines Franzosen oder Briten schlüpfen, um erfolgreich zu verhandeln, aber es ist wichtig, ein Gespür für die fremde Nation im Allgemeinen zu entwickeln und sich über Strukturen und Gepflogenheiten vorher zu informieren. Das vereinfacht den Umgang miteinander enorm.

Süddeutsche Zeitung

---

*Worterklärungen:
einen günstigen Boden bereiten = etwas gut vorbereiten
Gepflogenheiten = Gewohnheiten; Sitten
verpönt sein = nach herrschender Sitte untersagt sein

2. Beantworten Sie die Fragen zum Text.

    1. Welche Gründe nennt der Text für das Scheitern von Verhandlungen?

    ....

    2. Wie reagieren die Betriebe?

    ....

    3. Worauf kommt es bei Gesprächen mit ausländischen Partnern an?

    ....

3. Worauf achtet man in Ihrem Heimatland und Ihrer Meinung/Erfahrung nach in Deutschland im beruflichen Umfeld?

Beschreiben Sie Gemeinsamkeiten und Unterschiede.
(Wenn Sie überhaupt noch keine Erfahrungen mit Deutschen oder Deutschland haben, dann können Sie zum Vergleich einige Informationen dem Lösungsschlüssel entnehmen.)

Bei der Begrüßung	Hand geben? Küssen?
Bei der Anrede	Du/Sie? Herr/Frau ...? Vorname? Akademische Titel?
Beim Geschäftsgespräch	Gleich zur Sache kommen? Sich zum gegenseitigen Kennen lernen viel Zeit nehmen? Gespräch mit Witzen auflockern? Über Privates sprechen? Den Partner beim Gespräch unterbrechen? Reaktionslos zuhören? Mitten in den Verhandlungen mit den eigenen Leuten beraten? Blickkontakt?
Beim Geschäftsessen	Gesprächsthemen? Alkohol? Esssitten?
Beim Umgang mit der Zeit	Einhalten von Terminen?
Beim Umgang mit Geschäftspartnern	Private Einladungen? Zu Hause anrufen? Gastgeschenke?
Beim Umgang mit Kollegen/innerhalb einer Firma	Hierarchische Strukturen? Lange/kurze Entscheidungswege? Einhalten von Zuständigkeiten? Anrede? Private Kontakte? Kritik üben?

4. Ergänzen Sie die fehlenden Substantive.

Gedanken – Eigenheiten – Rücksicht – Enttäuschung – Umgang – Gespür – Scheitern – Verhandlungen – Rolle – Boden – Gepflogenheiten

1. Vor geschäftlichen .... sollten sich die Gastgeber darüber .... machen, wie sie für künftige Geschäftsbeziehungen einen günstigen .... bereiten können.

2. Sie sollten sich zuvor ausreichend über die .... des Landes informieren, damit ihnen eine ...., z. B. bei einem Geschäftsessen erspart bleibt.

3. Mangelndes Wissen über die kulturellen .... einer Nation können zum .... von Geschäftverhandlungen führen.

4. Man muss nicht gleich in die .... des fremden Geschäftspartners schlüpfen, um erfolgreich zu verhandeln, aber es ist wichtig, ein .... für die fremde Nation im Allgemeinen zu entwickeln und auf kulturelle Besonderheiten .... zu nehmen.

5. Das vereinfacht den .... miteinander enorm.

5. Wie beurteilen Sie die „Kleine Kulturkunde" aus der Zeitschrift „Manager-Seminare"? Stimmen die gegebenen Informationen mit Ihren Erfahrungen überein?

Deutsche	Asiaten
– sind detailfreudig, besonders bei der Planung – arbeiten stark konzeptorientiert – sind sachorientiert – sehen Mahlzeiten als Unterbrechungen der Arbeit an – gegessen wird, wenn man Hunger hat – lineares Denken – Besserwissermentalität, Ich-bin-gut-Denken, zu großes Selbstbewusstsein	– halten lange Reden, auch ohne Bezug zum Geschäft – bauen Beziehungen auf, bevor man zum Geschäft kommt – schätzen Rituale wie etwa gemeinsame Bankette – der mächtigste Führer ist der, den man nicht sieht – denken in konzentrischen Kreisen, kommen langsam ans Ziel – scheuen direkte Kritik – fürchten den Gesichtsverlust

Franzosen	**Amerikaner**
– sind stark in Visionen – bewältigen mit Spaß viele Aufgaben simultan, mit Unterbrechungen und <u>Überlappungen</u> – telefonieren viel, schreiben wenig auf – sind stark beziehungsorientiert – <u>Expertentum</u> allein reicht nicht – legen bei Konzepten zuerst die große Linie fest – Kontakte außerhalb der Firma sind sehr wichtig – <u>schätzen</u> Geduld, Sich-Zeit-Nehmen	– <u>pflegen</u> lockeren Umgang, sind jedoch hart in der Sache – denken individualistisch – sind jederzeit bereit, das Konzept zu ändern, wenn es dadurch besser wird – arbeiten stark zielorientiert – können mit <u>sachlicher Kritik</u> gut umgehen – <u>kommen schnell zur Sache</u> – sind risikofreudig – sprechen mit Geschäftspartnern häufig auch privat, Anrufe außerhalb der üblichen Arbeitszeiten sind nichts Ungewöhnliches

ManagerSeminare

6. Ordnen Sie den unterstrichenen Ausdrücken Synonyme zu.

achten – ohne lange Vorreden/ohne Zeitverlust mit den geschäftlichen Angelegenheiten beginnen – nach einem gemeinsamen Punkt strebend – objektive – gehen normalerweise informell miteinander um – für wertvoll halten – parallel laufende Aufgaben mit ähnlichem Inhalt – fürchten sich vor – mittelpunktsorientiert – geradliniges – Fachkompetenz

1. <u>lineares</u> Denken ....

2. denken <u>in konzentrischen Kreisen</u> ....

3. <u>scheuen</u> direkte Kritik ....

4. <u>pflegen lockeren Umgang</u> ....

5. <u>Überlappung</u> ....

6. <u>sachliche</u> Kritik ....

7. <u>Expertentum</u> ....

8. <u>schnell zur Sache kommen</u> ....

9. etwas <u>schätzen</u> ....

7. Entwerfen Sie sieben Regeln für den erfolgreichen Umgang mit Geschäftsleuten in Ihrem Heimatland. Präsentieren Sie Ihre Regeln dann der Klasse.

8. Wie würden Sie in den folgenden Situationen reagieren? Wie würde man Ihrer Ansicht nach in Ihrem Land reagieren? Berichten Sie.

1. Sie stehen an einer leeren Straßenkreuzung und haben es eilig. Doch die Ampel für die Fußgänger steht auf rot.

   Ich würde in diesem Fall ...
   Ich meinem Heimatland würde man wahrscheinlich/vermutlich ...

2. Sie sind Student und haben sich gut auf das Examen vorbereitet. Ein Ihnen gut bekannter Kommilitone hat das nicht getan. Er sitzt während der Prüfung direkt neben Ihnen und versucht, von Ihnen abzuschreiben.

3. Sie stehen an der Kasse eines Supermarktes. Die Schlange ist lang und Sie stehen schon ziemlich weit vorn. Da kommt ein Fremder und bittet Sie, ihn vorzulassen.

4. Sie sitzen im Restaurant und am Nachbartisch sitzt eine Familie mit vielen Kindern. Ein Kind spielt mit einem Papierflugzeug und das landet in Ihrem Essen.

5. Vor einem Fahrstuhl stehen Sie, eine Frau und ein Mann. Der Fahrstuhl kommt, die Tür geht auf.

6. Sie sitzen im Zug, fühlen sich aber nicht wohl. Außerdem sind Sie sehr müde. Ihnen gegenüber sitzt eine fremde Person, die sich gern mit Ihnen unterhalten möchte.

7. Ein Polizist hält Sie auf der Straße an und möchte Ihren Ausweis sehen.

8. Sie kommen in Ihr Büro. An Ihrem Schreibtisch steht ein Kollege und durchsucht Ihre Schubladen.

9. Es klingelt an Ihrer Wohnungstür. Sie haben eine kleine Zweizimmerwohnung. Ein Bekannter von früher steht mit seiner vierköpfigen Familie vor Ihrer Tür und möchte gern drei Wochen bei Ihnen wohnen.

10. Sie möchten jemandem etwas erzählen und werden von ihm immer wieder unterbrochen.

11. Sie werden in einem teuren Geschäft von einer Verkäuferin/einem Verkäufer unfreundlich behandelt.

12. Sie wollten sich etwas Wertvolles kaufen und bemerken im Geschäft, dass sie Ihre Geldbörse zu Hause vergessen haben. Ein Bekannter, den Sie nicht gut kennen, steht zufällig hinter Ihnen. Er bietet Ihnen an, Ihnen die Geldsumme zu borgen.

⇨ IHRE GRAMMATIK: Weitere Übungen zum **Konjunktiv II** finden Sie auf Seite 163.

---

9. Persönlicher Brief

Ein Freund / Eine Freundin von Ihnen möchte Ihr Heimatland besuchen und bittet Sie um Ratschläge, worauf er / sie besonders achten soll. Berichten Sie in einem Brief darüber, was ein ausländischer Besucher Ihrer Meinung nach über das alltägliche Leben z. B. beim Einkaufen, im Straßenverkehr, bei der Benutzung öffentlicher Verkehrsmittel, im Restaurant, in Museen, in Kirchen, bezüglich seiner Kleidung usw. wissen sollte. Schreiben Sie ca. 250 Wörter.

Hinweise zum Sammeln und Darstellen von Gedanken (Mind-Map):

- Wenn man einen Aufsatz oder einen Vortrag vorbereitet, kann man (als eine von vielen Möglichkeiten) eine Gedankenkarte (Mind-Map) erstellen – meist geschieht dies handschriftlich.

- Beim Mind-Mapping sind folgende Regeln zu beachten:
  - Das Thema kommt in die Mitte des Blattes.
  - Von dort aus werden Haupt- und Nebenäste angelegt.
  - Die Ordnungsstruktur geht vom Allgemeinen zum Besonderen, vom Oberbegriff zum Unterbegriff.
  - Bei den Hauptästen, die Themenfelder darstellen, werden im Allgemeinen Großbuchstaben verwendet, bei den Seitenästen benutzt man die normale Schreibweise.
  - Sie können auch mit Symbolen oder Bildern arbeiten.

Lesen Sie Übung 9: *Persönlicher Brief* und erstellen Sie, bevor Sie den Brief schreiben, Ihre eigene Gedankenkarte.

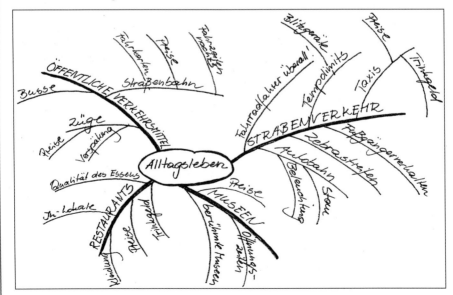

B. Neue Kommunikationswege

1. Lesen Sie den folgenden Text.

Kommunikation ja, aber wie?

Der Briefkasten quillt über, der Anrufbeantworter blinkt. Im Handy warten neue Textbotschaften, im PC drängen sich die E-Mails. Das alles will überblickt, verwaltet und <u>gewartet</u> werden. Weiß jemand wie?

Mit welcher Tastenkombination aktiviere ich die Rufumleitung meines Handys? Was ist eine Ethernet-Karte und was ein Splitter und wie lässt sich die TCP/IP-Einstellung meines Computers ändern, damit der T-DSL-Anschluss endlich funktioniert?*

Kann ich eine Todesanzeige per E-Mail verschicken? Einen Geburtstagsgruß? Wenn jemand drei Telefonnummern hat, zu Hause, im Dienst und mobil – welche wähle ich zuerst und warum? Darf ich handgeschriebene Zeilen elektronisch beantworten?

Kommunikation heute: Noch nie gab es so viele Möglichkeiten, mit einem anderen Menschen in Verbindung zu treten. Persönliche Begegnung, Brief, Telegramm, Postkarte, Telefon, Fax, Handy, E-Mail, SMS – neun Kanäle bieten sich zur Übermittlung einer Botschaft an.

Die Vielfalt verlangt nach Entscheidung, mehrmals täglich: Man muss sich überlegen, wie man jemandem etwas mitteilt, welchen Einfluss das gewählte Medium auf die Botschaft hat und welche Kanäle der Adressat in welcher Weise benutzt. Der eine korrespondiert gern, der andere <u>hängt ewig an der Strippe</u>. Ein Dritter ist <u>von Kopf bis Fuß</u> auf E-Mails eingestellt. Ein Vierter zieht das Mündliche dem Schriftlichen vor, egal, in welcher Form. Ein Fünfter mag nicht, wenn es bei ihm klingelt, sei es am Telefon oder an der Haustür.

Jede Person hat ihr eigenes Kommunikationsprofil, aber viele Menschen sind sich dessen noch keineswegs bewusst.

Denn zu neu ist das alles. Mit Handy, SMS und E-Mails hat die Zahl der Übermittlungsmöglichkeiten binnen weniger Jahre um 50 Prozent zugenommen. Doch der Gebrauch der meisten der neuen Kanäle unterliegt noch keinen allgemeinen Regeln. Die Theorie der Benutzung muss sich aus den praktischen Erfahrungen erst bilden.

Wie man telefoniert, den anderen am Telefon begrüßt oder verabschiedet, hat man gelernt. Am Handy hingegen verhalten sich viele Erwachsene unsicher – niemand hat sie den richtigen Umgang gelehrt.

Schon untersucht die Wissenschaft das neue telesoziale Verhalten, doch gesicherte Erkenntnisse liegen bis jetzt nur in Ansätzen vor. Für den Einzelnen gilt zunächst, Intuition und Beobachtungsgabe zu nutzen, das eigene Profil zu erkennen und für sich selbst zu entscheiden: <u>Wie halte ich es mit</u> den neun Kanälen?

DIE ZEIT

*Worterklärungen:
Rufumleitung = Weiterleitung eines Anrufes
Ethernet-Karte = Netzwerkkarte, um einen Computer ins Netzwerk einzubinden
Splitter = Verbindungsteiler
TCP/IP = Internet-Protokoll
T-DSL-Anschluss = schneller Internetzugang

2.   Schildern Sie mit eigenen Worten die Probleme, die nach Meinung des Autors durch die neuen Kommunikationsmöglichkeiten bei der Verständigung entstehen.

3.   Erklären Sie die unterstrichenen Ausdrücke mit anderen Worten.

   1.   etwas muss <u>gewartet</u> werden   ....

   2.   jmd. <u>hängt ewig an der Strippe</u>   ....

   3.   <u>von Kopf bis Fuß</u>   ....

   4.   <u>wie halte ich es mit ...</u>   ....

4.   Rekonstruieren Sie den Text. Ergänzen Sie die Substantive an der richtigen Stelle.

   Tastenkombination – Textbotschaften – Telefonnummern – Zeilen – Anschluss – Begegnung – Verbindung – Übermittlung – E-Mails – Anrufbeantworter – Briefkasten – Kanäle – Todesanzeige

   Der .... quillt über, der .... blinkt. Im Handy warten neue ...., im PC drängen sich die .... Das alles will überblickt, verwaltet und gewartet werden. Weiß jemand wie?

   Mit welcher .... aktiviere ich die Rufumleitung meines Handys? Was ist eine Ethernet-Karte und was ein Splitter und wie lässt sich die TCP/IP-Einstellung meines Computers ändern, damit der T-DSL-......................... endlich funktioniert? Kann ich eine .... per E-Mail verschicken? Einen Geburtstagsgruß? Wenn jemand drei .... hat, zu Hause,

im Dienst und mobil – welche wähle ich zuerst und warum? Darf ich handgeschriebene .... elektronisch beantworten?

Kommunikation heute: Noch nie gab es so viele Möglichkeiten, mit einem
anderen Menschen in .... zu treten. Persönliche ....,
Brief, Telegramm, Postkarte, Telefon, Fax, Handy, E-Mail, SMS – neun
.... bieten sich zur .... einer Botschaft an.

5. Berichten Sie über Ihr eigenes Kommunikationsverhalten.

   Auf welchem Wege übermitteln Sie welche Botschaften?
   Welcher Kommunikationsweg ist Ihnen am liebsten, welchen benutzen Sie
   zwar, mögen ihn aber vielleicht nicht besonders?

6. Berichten Sie über Ihre Erfahrungen mit E-Mails.

   Welche Vorteile und welche Nachteile können Ihrer Meinung nach
   E-Mails haben?

7. Lesen Sie die folgenden Texte.

E-Mail – das Medium der Eile

Manche Leute schreiben E-Mails, grauenhaft, voller Fehler, z. B.: „*... über einges habe ich mir noch keinbe gedanken gemacht*". Nie würden sie so etwas als Brief abschicken. E-Mails verführen zum Schludern. Sie sind schnell geschrieben und noch schneller abgeschickt.

Der Charakter einer Mail liegt irgendwo zwischen Schriftlichkeit und Mündlichkeit. Das unbedachte Wort verfliegt nicht wie am Telefon, es kommt schwarz auf weiß beim anderen an. Nicht selten fügt der empörte Empfänger ein paar saftige Bemerkungen hinzu und leitet die Mail dann an 20 andere Freunde oder Geschäftspartner weiter. Vereine sind auf diese Weise schon an den Rand der Spaltung getrieben worden. Wer so etwas einmal erlebt hat, schreibt nur noch Freundlichkeiten auf den Schirm.

Unter Chefs ist nach wie vor Kult, einen Flachbildschirm auf den ansonsten leeren Schreibtisch zu stellen und im Geiste der flachen Hierarchie Angestellte mit E-Mails zu traktieren. Je mehr die Angemailten zurückmailen, desto lästiger wird das neue Spielzeug und bald wird sich die Sekretärin dransetzen müssen.

Der amerikanische Internet-Pionier Clifford Stoll lässt übrigens jede der 60 ihn täglich erreichenden E-Mails automatisch mit einem Standardtext beantworten: Er werde versuchen, sich in den nächsten vier Wochen zu melden, wenn es aber eilig ist, bitte er um die Zusendung einer Postkarte, die werde er sofort beantworten.

DIE ZEIT

Damit Sie sich sicher im Internet bewegen, sollten Sie diese zehn Regeln beim Schreiben einer E-Mail beachten:

① **Prägnante Betreffzeilen.** Wenn die Betreffzeile nicht klar das Thema nennt oder neugierig macht, werden Nachrichten oft spät oder gar nicht gelesen.

② **Differenzierte Anrede.** Die Anrede sollte bei Privat-Mails so informell wie möglich sein – bei geschäftlichen Mails haben sich nach einer anfänglichen Tendenz zum Informellen die Anredeformen wie bei Geschäftsbriefen durchgesetzt.

③ **Knappe Zitate.** Ein erheblicher Vorteil von E-Mails gegenüber der gewohnten Schriftform besteht in der Möglichkeit, dass der Empfänger Passagen kopieren und in seine Antwort einfügen kann. So lassen sich klare Bezüge herstellen.

④ **Vorsicht bei Hervorhebungen.** Großschreibung zu Zwecken der Hervorhebung wird im Mail-Kontext als Brüllen verstanden. Für sie gilt: sparsamer Gebrauch steigert die Wirkung.

⑤ **Informationsreiche Signatur.** E-Mail-Programme bieten die Möglichkeit, jeder Post eine Signatur anzuhängen, die auf andere Kommunikationswege verweist: Telefon- oder Faxnummer usw. Eine solche Signatur erspart dem Empfänger umständliches Nachfragen.

⑥ **Ohne Anhang kommen.** Dateianhänge kosten Online-Zeit, Platz (insbesondere Word-Dokumente, Grafiken und Fotos) und lassen sich häufig nicht öffnen, weil dem Empfänger das betreffende Programm fehlt. Von der Virusgefahr ganz zu schweigen. Die sind daher zu minimieren.

⑦ **Mail ist keine Schneckenpost.** Bei privaten E-Mails ist der Vergleich mit einer Telefonnachricht angebracht, bei geschäftlichen Mitteilungen kann die E-Mail die Form eines (kurz gehaltenen) üblichen Geschäftsbriefes haben. Antworten Sie auf eine E-Mail per E-Mail.

⑧ **Vorsichtiges Weiterleiten.** Individuelle Post ist genauso vertraulich zu behandeln wie ein Brief. Sie darf also nur mit Zustimmung des Absenders weitergeleitet werden.

⑨ **Vorsicht bei vertraulichen Informationen.** Die Datensicherheit von unverschlüsselten Mails gleicht, vor allem im beruflichen Umfeld, der Halböffentlichkeit von Postkarten und Faxen – niemand weiß, wer sie (zuerst) liest.

⑩ **Imitation macht den Kommunikationsmeister.** Kommunikation ist in dem Maße zivilisiert, indem sie nicht allein dem Egoismus des Senders, sondern der Information und dem Wohlbefinden des Empfängers dient. Im Zweifelsfall folgt man einfach dem Vorbild der letzten Mail, die man von der jeweiligen Person erhalten hat.

DIE WELT

8. Ordnen Sie den im ersten Text unterstrichenen Ausdrücken die richtigen Synonyme zu.

1. E-Mails verführen zum Schludern

   - O a) zur Nachlässigkeit
   - O b) zum schnellen Schreiben

2. das unbedachte Wort

   - O a) vergessene
   - O b) ohne Nachdenken geschriebene

3. empörte Empfänger

   - O a) aufgeregte
   - O b) verärgerte

4. ein paar saftige Bemerkungen

   - O a) unfreundliche
   - O b) bildliche

5. Angestellte mit E-Mails traktieren

   - O a) motivieren
   - O b) quälen

6. desto lästiger wird das neue Spielzeug

   - O a) unangenehmer
   - O b) schwerer

9. Markieren Sie die richtige Lösung. Die Lösung sollte dem Inhalt der zehn E-Mail-Regeln entsprechen.

... (1) das Thema in der Betreffzeile nicht klar ... (2) wird, besteht die Möglichkeit, dass die E-Mail nicht gelesen wird.

Bei ... (3) E-Mails tun Sie gut ... (4), die formellen Anredeformen, wie sie in Geschäftsbriefen ... (5) sind, zu verwenden.

Es lassen sich klare Bezüge herstellen, ... (6) man in der Antwort Teile der ursprünglichen E-Mail kopiert.

Mit grafischen ... (7) sollte man in einer E-Mail sparsam umgehen.

Wenn man ... (8) E-Mail eine Signatur mit Telefon- und Faxnummern

1.	a) Wenn	O
	b) Als	O
	c) Wann	O
2.	a) erklärt	O
	b) benannt	O
	c) beschrieben	O
3.	a) geschäftliche	O
	b) geschäftlichem	O
	c) geschäftlichen	O
4.	a) dafür	O
	b) daran	O
	c) damit	O
5.	a) normalerweise	O
	b) ungewöhnlich	O
	c) üblich	O
6.	a) indem	O
	b) damit	O
	c) woraus	O
7.	a) Aufmerksamkeiten	O
	b) Übertreibungen	O
	c) Hervorhebungen	O
8.	a) die	O
	b) dem	O
	c) der	O

anhängt, ... (9) der Empfänger nicht nachzufragen. Man sollte so wenig Dateianhänge wie möglich ... (10).

Private E-Mails sind etwa vergleichbar mit einer telefonischen Nachricht. ... (11) Sie eine E-Mail mit einer E-Mail.

Mit individueller Post sollte vertraulich ... (12) werden. Vorsicht ist bei vertraulichen Informationen ... (13). Sie ... (14) auch von anderen Personen gelesen werden.

Kommunikation dient nicht dem Egoismus des Senders, ... (15) der Information des Empfängers.

9.   a) muss   O
    b) braucht   O
    c) soll   O
10. a) schreiben   O
    b) empfangen   O
    c) versenden   O
11. a) Antworten   O
    b) Schreiben   O
    c) Beantworten   O
12. a) behandelt   O
    b) umgegangen   O
    c) hantiert   O
13. a) gegeben   O
    b) angesagt   O
    c) gebeten   O
14. a) müssen   O
    b) dürfen   O
    c) können   O
15. a) sonst   O
    b) sondern   O
    c) aber   O

⇨ IHRE GRAMMATIK: Weitere Übungen zu **Modalangaben** finden Sie auf Seite 168.

---

10. Vergleichen Sie die E-Mail-Regeln mit Ihren Erfahrungen beim Schreiben und Empfangen von E-Mails.

11. Entwerfen Sie E-Mail-Texte oder Briefe.

Beachten Sie bei halbformellen und formellen Briefen:
- **Einfachheit und Verständlichkeit:** Benutzen Sie geläufige Wörter. Erklären Sie Fachwörter. Vermeiden Sie lange Sätze.
- **Klare Struktur:** Strukturieren Sie den Brief inhaltlich und optisch. Heben Sie das Wesentliche optisch hervor. (Achtung: Das gilt nur für Briefe, nicht für E-Mails.)
- **Höflichkeit und Freundlichkeit:** Bemühen Sie sich um die Einbeziehung des Briefpartners: vom „Wir-Stil" zum „Sie-Stil", z. B. *Bitte nennen Sie uns ...* anstatt: *Wir erwarten von Ihnen ...*

11a. Informelle E-Mails/Briefe

1. Laden Sie Freunde zu Ihrer Geburtstagsparty ein.
2. Sie sind von einem Freund zum Geburtstag eingeladen worden, müssen aber leider absagen.

3. Sie haben ein tolles Buch gelesen und möchten das Buch nun Ihren Freunden empfehlen.

> Anrede: Liebe .../Lieber .../Hallo ...
> Schluss: Liebe Grüße/Mit lieben Grüßen ...

4. Langjährige Geschäftsfreunde von Ihnen wollen Ihre Heimatstadt besuchen. Sie möchten sich gern mit Ihren Geschäftsfreunden treffen und bieten außerdem Ihre Hilfe als „Reiseführer" an.

5. Sie haben eine Projektbesprechung bei einer deutschen Tochterfirma. Erkundigen Sie sich bei den dortigen Kollegen nach Einzelheiten.

> Anrede: Lieber Herr .../Liebe Frau ...
> Schluss: Beste Grüße/Mit bestem Gruß .../Herzliche Grüße/Mit herzlichen Grüßen ...

11b. Formelle E-Mails/Briefe:

1. Erkundigen Sie sich bei einem Sprachinstitut nach dem Kursangebot, den Preisen und Kurszeiten für das nächste Jahr. (Es steht dazu nichts auf der Homepage.)

2. Sie brauchen für Ihre Firma zehn neue Flachbildschirme. Erkundigen Sie sich bei der Firma IMAX nach einem Angebot (Typen/Preise/Lieferzeiten/Wartung).

3. Sie sind Mitarbeiter der Firma IMAX. Unterbreiten Sie ein Angebot für zehn Flachbildschirme.

> Anrede: Sehr geehrte Frau .../Sehr geehrter Herr .../Sehr geehrte Damen und Herren ...
> Schluss: Mit freundlichen Grüßen ...
>
> – Ihrer Anzeige/Ihrer Homepage entnehmen wir .../Sie bieten ... an/ Wir haben ... gelesen .../Ich suche .../Wir sind auf der Suche nach .../Ich interessiere mich für ...
> – Bitte senden Sie uns ... (Informationen/ein Angebot) über ...
>
> – Vielen Dank für Ihr Interesse an .../Ihr Schreiben vom ...
> – Wir können Ihnen folgendes Angebot unterbreiten: zehn ... zum Stückpreis von ...
> – Unsere Liefer- und Zahlungsbedingungen lauten: ...
> – Die Zahlung erfolgt innerhalb von .../Der Kaufpreis ist binnen ... nach Erhalt der Rechnung fällig.
> – Die Lieferfrist beträgt .../Die Lieferung erfolgt am/innerhalb von ...
> – Wir halten unser Angebot offen bis ...
> – Wir freuen uns auf Ihren Auftrag.

12. Ergänzen Sie das fehlende Verb in der richtigen Form.

beschreiben – abschreiben – einschreiben – verschreiben – vorschreiben – unterschreiben – überschreiben – zuschreiben

1. Das kann kein Mensch lesen. Das musst du noch mal ....

2. Bevor man mit dem Studium beginnt, ... man sich an einer Universität ....

3. Dieses Bild wird einem Schüler Rembrandts ....

4. Stimmt der Betrag wirklich oder hast du dich da ....?

5. Sie müssen den Antrag hier unten ....

6. Willst du mir etwa ...., wann ich zu Hause sein muss?

7. Lass dir doch mal etwas gegen deinen ewigen Husten ....

8. Könnten Sie mir kurz ...., wo sich Ihre Firma genau befindet und wie ich da am besten hinkomme?

9. Die Eltern haben dem Sohn das Haus ....

13. Marie Schöne war mit Freunden eine Woche in der Schweiz. Sie schreibt zwei Briefe, einen an ihren Freund Klaus, einen an Herrn Schneider.

Ergänzen Sie die Lücken des zweiten Briefes. Die notwendigen Informationen können Sie dem ersten Brief entnehmen.

Lieber Klaus,	Sehr geehrter Herr Schneider,
wir sind gestern wieder zu Hause angekommen und ich möchte mich tausendmal bei dir für diese wunderschöne Woche bedanken. Toni und Susi danken dir natürlich auch! Du warst ein toller Reiseleiter!	nach unserer gestrigen Ankunft möchte ich gleich die Gelegenheit ...., um Ihnen auch im .... der anderen für diese wunderschöne Woche zu .... Leider konnten wir
Leider musste ich vorher so viel arbeiten, dass ich überhaupt keine Zeit hatte, mich über die Gegend zu informieren. Da du uns so viel erzählt hast, weiß ich fast alles.	uns .... Zeitmangel vorher nicht über die Gegend informieren, doch dank Ihrer interessanten .... wissen wir jetzt sehr viel mehr.
Ein kleines Problem habe ich aber noch. Ich glaube, ich habe im Hotel	Ich hätte da aber noch eine .... Wahrscheinlich habe ich im Hotel

„Zum Sonnenhügel" meine Lesebrille liegen lassen. Ich werde Herrn Schneider bitten, sie zu suchen. Könntest du nicht auch mal nachsehen, ob sie vielleicht noch in unserem Zimmer liegt? Vielleicht hat Herr Schneider nicht so viel Zeit, sich um mein Problem zu kümmern. Danke dafür! Sei für heute lieb gegrüßt.

Melde dich bald!

Marie

„Zum Sonnenhügel" meine Lesebrille liegen lassen. .... es Ihnen etwas ausmachen, im Hotel ...., ob jemand die Lesebrille .... hat? Vielleicht könnte mir das Hotel die Brille nach Hause ....? Ich wäre Ihnen dafür sehr .... In der ...., Ihnen keine großen Umstände zu bereiten, verbleibe ich mit ....

Marie Schöne

C. Richtig telefonieren

1.   Lesen Sie den folgenden Text.

Wichtige Tipps zum Telefonieren

Richtig zu telefonieren ist eine Kunst, auch für Deutsche. Telefonate sind die Visitenkarte einer Firma und die überwiegende Zahl aller Geschäftskontakte beginnt am Telefon. Deshalb werden auch Deutsche von Telefontrainern im richtigen Umgang mit dem Telefon geschult.

Einige der immer wieder aufgeführten Tipps zum erfolgreichen Telefonieren könnten auch für Sie interessant sein, vor allem, wenn Sie geschäftliche Telefonate mit Deutschland führen müssen.

1. **Der erste Eindruck zählt.** Melden Sie sich als Anrufer deshalb freundlich mit Gruß, Vor- und Nachnamen sowie dem Namen der Firma. Da wir uns die letzte Information am besten merken, sollte der Firmenname hinter dem Gruß folgen.

2. **Achten Sie auch auf Ihre Körpersprache.** Im Stress krümmen wir uns instinktiv zusammen. Die Stimme klingt gepresst, wenig souverän. Sitzen Sie gerade oder ste-

hen Sie auf. Ihr Zwerchfell* ist nicht zusammengedrückt, Ihre Stimme erhält mehr Resonanzraum, wird voller und überzeugender. Und lächeln Sie – immer! Stimme kommt von Stimmung, der andere kann Ihre Stimmung „hören".

3. **Ihre Stimmlage verkörpert Kompetenz.** Vor allem Frauen telefonieren oft in einer zu hohen Stimmlage. Je tiefer Sie den Kopf halten, desto tiefer wird Ihre Stimme.

4. **Fassen Sie sich kurz.** Monologe ermüden schnell. Telefontrainer empfehlen, maximal drei bis fünf Sätze hintereinander zu sprechen. Bauen Sie keine Schachtelsätze. Ab 16 Wörter pro Satz besteht die Gefahr, dass Sie Ihren Zuhörer überfordern. Aber Vorsicht: Kürze heißt nicht Tempo! Sprechen Sie langsam und mit kurzen Pausen.

5. **Ein guter Gesprächsaufbau führt zum Ziel.** Kombinieren Sie Inhalte mit Höflichkeit. Wenn Sie Ihren deutschen Gesprächspartner mehrmals während des Telefonats mit seinem Namen ansprechen, geben Sie ihm das Gefühl, dass er wichtig ist.

6. **Vorbereitung und Kontrolle sind alles.** Formulieren Sie Ihre Argumente vor dem Gespräch und legen Sie sich eine Frageliste an. Notieren Sie das Gespräch mit. Stellen Sie, um Missverständnissen vorzubeugen, Rückfragen, z. B. *Sie meinen also, dass ...*

7. **Auch Ihr Vokabular ist wichtig!** Streichen Sie Wörter wie *wahrscheinlich, vielleicht oder irgendwie*. Das bedeutet Unsicherheit. Vermeiden Sie Negativwörter oder Wendungen wie *Da lässt sich nichts machen.* oder *Das geht nicht.* Formulieren Sie alles positiv!

*Worterklärung: *Zwerchfell* = Muskel zwischen Brust- und Bauchhöhle

2. Beschreiben Sie Unterschiede oder Gemeinsamkeiten mit Gewohnheiten am Telefon in Ihrem Heimatland. Berichten Sie von Ihren Erfahrungen beim Telefonieren mit Deutschen.

3. Ergänzen Sie die fehlenden Verben in der richtigen Form.

achten – vorbeugen – zählen – kommen – melden – verkörpern – halten – formulieren – bauen – ansprechen – vermeiden – empfehlen – streichen

1. Der erste Eindruck .... Sie sich deshalb freundlich mit Gruß, Vor- und Nachnamen sowie dem Namen der Firma.

2. .... Sie auch auf Ihre Körpersprache. Stimme .... von Stimmung.

3. Ihre Stimmlage .... Kompetenz. Je tiefer Sie den Kopf ...., desto tiefer wird Ihre Stimme.

4. Telefontrainer .... , maximal drei bis fünf Sätze hintereinander zu sprechen. .... Sie keine Schachtelsätze.

5. .... Sie Ihren Gesprächspartner mehrmals während des Telefonats mit seinem Namen ....

6. .... Sie Ihre Argumente vor dem Gespräch. Um Missverständnissen ...., sollten Sie während des Gesprächs Rückfragen stellen.

7. .... Sie Wörter, die Unsicherheit ausdrücken. .... Sie Negativwörter oder negative Wendungen.

4. Erarbeiten Sie in Gruppen oder einzeln:
   Was sagt man in den folgenden Situationen am Telefon?

   0. Sie melden sich und verlangen eine bestimmte Person:
      Guten Tag, Franz Appelt hier, KONAK International.
      Ich hätte gern Herrn Schimanski gesprochen./Ich würde gern Herrn Schimanski sprechen./Könnte ich bitte Herrn Schimanski sprechen?

   1. Sie müssen eine Person entschuldigen, weil sie nicht da ist, und bieten Ihre Hilfe an.

      ....

   2. Sie möchten die im Moment nicht erreichbare Person aber wissen lassen, dass die Waren noch nicht eingetroffen sind.

      ....

   3. Sie haben Probleme, Ihren Telefonpartner akustisch zu verstehen.

      ....

   4. Sie werden um Informationen gebeten. Sie können diese Fragen aber nicht beantworten.

      ....

   5. Sie möchten Ihren Telefonpartner treffen und geben einen Grund an.
      (siehe Kapitel 2)

      ....

   6. Sie möchten das Gespräch beenden und versprechen, Ihren Telefonpartner weiter zu informieren.

      ....

⇨ IHRE GRAMMATIK: Weitere Übungen zum **Konjunktiv II** finden Sie auf Seite 163.

5. Spielen Sie Dialoge.
    Bereiten Sie sich auf Ihre Rolle vor und machen Sie sich Stichpunkte.

5a. Geschäftliche Telefonate

1. Sie sind eine Mitarbeiterin/ein Mitarbeiter der Firma GLANZ. Ihre Firma stellt Staubsauger her. Rufen Sie Herrn Meier von der Firma SIMEX an. Versuchen Sie einen Termin zu vereinbaren, um Ihre neuen Staubsauger zu präsentieren.

2. Sie sind eine Mitarbeiterin/ein Mitarbeiter der Firma POLO und haben vor 8 Wochen bei SIEMENS neue Computer gekauft. Rufen Sie bei SIEMENS an, erklären Sie die Situation und bestellen Sie einen Monteur.

3. Sie sind eine Mitarbeiterin/ein Mitarbeiter der Baufirma HAUS und warten seit einem Tag auf Zement, ohne den Sie nicht weiterbauen können. Rufen Sie in der Zementfabrik ZEMA an, erklären Sie die Situation und setzen Sie eine Frist.

4. Sie sind eine Mitarbeiterin/ein Mitarbeiter der Firma AIR. Sie sind verantwortlich für die Inneneinrichtung von Flugzeugen. Rufen Sie Ihren Kollegen Max Schnautzer von AIR in München an und vereinbaren Sie einen Termin, um über die neuen Sitze zu diskutieren. Sie möchten den Termin unbedingt in München vereinbaren, weil Sie noch nie in München waren.

5. Sie sind eine Mitarbeiterin/ein Mitarbeiter der Firma IMO und möchten neue Schreibtische bestellen. Im Katalog der Firma GRÜNHOLZ haben Sie Schreibtische gesehen, die Ihnen gefallen und gleichzeitig preiswert sind. Rufen Sie bei der Firma GRÜNHOLZ an und fragen Sie nach Einzelheiten: Zahlungs- und Lieferbedingungen, Lieferfristen, evtl. anderen Farben usw.

5b. Auskünfte an einer Universität einholen

1. Sie würden gern im nächsten Jahr an der Universität Leipzig Germanistik studieren. Rufen Sie im Institut für Germanistik an und fragen Sie nach folgenden Punkten: Semesterbeginn, Bewerbungsschluss, Bewerbungsunterlagen, besondere Bedingungen für die Bewerbung (Sprachnachweis o. ä.), Wohnmöglichkeiten, Studiengebühr, Inhalt und Dauer des Studiums.

2. Sie haben einen Studienplatz an der Universität Hamburg. Rufen Sie die Wohnungsvermittlung der Universität an und fragen Sie nach: verschiedenen Möglichkeiten der Unterbringung, Lage der Wohnheime, ob Zimmer in den Wohnheimen frei sind, Ausstattung der Zimmer, Preis, Anreise/Abreise, Unterkunftsmöglichkeiten in den Semesterferien.

> **3.** Sie wollten eigentlich im Herbstsemester an der Freien Universität Berlin studieren, doch die Bewerbungsfrist ist abgelaufen. Rufen Sie bei der Universität an und fragen Sie nach Möglichkeiten, eventuell doch im Oktober mit dem Studium zu beginnen.

6. Ergänzen Sie die fehlenden Verben in der richtigen Form.

eintreffen – erreichen – benachrichtigen – halten – eingehen – erteilen – vorbeikommen – ausrichten – wiederholen – zurückrufen

1. Wann kann ich Prof. Günter ....?

2. Herr Müller ist im Moment nicht da. Kann er Sie morgen ....?

3. Könnten Sie ihm bitte ...., dass die Untersuchungen abgeschlossen sind?

4. Ich werde Sie ...., sobald die Ergebnisse hier ....

5. Könnten Sie mich über den Vorgang auf dem Laufenden ....?

6. Tut mir Leid, solche Auskünfte können wir am Telefon nicht .... Da müssten Sie schon persönlich mal ....

7. Ich habe den letzen Satz nicht genau verstanden. Könnten Sie das bitte noch einmal ....?

8. Bis wann müssen die Unterlagen bei Ihnen ....?

7. Ergänzen Sie *Sie* oder *Ihnen*.

1. Kann ich .... morgen zurückrufen?

2. Ich werde .... die Ergebnisse noch heute faxen.

3. Wir konnten .... leider nicht eher benachrichtigen.

4. Ich kann .... die neuen Preise frühestens nächste Woche mitteilen.

5. Ich halte .... auf dem Laufenden.

6. Ich verbinde .... mal mit dem Kundenservice. Die Kollegen werden .... weiterhelfen.

7. Es freut mich, dass wir .... eine Freude bereiten konnten.

8. Ich danke ....

⇨ IHRE GRAMMATIK: Weitere Übungen zu **Verben mit direktem Kasus** finden Sie auf Seite 170.

8.   Lesen Sie den folgenden Text.

Anrufen und angerufen werden

Das erste Telefonat in Deutschland wurde 1877 in Berlin geführt; 20 Jahre später gab es schon 529 Orte mit 144 000 Anschlüssen, eine für die damalige Zeit rasante Ausbreitung.

Ungewohnt war es, mit jemandem zu sprechen, ohne ihn zu sehen. Man konnte sich die schlimmsten Dinge sagen, ohne Handgreiflichkeiten befürchten zu müssen. Aufgehängt wurde nur der Hörer. Die Anonymität, die mit der Möglichkeit, die Nummer selbst zu wählen, noch zunahm, brachte den Telefonterror hervor, der heute noch ausgeübt wird.

Das Telefon ist ein invasives* Medium, erst recht das Handy. Die Welt dringt bis in die Wohnung, bis in die Jacketttasche oder die Handtasche vor. Unmittelbare Reaktion ist gefordert. Wie viele Dinge blieben ungeschehen, weil es im falschen Moment klingelte?

Seit einigen Jahrzehnten hilft der Anrufbeantworter, das Telefon zu zähmen. Ich spreche auf deine Mailbox, du sprichst auf meine. So kann man sich gegenseitig tagelang Mitteilung machen und die Telekombranche verdient sich dumm und dämlich.

Manche Leute mit Anrufbeantworter gehen überhaupt nicht mehr ans Telefon. Wer sie sprechen will, muss auf Rückruf warten. Eine besondere Gruppe sind jene, die neben ihrem Anrufbeantworter lauern, um erst mal zu hören, wer dran ist. Schlaue Anrufer versuchen es mit lautem Rufen: „Huhu, du bist doch da?! Haalloo? Geh doch mal ran!"

Mit ISDN verbreitet sich eine elegantere Abwehrtechnik: Erst die Nummer des Anrufers auf dem Display lesen, dann abheben. Viele Anrufer löschen deshalb ihre Kennung*, was wiederum viele Angerufene Anrufe ohne Kennung grundsätzlich ignorieren lässt. Es tobt ein Kampf um die Anonymität des Mediums.

Noch schlimmer, als vergeblich anzurufen, ist es, nicht vergeblich angerufen worden zu sein. Manche verfallen, wenn der Anrufbeantworter nicht blinkt, in Depressionen.

Die meisten Anrufer hassen den Anrufbeantworter, nur jene nicht, die jemanden sprechen müssen, den sie nicht sprechen wollen. Ihnen gewährt er Aufschub.

Die Journalistin Beatrix Schippenkötter sammelt seit 1987 alle auf ihrem Anrufbeantworter eingegangenen Nachrichten. Ist eine Kassette voll, legt sie eine neue ein. Über mehr als 250 Stunden Material verfügt sie inzwischen; einen Teil davon hat sie kürzlich dem Berliner Museum der Dinge präsentiert. „Es sind die Stimmen darauf von Menschen, die es nicht mehr gibt, die gestorben sind oder aus einem anderen Grund nicht mehr bei uns anrufen." Was ein „anderer Grund" sein könnte, nicht mehr bei Schippenkötters anzurufen, hat jeder Museumsbesucher sofort verstanden.

DIE ZEIT

*Worterklärungen:
invasives Medium = überall eindringendes
Kennung = Telefonnummer

9. Steht das im Text? Kreuzen Sie an: *ja* oder *nein*.

ja	nein	
ja	nein	1. Einer der größten Vorzüge des Telefons ist die Anonymität.
ja	nein	2. Das Telefon half, körperliche Auseinandersetzungen zu vermeiden.
ja	nein	3. Das Telefon raubt Menschen ihre Zeit.
ja	nein	4. Wer die Leute, die überhaupt nicht ans Telefon gehen, sprechen will, muss mehrmals anrufen.
ja	nein	5. Wer die Kennung seiner Telefonnummer löscht, hat größere Chancen, tatsächlich mit dem Angerufenen sprechen zu können.
ja	nein	6. Einige Anrufer waren wenig begeistert davon, dass Frau Schippenkötter ihre Nachrichten auf dem Anrufbeantworter aufbewahrt hat.

10. Suchen Sie alle Substantive aus dem Text, die etwas mit dem Telefon/dem Telefonieren zu tun haben. Finden Sie auch die richtigen Artikel.

    das Telefonat, ...

    ....

11. Suchen Sie im Text zu den unterstrichenen Ausdrücken Synonyme.

    1. ohne <u>körperliche Auseinandersetzungen</u> befürchten zu müssen

       ....

    2. Reaktion <u>ist notwendig</u>

       ....

    3. der Anrufbeantworter hilft, das Telefon <u>zu beherrschen</u>

       ....

    4. <u>sehr viel Geld</u> verdienen

       ....

    5. neben dem Anrufbeantworter sehnsüchtig <u>warten</u>

       ....

    6. der Anrufbeantworter <u>verschafft jemandem noch etwas Zeit</u>

       ....

12. Ordnen Sie die passenden Verben zu.

0. Handgreiflichkeiten	a) gehen
1. ein Telefonat	b) aufhängen/abheben
2. den Hörer	c) führen
3. eine Nummer	d) gewähren
4. Telefonterror	e) ausüben
5. auf eine Mailbox	f) anrufen
6. ans Telefon	g) sprechen
7. neben dem Anrufbeantworter	h) befürchten
8. auf einen Rückruf	i) verfallen
9. eine Mitteilung	j) lauern
10. jemandem Aufschub	k) tobt
11. ein Kampf um Anonymität	l) wählen
12. in Depressionen	m) verfügen
13. über Telefonmaterial	n) machen
14. bei jemandem	o) warten

13. Stellungnahme

Ein Leben ohne Telefon ist unvor-stellbar.

Nehmen Sie zu dieser Aussage Stellung.

Beschreiben Sie außerdem typische Merkmale des Telefonierens in Ihrem Heimatland und Ihr eigenes Telefonverhalten.

Schreiben Sie einen Text von ca. 200–250 Wörtern Länge.

D. Ihre Grammatik

Der Konjunktiv II

Der Konjunktiv II erfüllt im Deutschen mehrere **Funktionen**:

1. Man verwendet den Konjunktiv II, wenn man **höflich oder zurückhaltend** wirken möchte, zum Beispiel:

    – bei Aufforderungen:
    Würden/Könnten Sie bitte das Fenster öffnen!
    Könnten Sie mir die Bestätigung heute noch faxen?

    – bei Fragen:
    Dürfte/Könnte ich hier mal telefonieren?

    – bei Vorschlägen und Meinungsäußerungen:
    Wir sollten mit der Entscheidung warten, bis der Chef zurück ist.
    Es wäre sinnvoll/ratsam, weitere Preisangebote einzuholen.
    Ich würde mir das (an deiner Stelle) noch mal überlegen.
    Du könntest/müsstest mal an die Ostsee fahren.

    – bei nachträglicher Kritik:
    Es wäre besser gewesen, wenn Sie mich darüber informiert hätten.

    – beim Vorwurf (weniger freundlich):
    Darüber hätten Sie mich aber informieren müssen.
    Das Angebot hätte doch schon lange geschrieben werden müssen.

2. Man verwendet den Konjunktiv II zum Ausdruck von **Irrealität**, zum Beispiel:

    – bei irrealen Bedingungssätzen (Konditionalsätzen):
    Wenn ich Millionär wäre, würde ich mir einen Porsche kaufen.
    Wenn ich die sechste Zahl noch richtig gehabt hätte, hätte ich zwei
    Millionen Euro gewonnen.
    Fast/Beinahe hätte ich zwei Millionen Euro gewonnen.

    – bei irrealen Vergleichssätzen (Komparativsätzen):
    Er tut so, als ob er mich nicht sehen würde.

    – bei irrealen Wunschsätzen:
    Wenn der Zug doch endlich käme!

    – bei irrealen Folgesätzen (Konsekutivsätzen):
    Das Auto ist zu teuer, als dass ich es kaufen könnte.
    (wird kaum noch verwendet)

Bildung des Konjunktiv II

Die **Gegenwart** wird gebildet aus der **Form des Präteritums + Konjunktivendung**.

	starke Verben		Hilfsverben		schwache Verben
ich	*ginge*	*käme*	*wäre*	*hätte*	*fragte*
du	*gingest*	*kämest*	*wärest*	*hättest*	*fragtest*
er/sie/es	*ginge*	*käme*	*wäre*	*hätte*	*fragte*
wir	*gingen*	*kämen*	*wären*	*hätten*	*fragten*
ihr	*ginget*	*kämet*	*wäret*	*hättet*	*fragtet*
sie/Sie	*gingen*	*kämen*	*wären*	*hätten*	*fragten*

+ Umlaut	modale	Form entspricht dem
Die klassische Form gilt bei einigen starken Verben als veraltet. Dafür nehmen wir die Ersatzform mit *würde*: *ich würde fliegen* *ich würde umziehen*	Hilfsverben: *ich könnte* *ich dürfte* *ich müsste* *ich wollte* *ich sollte*	Präteritum im Indikativ, deshalb bevorzugen wir die Ersatzform mit *würde*: *ich würde fragen* *ich würde kaufen*

Die **Vergangenheit** (siehe Kapitel 3, irreale Konditionalsätze) wird mit den Hilfsverben *wäre* oder *hätte* und dem **Partizip II** gebildet: *ich **wäre** geflogen, ich **hätte** gekauft*

1. Formulieren Sie Vorschläge.

   Ich würde vorschlagen, dass ... – Es wäre gut/sinnvoll/ratsam, wenn wir ... – Wir sollten ... – Wir könnten z. B. auch ...

   1. gemeinsam – Essen – gehen

      ....

   2. zusätzlich – Mitarbeiter – einstellen

      ....

   3. Dr. Hofmann – Mithilfe – Projekt – bitten

      ....

   4. Englischkurs – Mitarbeiter – organisieren

      ....

5. Einsparungen – Materialverbrauch – nachdenken

   ....

6. krank, Mitarbeiter – Blumenstrauß – Krankenhaus – schicken

   ....

7. wöchentlich – Teamsitzung – durchführen

   ....

8. Forschungsergebnisse – Konferenz – München – vorstellen

   ....

2. Die nachträgliche Kritik

   Formulieren Sie Sätze, in denen Ihre Kritik oder ein Vorwurf zum Ausdruck kommt.

   0. Frau Müller hat vergessen, den Brief zu schreiben.
      Es wäre besser gewesen, wenn Frau Müller den Brief geschrieben hätte.
      Frau Müller hätte den Brief schreiben sollen.

   1. Claudia hat vergessen, den Chef zu benachrichtigen.

      ....

   2. Peter hat vergessen, die geheimen Daten wieder zu löschen.

      ....

   3. Marie hat vergessen, ihre Bewerbungsunterlagen rechtzeitig abzuschicken.

      ....

   4. Andreas hat vergessen, seine Mutter vom Zug abzuholen.

      ....

   5. Der Chef hat vergessen, uns über die Terminänderung zu informieren.

      ....

   6. Paul hat mal wieder vergessen, seine Hausaufgaben zu machen.

      ....

3. Bilden Sie irreale Bedingungssätze.

3a. Wenn ich Zeit hätte, ...

   0. Auto   Wenn ich Zeit hätte, <u>würde ich mal mein Auto waschen.</u>

   1. Hausaufgaben ....

   2. Bücher   ....

3. Wohnung   ....

4. Sport   ....

5. Essen   ....

6. Freunde   ....

3b. Was würden Sie tun,

1. ... wenn eine fremde Person Sie um 100 Euro bitten würde?
    Wenn mich eine fremde Person um 100 Euro bitten würde, ...

2. ... wenn Sie neben Ihrem Lieblingsschauspieler im Flugzeug säßen?

    ....

3. ... wenn Sie nach dem Essen in einem Restaurant bemerken würden, dass
    Sie weder Geld noch Kreditkarten bei sich haben?

    ....

4. ... wenn Sie auf der Autobahn feststellen würden, dass der Tank leer ist?

    ....

5. ... wenn Ihr Handy mitten in einem Konzert klingeln würde?

    ....

6. ... wenn Sie eine E-Mail mit einem Virus geöffnet hätten?

    ....

4. Bilden Sie Sätze in der Vergangenheit mit *fast* oder *beinahe*.
    Beschreiben Sie die nicht eingetretene Folge.

0. Der Hut hat mir so gut gefallen.
    Beinahe hätte ich ihn gekauft.

1. Die Polizei verfolgte den Bankräuber.

    ....

2. Ich war schrecklich in Peter verliebt.

    ....

3. Ich hatte gestern zum siebenten Mal Fahrprüfung.

    ....

4. Ich war am Wochenende auf der Rennbahn und habe auf ein Pferd ge-
    wettet.

    ....

5. Der Taxifahrer betrachtete beim Fahren im Rückspiegel die hinter ihm sitzende Frau.

....

6. Ein Sturm kam auf, während das Flugzeug versuchte zu landen.

....

5. Wünsche

Leider ist die Welt oft anders, als man sich wünscht. Bilden Sie irreale Wunschsätze.

0. Realität: Es regnet schon den fünften Tag.
   Wunsch: Wenn doch endlich die Sonne schiene/scheinen würde.

1. Er ruft mich nicht an.

....

2. Es ist kalt und ich habe keinen Pullover eingepackt.

....

3. Sie hat ihr ganzes Geld für diesen Ring ausgegeben, jetzt ist sie pleite.

....

4. Er hat vor dem Examen nicht gelernt.

....

5. Sie erinnert sich nicht mehr an ihr Versprechen.

....

6. Ich habe zu wenig Zeit.

....

7. Der Urlaub ist schon zu Ende.

....

8. Er hat mal wieder nicht auf seine Eltern gehört.

....

6. Bilden Sie irreale Vergleichssätze.

0. (mich nicht sehen)
   Er tut so, als ob er mich nicht sehen würde.

1. (krank sein)
   Sie macht auf mich den Eindruck, als ob ....

2. (nächtelang nicht geschlafen)
   Er sieht aus, als ob ....

3. (tagelang gehungert)
    Anna aß so viel, als ob ....

4. (jahrelang in Polen gelebt)
    Sigmund spricht Polnisch, als ob ....

5. (jemand verfolgen)
    Er rannte die Treppen hinunter, als ob ....

6. (noch nie davon gehört)
    Er schien so überrascht, als ob ....

Modalangaben

Modale Nebensätze und Infinitivkonstruktionen (Verbalform)

– Nebensätze mit *indem* bezeichnen die Art und Weise, wie man etwas macht:
  Man kann seine Sprachkenntnisse verbessern, indem man neue Vokabeln lernt.

– Infinitivkonstruktionen mit *ohne zu* bezeichnen einen fehlenden (aber erwarteten) Vorgang:
  Er beginnt jeden Morgen seine Arbeit, ohne seine Kollegen zu grüßen.

– Infinitivkonstruktionen mit *anstatt zu* beschreiben einen Vorgang, der an Stelle eines erwarteten Vorgangs geschieht:
  Er verbringt seine Zeit mit Computerspielen, anstatt zu arbeiten.

7. Bilden Sie Modalsätze mit *indem.*

    0. Man kann eine Prüfung mit gutem Resultat bestehen, ... (vorbereitet)
        Man kann eine Prüfung mit gutem Resultat bestehen, indem man sich ausreichend/gut vorbereitet.

    1. Man bleibt gesund, ... *(Sport)*

        ....

    2. Man kann sich im Ausland sicherer bewegen, ... (Sitten und Gebräuche)

        ....

    3. Man kann eine Freundschaft erhalten, ... (pflegen)

        ....

    4. Man kann seine Leistungen verbessern, ... (lernen)

        ....

5. Man kann Menschen mit Problemen helfen, ... (zuhören)

....

6. Man findet sich in einer großen Stadt leichter zurecht, ... (Stadtplan)

....

7. Man hat mehr Erfolg bei geschäftlichen Verhandlungen, ... (Gepflogenheiten der Gastgeber)

....

8. Man kann Fehler bei geschäftlichen Telefonaten vermeiden ... (ein paar Regeln)

....

8. Bilden Sie Infinitivkonstruktionen mit *ohne zu* oder *anstatt zu*.

0. Er verließ das Zimmer. Er grüßte nicht.
   Er verließ das Zimmer, <u>ohne zu grüßen</u>.

   Er sollte seine Hausaufgaben machen. Er sah fern.
   <u>Anstatt seine Hausaufgaben zu machen,</u> sah er fern.

1. Er unterschrieb den Vertrag. Er las ihn vorher nicht genau durch.

....

2. Sie kaufte den schwarzen Mantel. Sie probierte ihn vorher nicht an.

....

3. Er sollte seine Tante besuchen. Er ging zum Pferderennen.

....

4. Der Sportler nahm am Wettkampf teil. Er trainierte vorher nicht.

....

5. Eigentlich wollte er sich von den 200 Euro einen Anzug kaufen. Er verspielte das Geld an einem Spielautomaten.

....

6. Er versendete den Brief. Er hatte ihn nicht unterschrieben.

....

7. Er hat das Auto nicht in die Werkstatt gebracht. Er hat es selbst repariert.

....

8. Er hat den Fachmann nicht über das Computerproblem informiert. Er hat vergeblich versucht, es selbst zu lösen.

....

Verben mit direktem Kasus

Eine Reihe von Verben bilden **Sätze mit einem direkten Kasus**:

Ich kann dich sehr gut verstehen.

| Nominativ | Akkusativ |

Die meisten Verben haben eine Ergänzung im Akkusativ.

Ich helfe Ihnen gern.

| Nominativ | Dativ |

Einige Verben verlangen eine Dativergänzung.

Ich sende Ihnen morgen die Preisliste.

| Nominativ | Dativ | Akkusativ |

Bei einigen Verben ist der Dativ obligatorisch, andere Verben können auch ohne den Dativ stehen.

Ich werde Lehrerin.

| Nominativ | Nominativ |

Sein, bleiben und *werden* bilden als Vollverben Sätze mit zwei Nominativen.

Das Bild kostete mich ein Vermögen.

| Nominativ | Akkusativ | Akkusativ |

Die wichtigsten Verben, die neben dem Nominativ noch zwei Akkusativergänzungen benutzen, sind: *kosten, lehren, nennen.*

Oft gibt es auch **Kombinationen aus direktem und präpositionalem Kasus**:

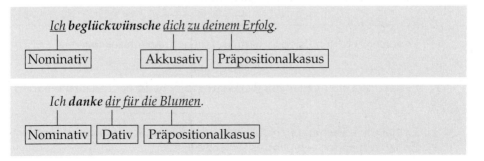

Ich beglückwünsche dich zu deinem Erfolg.

| Nominativ | Akkusativ | Präpositionalkasus |

Ich danke dir für die Blumen.

| Nominativ | Dativ | Präpositionalkasus |

Einige Verben **mit Nominativ und Dativ:**	Einige Verben **mit Nominativ und Akkusativ:**	Einige Verben **mit Nominativ, Dativ und Akkusativ:**
jemandem … antworten (auf), begegnen, beistehen, danken (für), drohen (mit), gefallen, glauben, gratulieren (zu), helfen, imponieren, missfallen, misstrauen, nachgeben, nützen, schaden, vertrauen, widersprechen, zuhören, zulächeln, zureden, zusehen (bei), zustimmen, zuwinken	*jemanden … befragen, beglückwünschen (zu), beneiden (um), besuchen, bitten (um), langweilen, lieben, loben (für), kennen, sehen, treffen, unterbrechen, untersuchen, verhören, verlassen, verstehen*	*jemandem etwas … anvertrauen, beantworten, bewilligen, borgen, bringen, empfehlen, entziehen, erlauben, erzählen, faxen, geben, leihen, mitteilen, sagen, schenken, schicken, schreiben, senden, überreichen, verbieten, verdanken, verschweigen, versprechen, verkaufen, verweigern, verzeihen, wegnehmen, wünschen, zeigen*

9. Dativ oder Akkusativ? Bilden Sie Sätze. *(Das Erstgenannte ist das Subjekt)*

    0. Vortrag – ich – langweilen
       Der Vortrag langweilt/langweilte mich.

    1. Chef – Angestellter – Kündigung – drohen

       ....

    2. Polizei – Einbrecher – verhören

       ....

    3. ich – du – Blumen – danken

       ....

    4. Tochter – Vater – widersprechen

       ....

    5. Nachbar – er – Gefallen – bitten

       ....

    6. sie – kein Handwerker – mehr vertrauen

       ....

    7. er – ich – freundlich zulächeln

       ....

    8. Arzt – Patient – untersuchen

       ....

9. dein Benehmen – ich – gar nicht gefallen

....

10. Mutter – ihr Sohn – gute schulische Leistungen – loben

....

11. alle Kollegen – Vorschlag – zustimmen

....

12. er – sein Freund – Beförderung – gratulieren

....

10. Dativ und Akkusativ oder Akkusativ und Akkusativ? Bilden Sie Sätze.
(Das Erstgenannte ist das Subjekt.)

0. ich – er – kein Geheimnis – anvertrauen können
Ich kann/konnte ihm kein Geheimnis anvertrauen.

1. Bank – Kunde – Kredit – bewilligen

....

2. Arzt – ich – Untersuchungsergebnisse – mitteilen

....

3. er – ich – Geige spielen – lehren

....

4. Präsident IOC – Sieger – Medaille – überreichen

....

5. Tennisspieler – Trainer – Sieg – verdanken

....

6. unbedachte Äußerung – Manager – weitere Karriere – kosten

....

7. Regierung – Diplomaten – Einreise – verweigern

....

8. Polizei – er – Führerschein – entziehen

....

9. Mannschaftskapitän – Torwart – Flasche* – nennen
*(*Flasche = Schimpfwort)*

....

10. Vater – Kind – Belohnung – versprechen

    ....

11. ich – Sie – neuer Termin – morgen – mitteilen

    ....

12. Seminararbeit – ich – zu viel Zeit – kosten

    ....

11. Dativ oder Akkusativ? Ergänzen Sie *mir* oder *mich, dir* oder *dich.*

1. Ich habe .... gestern über das Verhalten meines Kollegen geärgert.

2. Kannst du .... bis morgen Bescheid sagen?

3. Ich kann .... mein Fahrrad nicht schon wieder borgen, kauf .... doch mal selber eins!

4. Ich möchte .... für das Geschenk sehr herzlich bedanken.

5. Es hat .... gefreut, dass er .... gleich angerufen hat.

6. Könnten Sie .... am Bahnhof abholen?

7. Wie hat er .... genannt?

8. Du hast .... versprochen, dass du pünktlich bist, aber du hast .... nicht daran gehalten.

9. Die Reise nach Rom hat .... sehr gefallen. Genauso habe ich .... Rom vorgestellt.

10. Ich habe .... bei der Konzertprobe zugehört. Du hast .... ja unglaublich verbessert!

11. Kannst du .... bis morgen sagen, was ich .... noch mitbringen soll?

12. Seine diesjährige Leistung imponiert .... sehr. Im letzten Jahr haben .... seine Ergebnisse nicht so beeindruckt.

13. Kann ich .... mal um einen Gefallen bitten?

14. Ich konnte .... bis jetzt nicht antworten, weil .... noch ein paar wichtige Informationen fehlen.

15. In einigen Punkten stimme ich .... zu, beim Thema Preiserhöhung muss ich .... allerdings widersprechen.

Kapitel 6   Was? – Altes und Neues

A. Erfindungen

1. Beantworten Sie die folgende Frage.

    Was ist für Sie die wichtigste Erfindung überhaupt, was ist für Sie die wichtigste Erfindung der letzten 10 Jahre? Begründen Sie Ihre Auswahl.

2. Nicht alle Erfindungen sind praktisch oder erfolgreich. Hier können Sie einige Erfindungen kennen lernen, die im Kabinett der Kuriositäten bis heute ihren Ehrenplatz behalten.

    Lesen Sie die Texte und wählen Sie die Ihrer Ansicht nach kurioseste Erfindung.

◎◎◎◎◎◎◎◎◎◎◎   **Kuriose Erfindungen**   ◎◎◎◎◎◎◎◎◎◎◎

Tierschutz   Um Schafe gegen Überfälle durch Wölfe und wildernde Hunde zu schützen, entwickelte ein Erfinder anno 1880 Schutzschilde für große und kleine Tiere. Die Schilde waren mit Zähnen und Zacken bewehrt und sollten an jenen Stellen befestigt werden, an denen Raubtiere am liebsten zubeißen: an Hals und Hinterbeinen. Die Ausrottung des Wolfs in Zentraleuropa und der Rückgang wildernder Hunde machten den Stachelpanzer überflüssig.

Meldewesen   Eine Alarmanlage für Taube oder Menschen mit tiefem Schlaf hat der New Yorker Arnold Zukor 1922 ersonnen. Wenn Einbrecher das Fenster hochschieben, lösen sie – über eine Vielzahl von Stangen und Bolzen – einen Wasserstrahl in das Gesicht des Schläfers aus. Mit 60 Teilen erschien die Anlage allzu komplex.

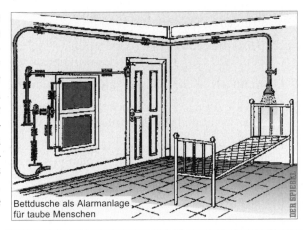

Bettdusche als Alarmanlage für taube Menschen

Küchentechnik Als die „überaus praktische Eierzange" Ende des 19. Jahrhunderts zum Patent angemeldet wurde, prophezeite man ihr einen Welterfolg. Sie galt als sicher im Gebrauch, da die beiden Zangenschalen mit kleinen Dornen versehen waren, um die Kalkhülle eines Hühnereis zu durchbohren und festzuhalten. Die Konstruktion, so schien es, werde den Umgang mit weich gekochten Eiern bis ins nächste Millennium revolutionieren. Tatsächlich aber scheiterte die Eierzange an simpler Konkurrenz, dem Eierbecher.

Wetterschießen Das Abfeuern von Mörsern, um aufkommende Unwetter zu vertreiben oder zumindest unschädlich zu machen, wurde gegen Ende des 19. Jahrhunderts in vielen Gegenden Europas praktiziert. „Der Erfolg war im Allgemeinen kein günstiger", berichtet der Berliner Technikautor Franz Feldhaus 1915. Wissenschaftliche Untersuchungen ergaben, dass die Geschosse nicht hinauf zu den Wolken reichten. Dennoch hielten viele Bauerngemeinden lange an dem Brauch fest und ballerten unbeirrt weiter.

Jagdwesen Im 15. und 16. Jahrhundert trugen die Damen kleine Pelze oder hielten Schoßhunde, um sich die damals zahlreichen Flöhe vom Leibe zu halten. Dass einige der sprunggewaltigen Blutsauger dennoch immer wieder ihren Weg ins Dekolleté fanden, führte schließlich zur Erfindung einer Vorrichtung, welche durch die 1727 erschienene Schrift „Die Neuerfundene Curieuse Floh-Falle zu gäntzlicher Ausrottung der Flöhe" bekannt wurde. Die Falle war eine durchlässige Büchse, die am Körper getragen wurde. Im Inneren befand sich ein mit Honig bestrichener Stempel, an welchem der Floh kleben blieb.

Der SPIEGEL

3. Erfindung oder Entdeckung?

3a. Ordnen Sie zu und begründen Sie Ihre Entscheidung.

die Dampfmaschine – Australien – das Penicillin – das Dynamit – die Straßenbahn – der Sauerstoff – der Buchdruck – das Segelschiff

Erfindung	Entdeckung
....	....
....	....
....	....
....	....
....	....

3b. Ordnen Sie die Beschreibungen den Begriffen zu:

es ist ganz neu – jemand hat es sich ausgedacht – jemand hat es (zufällig) gefunden – es war bereits vorhanden, aber niemand wusste es – es muss gewerblich anwendbar sein – es ist keine nahe liegende Lösung

Erfindung	und/oder	Entdeckung
....		....
....		....
....		....
....		....

4. Lesen Sie die biographischen Informationen über Werner von Siemens und ergänzen Sie die fehlenden Verben in der richtigen Form.

verabschieden – sterben – absolvieren – geboren werden – widmen – gelingen – erheben – zurückgehen – bauen – beschäftigen – führen – erzielen – verleihen – wählen – errichten – gründen – installieren – erhalten – ermöglichen – machen – bieten – eintreten – ernennen – gehen – verdanken

---

Genialer Erfinder, Wissenschaftler und Unternehmer: Werner von Siemens

Werner Siemens .... am 13. Dezember 1816 in Lenthe (bei Hannover) .... Als Sohn eines Domänenpächters* konnte er aus finanziellen Gründen kein technisches Studium ...., deshalb .... er als 18-Jähriger in die preußische Armee .... Dort .... sich ihm die Möglichkeit, eine naturwissenschaftliche Ausbildung zu .... Bereits mit 26 Jahren .... er sein erstes Patent für die galvanische Vergoldung von Metallgegenständen.

Der Durchbruch als Techniker und Erfinder .... ihm 1846 mit der Verbesserung des Zeigertelegrafen zu einem zuverlässigen und relativ einfach zu bedienenden Gerät. Die Einführung dieser Entwicklung in den preußischen Telegrafendienst .... ihm, sich ganz der wissenschaftlich-technischen Vervollkommnung der elektrischen Telegrafie und ihrer Entwicklung zu einem technisch einfachen und ökonomisch rentablen System der Nachrichtenübermittlung zu ....

1847 .... Werner Siemens eine Firma, die 1848 Telegrafenverbindungen zwischen Berlin und Frankfurt ....; ab 1853 ein Telegrafennetz in Russland .... und die mehr als 11000 km lange Telegrafenlinie von London nach Indien ....

Aber Siemens war nicht nur ein selbstbewusster Unternehmer, sondern auch ein bedeutender Wissenschaftler. Für ihn waren nachhaltige industrielle Erfolge nur dann zu ...., wenn man als erster neue wissenschaftliche Wege .... Diese Herangehensweise .... ihn zur Entdeckung des dynamoelektrischen Prinzips.

Das Siemenssche Unternehmen .... sich nun auch mit der Konstruktion und dem Bau leistungsfähiger Dynamomaschinen und Motoren. So .... die Firma für die Berliner Gewerbeausstellung 1879 die erste Elektrolokomotive der Welt, und auch andere elektrische Innovationen wie Straßenbahn, Aufzug und Beleuchtung .... auf Siemenssche Initiative ....

Für seine wissenschaftlichen und technischen Pionierleistungen wurde Werner Siemens 1860 die Ehrendoktorwürde der Berliner Universität ...., drei Jahre später .... ihn die Akademie der Wissenschaften zu ihrem Mitglied und 1888 wurde er in den erblichen Adelsstand ....

Siemens engagierte sich auch politisch. Ihm ist es zu ...., dass 1877 vom Reichstag eine einheitliche deutsche Patentgesetzgebung .... wurde. Am 6. Dezember 1892 .... Werner von Siemens in Berlin.

Berliner Zeitung

*Worterklärung:
Domänenpächter = jmd., der ein Landgut gegen Geldzahlung mietet

5. Finden Sie Antonyme.

   1. <u>selbstbewusster</u> Unternehmer ....

   2. <u>bedeutender</u> Wissenschaftler ....

   3. <u>nachhaltige</u> Erfolge ....

6. Beantworten Sie eine der folgenden Fragen.

   1. Gibt es in Ihrem Heimatland einen berühmten Erfinder oder Entdecker? Wenn ja, berichten Sie über ihn und seine Leistungen.

   2. Auf welchem Gebiet wird es Ihrer Meinung nach in den nächsten Jahrzehnten die größten Entwicklungen geben? Begründen Sie Ihre Meinung.

   3. In welchem Land werden Ihrer Meinung nach die meisten Erfindungen gemacht? Begründen Sie Ihre Vermutungen.

7. Lesen Sie den folgenden Text.

Neuer Anmelderekord beim Europäischen Patentamt

Das Europäische Patentamt (EPA) verzeichnete im Jahr 2000 eine Rekordzahl von Patentanmeldungen. Es wurden insgesamt 142 941 Patente bei der Behörde angemeldet, was einer Zunahme von 16 % im Vergleich zum Vorjahr entspricht. Damit hat das Anmeldevolumen beim EPA seit 1995 um nahezu 80 % zugenommen.

Rund 50 % der Anträge stammen aus den Mitgliedsstaaten der Europäischen Patentorganisation (EPO), 28, 3 % aus den USA, 17 % aus Japan.

Unter den europäischen Staaten konnte Deutschland mit 20 % die größte Anmeldeaktivität vorweisen, danach folgten Frankreich mit 6,7 %, die Niederlande mit 4,4 % und Großbritannien mit 4,3 %. Die EPO zählt seit dem Beitritt der Türkei im November 2000 zwanzig Mitglieder.

Die größten Zuwachsraten zeigten sich in der Datenverarbeitung (+ 28 %), in der Biochemie/Gentechnik (+ 23,4 %) und in der elektronischen Nachrichtentechnik (+ 18,6 %). Knapp 22 % der im Jahr 2000 eingereichten Patente sind dem High-Tech-Bereich zuzuordnen.

Durch den Anstieg der Patentanmeldungen haben sich auch die Wartefristen entsprechend erhöht. Im Durchschnitt vergingen 49 Monate von der Patentanmeldung bis zur Erteilung, das sind fast drei Monate mehr als noch im Jahr zuvor. Durch Aufstockung des Personals und verschiedene Rationalisierungsmaßnahmen für das Patentverfahren will das Europäische Patentamt die Rückstände schrittweise abbauen.

---

8.   Textverständnis

Berichten Sie mit eigenen Worten über:

1.   die Entwicklung bei den Patentanmeldungen

....

....

2.   die Anmeldeaktivitäten der Beitrittsländer

....

....

3.   die Folgen für das Europäische Patentamt

....

....

9.   Ordnen Sie das passende Verb/die passenden Verben zu.

1. einen Anstieg der Anmeldungen	abbauen
2. Personal	aufstocken
3. Rückstände	einreichen
4. Patente	anmelden
	verzeichnen
	erteilen

⇨ IHRE GRAMMATIK: Hinweise und Übungen zu **festen Verbindungen** finden Sie auf Seite 200.

---

10. Ergänzen Sie die fehlenden Präpositionen und Artikel.

1.   Insgesamt wurden 142 941 Patente .... Europäischen Patentamt angemeldet.

2.   Das entspricht einer Zunahme .... 16 % .... Vergleich .... Vorjahr.

3.   Das Volumen der eingereichten Anmeldungen hat .... 1995 .... 80 % zugenommen.

4.   Die größten Zuwachsraten zeigten sich .... Datenverarbeitung.

5. .... Durchschnitt vergingen 49 Monate .... Patentanmeldung .... Erteilung.

6. .... Aufstockung des Personals und verschiedene Rationalisierungsmaßnahmen .... Patentverfahren will das Europäische Patentamt die Rückstände schrittweise abbauen.

Beachten Sie:

– *etwas nimmt zu, erhöht sich, steigt // etwas nimmt ab, verringert sich, sinkt:*
   ... **um** *17 % (5 000 Euro)*
      (Bezeichnung der Zunahme / Abnahme)
   ... **von** *18 % (4 000 Euro)* **auf** *35 % (9 000 Euro)*
      (Bezeichnung des Anfangs- und Endpunktes)
aber:
– *Das entspricht einer Zunahme/einem Wachstum/einer Abnahme*
      von 17 % (5 000 Euro).
– *Die Zuwachsrate beträgt 17 %.*

---

11. Gruppenarbeit

Welche Faktoren spielen Ihrer Meinung nach für kreative geistige Tätigkeit eine Rolle? Erarbeiten Sie in Gruppen Vorschläge für ein Unternehmen zur Verbesserung der geistigen Leistungsfähigkeit der Mitarbeiter und präsentieren Sie sie anschließend der Klasse.

12. Vergleichen Sie Ihre Vorschläge mit dem folgenden Text.

Woher kommt Kreativität?

Kreativität ist das Ergebnis vieler Einflussfaktoren. **Bewegung, Ernährung und Denken** sind für die meisten Ärzte aber die wichtigsten Schritte zu Kreativität und Höchstleistungen. Wissenschaftliche Untersuchungen zeigen, dass das Gehirn ein Fettspeicher ist. Zuviel Fett kann somit den Strom der Geistesblitze lähmen. Deshalb, so die Meinung der Mediziner, müssten sich viele mit der Hälfte der maximal möglichen Denkgeschwindigkeit zufrieden geben. Wird das Gehirn infolge sportlicher Betätigung mit Sauerstoff durchflutet, bekommt es einen geistigen Frischeschub.

Auch **Farben** können auf den Geist stimulierend wirken. Dass sie positive oder negative Stimmung erzeugen, hat schon Johann Wolfgang von Goethe in seiner Farbenlehre Ende des 18. Jahrhunderts beschrieben. Die Erkenntnisse der Farbenpsychologie finden sich heute in den Verschönerungskonzepten vieler Unternehmen wieder, die Betriebsgebäude und die

---

Arbeitsplätze ihrer Mitarbeiter farbpsychologisch und künstlerisch gestalten. In den Produktionsräumen eines Gesundheitsschuhherstellers z. B. dominieren die Farben Rot, Blau und Grün.

Das „Kreative Haus" in Worpswede bekennt sich zur Farbe Gelb mit einem kleinen Spritzer Rot. Für den Architekten des Gebäudes bedeutet die Mischung nicht nur die „Farbe des Lichtes und der Sonne", er verbindet damit auch eine kreative Befreiung, denn Gelb soll bekanntlich die Seele beruhigen und den Geist auf kreatives Denken vorbereiten.

---

13. *„Farben können auf den Geist stimulierend wirken. Sie können positive oder negative Stimmung erzeugen."*

Welchen Einfluss haben diese Farben auf Sie? Beschreiben Sie ihre Wirkung.

blau ....

rot ....

gelb ....

grün ....

weiß ....

schwarz ....

14a. Ergänzen Sie die Artikel.

1. .... Geistesblitz
2. .... Geist
3. .... Gehirn
4. .... Denken
5. .... Denkgeschwindigkeit
6. .... Seele

14b. Ergänzen Sie die oben genannten Substantive und die Artikel, wenn nötig.

1. Wissenschaftliche Untersuchungen zeigen, dass .... ein Fettspeicher ist.

2. Zuviel Fett kann somit den Strom ....*(Plural)* lähmen.

3. Viele müssen sich mit der Hälfte der maximal möglichen .... zufrieden geben.

4. Auch Farben können auf .... stimulierend wirken.

5. Gelb soll bekanntlich .... beruhigen und auf kreatives .... vorbereiten.

15. Ergänzen Sie die fehlenden Verben.

überdenken – ausdenken – überlegen – nachdenken – denken

1. Mein Gott, wir kommen schon wieder zu spät. Diesmal müssen wir uns aber eine wirklich gute Ausrede ....

2. Wo hast du den Schlüssel hingelegt? .... noch mal genau ....!

3. Die Geschichte kann so nicht passiert sein. Das glaube ich einfach nicht. Wahrscheinlich hat sie sich das alles nur ....

4. Ich glaube, wenn du das tust, dann machst du einen Fehler. Du solltest deine Entscheidung noch mal ....

5. .... gehört nicht zu seinen herausragenden Fähigkeiten.

16. Schriftliche Stellungnahme:

Faulheit als Quelle des Fortschritts

Teilen wir die Menschen einmal ganz grob in Fleißige und Faule, Intelligente und Dumme ein. Wer macht was am besten? Und wer lässt was am besten sein? Für die Produktion von Wohlstand würde eine Gesellschaft selbstverständlich am liebsten nur auf intelligente und fleißige Menschen zurückgreifen. Doch die sind nun einmal in der Minderheit. Das macht aber nichts: die intelligenten und faulen Zeitgenossen haben zwar einen schlechten Ruf, sind aber von nicht minder großem Nutzen. Der Hauptvorteil dieser Schlawiner* liegt darin, dass sie ständig darüber nachdenken, wie sich Arbeit vermeiden lässt. Johannes Gutenberg etwa war zu faul, um Bücher abzuschreiben. Karl Benz war zu faul, zu Fuß zu gehen. Der Abakus, der Taschenrechner und der Computer wurden erfunden, weil intelligente Menschen zu faul zum Kopfrechnen waren.

Dirk Maxeiner, Michael Miersch: Das Mefisto-Prinzip

*Worterklärung: *Schlawiner* = pfiffige, durchtriebene Menschen

Nehmen Sie zur Aussage der beiden Autoren Stellung. Gehen Sie außerdem auf die Rolle, die *Ausruhen* und *Nichtstun* in der Gesellschaft und im Leben Ihres Heimatlandes spielen, ein.

Schreiben Sie einen Text von ca. 250 Wörtern Länge.

B. Geräte

1. Beschreiben Sie die folgende Statistik.
Redemittel zur Beschreibung einer Statistik siehe Kapitel 1 und 2.

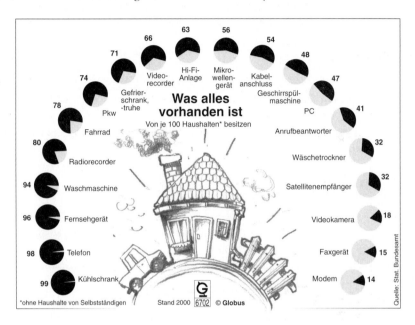

2. Beantworten Sie eine der folgenden Fragen.

1. Welche dieser Geräte haben Sie, welches benutzen Sie am meisten?

2. Gibt es ein Gerät, mit dessen Bedienung Sie Probleme haben?

3. Kennen Sie Gefahren, die das Benutzen einiger Geräte mit sich bringen könnte?

4. Wie viel Geld sollte man Ihrer Meinung nach als Privatperson in moderne Kommunikationsgeräte investieren?

3. Geräte-Sammeln

Bilden Sie Gruppen und suchen Sie Bezeichnungen von Geräten, Maschinen, Apparaten.

Gruppe A: Sammeln Sie zusätzlich zur Statistik Geräte, Maschinen und Apparate, die man in einem Haushalt finden kann.

Gruppe B: Sammeln Sie Geräte, Maschinen und Apparate, die man in einem Büro finden kann.

Gruppe C: Sammeln Sie Geräte, Maschinen und Apparate, die man in der Freizeit benutzen kann.

4. Geräte-Raten

Nehmen Sie sich zehn Minuten Zeit und beschreiben Sie irgendein Gerät. Lesen Sie dann Ihre Beschreibung laut vor. Nennen Sie aber nicht den Namen des Gerätes, den müssen die anderen erraten.

Beispiel: Das Gerät wurde mit einer Drucktaste ausgestattet.
An der oberen Seite wurde ein Henkel zum Tragen befestigt.

Redemittel:

– das Gerät, der Apparat, der Knopf, der Schalter, die Taste, der Hebel

– ... ist/wurde ausgestattet mit ..., ist ausgerüstet mit ..., enthält ..., arbeitet mit ..., lässt sich bedienen mit ...

– ... an der linken/rechten/oberen/unteren Seite befinden sich .../wurden ... angebaut/befestigt

– ... ist vorgesehen für ..., lässt sich einsetzen als ..., kann verwendet werden für/als ..., dient als/zum ...

⇨ IHRE GRAMMATIK: Weitere Übungen zum **Passiv** finden Sie auf
Seite 197.

---

5. Beschreiben Sie die Statistik.

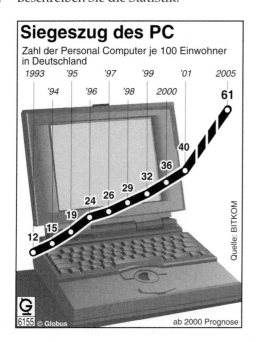

Siegeszug des PC

Zahl der Personal Computer je 100 Einwohner
in Deutschland

1993   '95   '97   '99   '01   2005
  '94   '96   '98   2000
12 15 19 24 26 29 32 36 40 61

Quelle: BITKOM

6155 © Globus   ab 2000 Prognose

Wussten Sie das schon?

Laut einer Studie über den Umgang der Europäer mit dem PC sprechen 53 Prozent der Briten mit ihrem Computer, 57 Prozent der Spanier schlagen ihn ab und zu, 20 Prozent der Schweden haben ihn schon mal gestreichelt und nur jeder sechste Deutsche hat schon einmal vor seinem Rechner gelacht.

6. Beantworten Sie die folgenden Fragen.

1. Haben Sie einen Computer und wenn ja, wofür nutzen Sie ihn?

2. Wie lange sitzen Sie täglich vor dem Computer?

3. Wie sieht die Ausstattung der Privathaushalte mit Computern in Ihrem Heimatland aus?

7. Lesen Sie den folgenden Text.

Klick zurück im Zorn

Millionen Nutzer leiden unter Computerfrust

In der bunten Werbung aus der Multimedia-Welt der flotten Rechner ist alles ganz einfach: einschalten, Dateien verwalten, drucken, E-Mails schicken, im Netz surfen oder einfach zum Spaß ein paar Songs herunterladen. In Wirklichkeit aber sind, wie neuere Untersuchungen belegen, Computernutzer millionenfach mit ihren Geräten unzufrieden, täglich am Verzweifeln, zuerst an der Maschine und danach an sich selbst.

Nach einer repräsentativen Studie, die der Computerhersteller Compaq in britischen Firmen vornahm,

- musste fast ein Viertel der Befragten mindestens einmal am Tag wegen eines Computerproblems die Arbeit unterbrechen;
- beklagte jeder Zweite Zeitverluste durch Abstürze und Fehler des Systems;
- kritisierten zwei Fünftel der Befragten die Computersprache in Anleitungen und Betriebshandbüchern;
- reagierten Nutzer häufig mit Fluchen, Schlagen oder Stecker ziehen auf störrische* Informationstechnologie am Arbeitsplatz.

Der Zorn auf den Computer, so meinen Wissenschaftler, reicht inzwischen – ähnlich wie der Unmut über den alltäglichen Verkehrsstau – bis ins Privatleben.

Einerseits haben die EDV-Maschinen zahlreiche industrielle und serviceorientierte Prozesse beschleunigt und vereinfacht. Ob Autofertigung, Flugbuchung, Pizzabestellung oder Stromabrechnung, die elektronische Datenverarbeitung erhöht überall die Effizienz. Doch gleichzeitig ist – paradoxerweise – in Büros und Verwaltungen auch nicht im Entferntesten ein entsprechender Produktivitätsfortschritt zu verzeichnen.

Für die Firmen, deren Mitarbeiter sich mit Hard- und Software herumquälen, kann es sehr teuer werden. Jeder Büromensch allein verbringt, Untersuchungen zufolge, bis zu drei Wochen seiner Arbeitszeit im Jahr damit, die verwendeten Programme zu ver-

---

stehen oder Fehler zu beheben. Auch für qualifiziertes Personal geht ein großer Teil der Zeit für die Erledigung elektronischer Routinearbeiten verloren.

In deutschen Unternehmen ist der Aufwand für EDV-Beratung auch auf Grund der ständigen Updates erheblich gestiegen. Beim Chemiekonzern BASF zum Beispiel verschlingt dieser Kostenfaktor 1,4 Prozent des gesamten Firmenumsatzes, mit steigender Tendenz. Folgerichtig empfahlen Computerexperten auf einer Tagung: „Machen Sie nicht jedes Update mit."

Dass sich auch funktionierende Netzwerke zu Zeitfressern in Firmen entwickeln können, zeigte eine Untersuchung in Kalifornien. Danach hatten 1100 befragte Angestellte in mehreren Unternehmen durchschnittlich 178-mal pro Tag E-Mails, Faxe oder Telefonanrufe erhalten oder selber entsprechende Nachrichten versandt. Bei mehr als vier Fünftel der Befragten wurde durchschnittlich alle 20 Minuten der Arbeitsablauf durch eine Mitteilung unterbrochen – ein Großteil davon ist Informationsmüll.

Der SPIEGEL

*Worterklärung:
störrische Informationstechnologie = widerspenstige, schwer zu beherrschende

8. Beantworten Sie die folgenden Fragen mit eigenen Worten.

    1. Was sind die Ursachen für den Computerfrust bei Arbeitnehmern?

        ....

    2. Welche Resultate hat der Einsatz der elektronischen Datenverarbeitung gebracht?

        ....

    3. Welche Konsequenzen hat die Elektronisierung am Arbeitsplatz für die Firmen?

        ....

9. Was benennen die folgenden Angaben im Text?

    0. ein Viertel   Prozentsatz der in britischen Firmen befragten Mitarbeiter, die einmal am Tag aufgrund eines Computerproblems ihre Arbeit unterbrechen mussten

    1. jeder Zweite   ....

    2. zwei Fünftel   ....

    3. drei Wochen   ....

4. 1,4 % ....

5. 178 ....

6. alle 20 Minuten ....

10. Lesen Sie den Text noch einmal und schreiben Sie heraus, was man alles mit einem Computer machen kann. Stellen Sie die positiven und negativen Seiten der Arbeit mit Computern gegenüber.

Positiv: Man kann Dateien verwalten. ....

....

Negativ: Man muss seine Arbeit unterbrechen. ....

....

11. Ergänzen Sie in den umgeformten Sätzen *(rechts)* die fehlenden Wörter, bzw. vervollständigen Sie die Sätze.

1. Untersuchungen zu Folge sind Millionen von Computernutzern unzufrieden.	Untersuchungen ...., dass Millionen von Computernutzern .... ihrem Rechner nicht .... sind.
2. Viele müssen ihre Arbeit unterbrechen.	Bei........... kommt es während ihrer Arbeit zu ....
3. Jeder Zweite beklagt Zeitverluste durch Abstürze und Fehler des Systems.	Jeder Zweite .... Zeit, wenn das System .... oder im System Fehler ....
4. Die Computersprache in Anleitungen und Handbüchern ist oft unverständlich.	Oft ist die Computersprache in Anleitungen und Handbüchern nicht zu ....
5. Benutzer reagieren darauf sehr aggressiv.	Bei den Benutzern kann man eine große Aggressivität ....
6. Den Zorn auf den Computer nehmen manche mit nach Hause.	Bei manchen reicht der Zorn auf den Computer bis ins ....
7. Die elektronische Datenverarbeitung erhöht z. B. bei der Autoherstellung, der Flugbuchung oder der Pizzabestellung die Effizienz.	Mit der elektronischen Datenverarbeitung kann man schneller ....

8. In den Büros erhöht sich die Effizienz leider nicht.

In den Büros ist leider kein Fortschritt ....

9. Der Büromensch verbringt drei Wochen seiner Arbeitszeit im Jahr damit, Programme zu verstehen und Fehler zu beheben.

Der Büromensch verbringt drei Wochen seiner .... Arbeitszeit mit .... von Programmen.

10. Computerexperten empfahlen dem Konzern BASF, auf immer neue Updates zu verzichten.

.... von Computerexperten wäre es ...., auf immer neue Updates zu verzichten.

11. Ein Großteil der den Arbeitnehmer erreichenden Informationen ist Müll.

Der Arbeitnehmer kann .... Großteil der ihn erreichenden Informationen in den elektronischen .... Müll werfen.

12. Lesen Sie den folgenden Text.

Sprachlos

Kinder lesen immer weniger, weil ihre Eltern kaum noch ein Buch aufschlagen. Kinderbücher sind in den Augen vieler von gestern, zum Vorlesen hat keiner mehr Zeit.

Der Konkurrenzkampf zwischen Bildschirm und Buch geht zu Lasten des Geschriebenen. Eltern sind froh, ihre energiegeladenen Sprösslinge* für zwei Stunden beschäftigen zu können. Da kommt die Kinder-Software gerade recht. Sie fasziniert die Kleinen, auch wenn sie diese nicht lesen können. Sie flicken am Computer virtuell Fahrräder, anstatt das von ihren Vätern oder großen Brüdern zu lernen, sie leben auf einem virtuellen Bauernhof

und füttern die Hühner, weil sie noch nie ein echtes Huhn gesehen haben. Da lösen sich nicht nur die Grenzen zwischen Wirklichkeit und Fiktion auf, zumal sie bei Kindern ohnehin nicht trennscharf ausgeprägt sind.

Vielmehr beschleunigt der Einsatz des Computers im Kindergarten eine andere Entwicklung: Kinder sind in der Grundschule nicht mehr sprachfähig. Ihr Wortschatz ist unterentwickelt, ihre verbale Kommunikationsfähigkeit schwach ausgeprägt. Für die Sprachfähigkeit spielt die Zuwendung der Eltern und deren Sprachkultur eine entscheidende Rolle. Durch den Computereinsatz in Kindergärten und Horten* ist die Sprachlosigkeit der Schulkinder programmiert.

Frankfurter Allgemeine Zeitung

*Worterklärungen:
Sprösslinge = Kinder
Hort = Ort zur Kinderbetreuung nach der Schule (im Grundschulalter)

13. Geben Sie die Aussage des Textes mit eigenen Worten wieder.

14. Ergänzen Sie in dem umgeschriebenen Text die fehlenden Verben.

1. Eltern .... immer weniger und .... Kinderbücher für altmodisch. Es .... keine Zeit zum Vorlesen mehr.

2. Den Konkurrenzkampf zwischen Bildschirm und Buch .... der Bildschirm.

3. Die heutige Kindersoftware .... den Kindern virtuelle Fahrräder, die sie am Bildschirm .... können, und virtuelle Hühner, die sie virtuell ....

4. Doch Kinder können zwischen Wirklichkeit und Fiktion nicht immer ....

5. Der Einsatz des Computers .... eine Entwicklung zur Sprachlosigkeit.

6. Die Zuwendung und Sprache der Eltern .... für die Sprachentwicklung der Kinder eine große Rolle.

15. Bilden Sie aus den vorgegebenen Wörtern Sätze.

1. Eltern – mehr Zeit – Kinder – nehmen – sollten

    ....

2. Buch – Kampf – Computer – verlieren

    ....

3. Vorlesen – Sprachentwicklung – Kinder – wichtig sein

    ....

16. Schriftliche Stellungnahme

Welchen Einfluss können Computer auf Kinder haben?

Gehen Sie in Ihren Ausführungen auf evtl. positive und negative Einflüsse ein und den Umgang der Kinder mit dem Computer in Ihrem Heimatland.

Schreiben Sie einen Text von ca. 200 Wörtern Länge.

C. Trends der „Spaß-Gesellschaft"

1. Sprechen Sie möglichst ausführlich über diese Fotos.

1a. Beschreiben Sie die beiden Fotos.

1b. Sprechen Sie über das Thema „Trends und Mode" unter Einbeziehung der folgenden Fragen:

   1. Was bedeutet für Sie das Wort *Trend*?
   2. Welche Möglichkeiten gibt es in Ihrem Heimatland, sich über Trends zu informieren?
   3. Können Sie einige derzeitige Trends in Ihrem Heimatland beschreiben?
   4. Orientieren Sie sich an Trends? Wenn ja, in welchen Bereichen?

2. Lesen Sie den folgenden Text.

Was ist cool*?

Die Gefahr, sich im Dschungel der Mode-, Gefühls- und Meinungstrends zu verirren, war nie größer als heute. Nahezu jede Generation zerfällt in unzählige Geschmacks- und Neigungsrichtungen und jede Richtung entwickelt ihre eigene Sprache, Mode, Verhaltensweise.

Dennoch kann die Unkenntnis dessen, was man tragen, reden oder kaufen sollte, so die Zeitschrift *Focus*, den Einlass in einen Nachtclub verhindern, die Paarungsmöglichkeiten einschränken oder im schlimmsten Fall in die gesellschaftliche Isolation führen.

Als Orientierungshilfe für das, was angesagt* ist, dienen dem Normalbürger zahllose „In-&-out-Listen"*, deren Wert für manche Leser wichtiger geworden ist als die Nachrichten auf der ersten Seite. Die oftmals beliebig zusammengestellten Listen ergeben sich aus der Befindlichkeit der Autoren, einer willkürlichen Auswahl aus internationalen Trendmagazinen und den aktuellen Vorlieben der Stars aus dem Showgeschäft, z. B. der Kleidung der amerikanischen Sängerin Madonna oder der Rapper aus den schwarzen Ghettos.

Der Trend ist dein Freund: Für Unternehmen kann das Aufspringen auf einen jeweils fahrenden Modezug Umsatzzuwächse in Millionenhöhe bedeuten. Die altmodischen Adidas-Trainingsanzüge der Rapper oder ein Foto von Madonna in Badeschuhen derselben Firma führten Adidas zu einer unglaublichen Bilanz: 1992 schrieb die Firma noch 152 Millionen Mark Verlust. Dieselbe Summe kann sie heute als Gewinn verbuchen.

Unzählige Trendagenturen haben in den vergangenen Jahren viel Geld damit verdient, im Auftrag von Firmen Entwicklungen ausfindig zu machen. Doch vielen Herstellern und Vertreibern von Konsumenten-Produkten kommt angesichts ihrer hoch bezahlten Berater mit Nähe zum Szenemilieu verstärkt ein Zitat aus Goethes „Faust" in den Sinn: „Was ihr den Geist der Zeiten heißt, das ist im Grund der Herzen eigner Geist."

Denn trotz aller Bemühungen kann keiner den Erfolg voraussehen. Der Bekleidungsriese C&A etwa ließ sich von seinen trendigen Beratern aufschwatzen*, seine Kaufhäuser in Konsumtempel für Szeneleute mit Geld umzurüsten. Doch abgesehen von ein paar Käufern, die sich einen Spaß daraus machten, ihre teure Markenkleidung mit ein bisschen C&A-Schick zu mischen, blieb die erhoffte Trendwende aus.

Am besten können kleinere Firmen auf Zeitgeist reagieren. Die neue Geschäftsidee eines Hamburger Boxpromotors* dürfte es bald schon auf diverse „In-Listen" schaffen: Er veranstaltet derzeit öffentliche Freizeitprügeleien zwischen Managern und Rechtsanwälten.

FOCUS

*Worterklärungen:

cool = das englische Wort wird auch im Deutschen verwendet – es steht sogar in deutschen Wörterbüchern. Man benutzt es für: ruhig und lässig, aber auch für: modern, toll, zeitgemäß usw.

etwas ist angesagt = liegt zur Zeit im Trend

In-&-out-Liste = Aufstellung der Dinge, die im Moment im Trend oder nicht im Trend liegen

jmdm. etwas aufschwatzen = jemanden zu etwas überreden

Boxpromotor = Manager von Boxveranstaltungen

3. Suchen Sie im Text für die unterstrichenen Ausdrücke Synonyme.

    1. der seelische/gefühlsmäßige Zustand
        von Autoren *(2. Absatz)*   ....

    2. zufällige Auswahl *(2. Absatz)*   ....

    3. Geschäfte, in denen es ein großes An-
        gebot an teuren Waren gibt *(5. Absatz)* ....

    4. Schlägereien/körperliche Auseinander-
        setzungen in der Freizeit *(6. Absatz)*   ....

4. Ergänzen Sie in den umgeformten Sätzen *(rechts)* die fehlenden Wörter.

    1. Dennoch kann die Unkenntnis dessen, was man tragen, reden oder kaufen sollte, in die gesellschaftliche Isolation führen.

        Wer die .... nicht kennt, kann in die gesellschaftliche Isolation ....

    2. Als Orientierungshilfe für das, was angesagt ist, dienen dem Normalbürger zahllose „In-&-out-Listen".

        Zur besseren Orientierung .... dem Normalbürger viele „In-&-out-Listen" zur Verfügung.

    3. Für Unternehmen kann das Aufspringen auf einen jeweils fahrenden Modezug Umsatzzuwächse in Millionenhöhe bedeuten.

        Für Unternehmen kann die Orientierung .... der neuesten .... einen Gewinnzuwachs zur .... haben.

    4. Doch vielen Herstellern von Konsumenten-Produkten kommt angesichts ihrer hochbezahlten Berater verstärkt ein Zitat aus Goethes „Faust" in den Sinn: „Was ihr den Geist der Zeiten heißt, das ist im Grund der Herzen eigner Geist."

        Viele Hersteller von Konsumenten-Produkten ...., dass ihnen die gut verdienenden Trendberater nur ihre eigenen .... verkaufen.

    5. Trotz aller Bemühungen kann keiner den Erfolg voraussehen.

        Auch .... sich viele Leute um Erfolg ...., ist er nicht ....

    6. Der Bekleidungsriese C&A ließ sich von seinen Beratern aufschwatzen, seine Kaufhäuser in Konsumtempel für Szeneleute mit Geld umzurüsten.

        Berater überredeten die Bekleidungsfirma C&A zu.... .... Ihrer Kaufhäuser in Konsumtempel für .... Leute.

5. Erstellen Sie in Gruppen oder einzeln Ihre „In-&-out-Liste" und präsentieren Sie diese dann der Klasse.

    *Sie können auch die unter **www.aufgaben.schubert-verlag.de** angegebenen Links nutzen.*

6. Schriftlicher Bericht

    Beschreiben Sie die Veränderungen/Entwicklungen der letzten Jahre/Jahrzehnte in einem Bereich des Lebens Ihrer Wahl (Mode, Design, Musik, Malerei, Nachtleben, Wohnen, Reisen, Fernsehen, Kino ...).

    Schreiben Sie einen Text von ca. 200 Wörtern Länge.

⇨ IHRE GRAMMATIK: Übungen zur **Komparation der Adjektive** finden Sie auf Seite 202.

---

7. Lesen Sie den folgenden Text.

Seit 26 Jahren im Trend

Wo stehen die meisten Bücher Deutschlands? In einem millionenfach verkauften Regal mit einem Kosenamen*: Billy. Jeder kennt Billy. Fast jeder besitzt Billy. Billy hat die Welt verändert. Zumindest für Menschen mit dauerhaft erhöhten Lektürebedürfnissen. Für die teilt sich die Zeit in zwei Epochen: vor Billys Geburt (v. B.) und danach (n. B.).

1975 bot Ikea Billy zum ersten Mal als Ordnungsstifter für Bücherleser an. Der Erfolg war durchschlagend und mächtiger als der Hersteller selbst: Als Ikea Billy im Jahre 16 n. B. (1991) aus dem Katalog nahm und ein anderes, irgendein dahergelaufenes Non-Billy-Regal vor die Nase setzte, kam es zu Protesten und Boykottdrohungen. Die Legende berichtet, dass sich sogar der deutsche Ex-Kanzler Helmut Schmidt für Billys Fortleben engagiert habe.

Es gibt einfach Dinge, die kann man kaum noch besser machen. Billy ist eines davon. Nehmen wir beispielsweise die 2,02 Meter hohe, 60 Zentimeter breite Billy-Variante. Sie wird heute in Weiß, Braun und Silber, mit Eschen-, Buchen- oder Birkenholzfur-

---

nier angeboten. Doch gleichgültig, welches Furnier man wählt – Billys erste Erscheinungsform ist immer ein schäbiges, braunes, sehr flaches Wellpappepaket. Ist Ihnen schon einmal aufgefallen, wie präzise sich Billys Einzelteile in diesem Paket zusammenfügen? Wie exakt Seitenwände, Rückwand und Regalböden mit genau 12 Zentimetern Freiraum für das Päckchen mit Schrauben und Kleinteilen aufeinander liegen? Platz sparender kann man ein Regal nicht transportieren.

Zugleich ist Billy ein ungemein* anpassungsfähiges Möbelstück. So anpassungsfähig, dass sich im Laufe der Jahre verschiedene Typen von Billy-Besitzern herausbilden konnten. Da gibt es zum Beispiel den ländlichen Vielleser, der fernab aller öffentlichen Bibliotheken Bücher sammelt, um literarisch unabhängig zu sein, der aber seine Regale nicht so dicht an die Wand rücken darf, da sonst die Mauern wegen ungenügender Belüftung feucht werden. Ihn erkennt man daran, dass er die schmale Latte am Regalfuß beim Zusammenbau weglässt, was Billys Stabilität nicht beeinträchtigt, der Luft aber einen Weg zu den Mauern öffnet. Oder den Kunstfreund, dessen Bildbände* eigentlich

zu tief für Billy sind: Er verzichtet auf die Rückwände des Regals und rückt es so weit wie möglich vor – auch das kann Billy nicht erschüttern. Oder die Bewohner herrschaftlicher Altbauten, die selbstverständlich die ganze Höhe ihrer Wohnungen durch sinnreiche Aufsätze auf Billy ausnutzen können.

Bei all diesen überragenden Qualitäten entstammt Billy, im Gegensatz zu vielen anderen Ikea-Möbeln, nicht dem Zeichentisch eines namhaften oder unbekannten Designers. Billy ist das Gemeinschaftsprodukt eines Teams, das Ergebnis eines uneitlen, nicht an persönlicher Originalität, sondern an der vernünftigen Sache interessierten Zusammenwirkens von vielen, die bereitwillig in die Anonymität verschwanden.

Aus diesem Grund stellen Billy-Freunde sogar die verwegene Behauptung auf, Billy sei das einzige zeitgenössische Äquivalent zu den Kathedralen des Mittelalters, die ein französischer Forscher einmal als eine große Schöpfung der Epoche beschrieb, die mit Leidenschaft von unbekannten Künstlern erdacht wurden und die in ihrem Bild und in ihrem Gebrauch von einem ganzen Volk genutzt würden.

Alle die, die ein Billy-Bücherregal besitzen, wissen, dass dieser Text hundertprozentig die Wahrheit sagt. Alle diejenigen aber, die kein Billy-Bücherregal ihr Eigen nennen, sollten diesen Text nicht ganz ernst nehmen.

DIE WELT

*Worterklärungen:
Kosename = liebvolle, vertrauliche Bezeichnung für jmdn./etwas
ungemein = außerordentlich
Bildbände = Bücher mit überwiegend Bildern (z. B. Fotografien, Zeichnungen usw.) zu einem Thema

8. Suchen Sie im Text, aus welchen Teilen Billy besteht.

    Seitenwände   ....

                          ....

9. Suchen Sie im Text für die unterstrichenen Ausdrücke Synonyme.

    0. Menschen, die gern viel lesen   Menschen mit dauerhaft erhöhten Lektürebedürfnissen

    1. jemand, der für Ordnung sorgt (bei den Bücherlesern)   ....

    2. der Erfolg war überzeugend   ....

    3. irgendein unbekanntes Non-Billy-Regal   ....

    4. ein unansehnliches Wellpappe-paket   ....

    5. weit weg von allen öffentlichen Bibliotheken   ....

    6. Billys Stabilität wird nicht vermindert   ....

    7. das kann Billy nicht aufregen   ....

    8. hervorragende Qualitäten   ....

    9. das Ergebnis eines nicht auf den Erfolg des Einzelnen konzentrierten Zusammenwirkens von vielen   ....

    10. eine kühne Behauptung aufstellen   ....

10. Beschreiben Sie mit Ihren eigenen Worten die im Text beschriebenen Vorzüge von Billy.

11. Gibt es in Ihrem Heimatland etwas (ein Möbelstück oder etwas anderes des alltäglichen Lebens), was sich wie Billy in Deutschland seit Jahren großer Beliebtheit erfreut?

    Berichten Sie darüber.

12. Beschreiben Sie die folgenden Möbelstücke. Welches Möbelstück gefällt Ihnen, welches nicht. Begründen Sie Ihre Meinung.

> **Redemittel:**
>
> – ... gefällt mir gut/weniger/überhaupt nicht/ganz toll
> – ... ist praktisch/unpraktisch/(nicht) geeignet für ...
> – ... (das Design) ist meiner Meinung nach scheußlich/hässlich/ schön/(zu) verschnörkelt/(zu) altmodisch/modern/geradlinig/minimalistisch ...
> – ... wirkt auf mich kalt/gemütlich/beruhigend/inspirierend ...

D. Ihre Grammatik

Das Passiv

Zeitformen

Präsens	*Das Gemüse **wird geschnitten**.*
Präteritum	*Das Gemüse **wurde geschnitten**.*
Perfekt	*Das Gemüse **ist geschnitten worden**.*
Plusquamperfekt	*Das Gemüse **war geschnitten worden**.*

Passivsätze mit Modalverb

Präsens	*Das Gemüse **muss geschnitten werden**.*
Präteritum	*Das Gemüse **musste geschnitten werden**.*
Perfekt	*Das Gemüse **hat geschnitten werden müssen**.* (mit *haben*!)
Plusquamperfekt	*Das Gemüse **hatte geschnitten werden müssen**.* (mit *haben*!)

Passiv im Nebensatz

*Ich habe nicht gewusst, dass das Haus **verkauft wird**.* (Präsens)
*   dass das Haus **verkauft wurde**.* (Präteritum)
*   dass das Haus **verkauft worden ist**.* (Perfekt)
*   dass das Haus **verkauft werden kann**.* (Präsens)
*   dass das Haus **verkauft werden konnte**.* (Präteritum)
*   dass das Haus **hat verkauft werden können**.* (Perfekt)

Hinweise:

– Beim Passivsatz steht nicht eine handelnde Person im Vordergrund,
  sondern ein Geschehen, z. B.:
  Aktiv: *Meine Hausärztin hat mich vor kurzem gründlich untersucht.*
  Passiv: *Ich bin vor kurzem gründlich untersucht worden.*

– Man verwendet Passivkonstruktionen häufig
  ... in Nachrichten:
    Die Friedensverhandlungen wurden unterbrochen.
  ... bei Beschreibungen (auch Gerätebeschreibungen):
    Das Schmuckstück wurde aus den teuersten Steinen gefertigt.
  ... bei Verallgemeinerungen:
    In Frankreich wird zum Essen Wein getrunken.
  ... wenn die handelnde Person nicht bekannt ist:
    Die Häuser werden alle abgerissen.

1. Beschreiben Sie Nominalkonstruktionen mit Wendungen im Passiv.

    0. die Bestellung der Ware   die Ware wurde bestellt

    1. die Verhinderung des Anschlags   ....

    2. die Vertretung des Direktors   ....

    3. die Belohnung des Kindes   ....

    4. die Unterbrechung der Theatervorstellung   ....

    5. die Schließung der Abteilung   ....

    6. die Eröffnung der Blumenschau   ....

    7. die Ansteckung der Familienmitglieder   ....

    8. die Ausweisung des Journalisten   ....

    9. die Ernennung des neuen Vorsitzenden   ....

    10. die Verletzung des Autofahrers   ....

    11. die Vernehmung des Zeugen   ....

    12. die Erläuterung des Vorganges   ....

    13. die Aufklärung des Mordfalles   ....

    14. die Angleichung der Löhne   ....

    15. die Zusammenlegung der Abteilungen   ....

2. Was ist heute alles passiert?
Bilden Sie Sätze in der angegebenen Zeitform im Passiv.

    0. über 20 Autos – verkaufen (Perfekt)
        Heute sind über 20 Autos verkauft worden.

    1. Brief – bereits – abschicken (Perfekt)

        ....

    2. Ausstellung junger Künstler – Museum – eröffnen (Präteritum)

        ....

    3. Verhandlungen – Regierungsvertreter – wieder aufnehmen (Präteritum)

        ....

    4. Vorschläge – Arbeitskollegen – akzeptieren (Perfekt)

        ....

    5. Wissenschaftler – Nobelpreis – ehren (Perfekt)

        ....

6.   geheime Dokumente – Zeitung – veröffentlichen (Perfekt)

      ....

7.   Flugzeug der Lufthansa – vor drei Stunden – kontrollieren (Präteritum)

      ....

8.   Bau des neuen Kanzleramtes – abschließen (Perfekt)

      ....

9.   Dieb – Polizei – auf frischer Tat – ertappen (Präteritum)

      ....

10. Atommülltransport – von Umweltschützern – stoppen (Perfekt)

      ....

11. Renovierungsarbeiten – Rathaus – beenden (Präteritum)

      ....

12. Gesetzentwurf – im Bundestag – diskutieren (Perfekt)

      ....

3.   Was ist heute alles passiert?
      Bilden Sie Sätze im Passiv Präteritum und im Passiv Perfekt.

      0.   Straßenbauarbeiten – müssen – unterbrechen
           Die Straßenbauarbeiten mussten unterbrochen werden.
           Die Straßenbauarbeiten haben unterbrochen werden müssen.

      1.   entlaufener Tiger – können – wieder einfangen

          ....

      2.   Bücher – rechzeitig – können – liefern

          ....

      3.   die Unfallursache – können – finden

          ....

      4.   Schäden – sofort – müssen – beseitigen

          ....

      5.   geschmuggelte Zigaretten – können – sicherstellen

          ....

      6.   Abteilung – müssen – schließen

          ....

4. Bilden Sie Nebensätze im Passiv.

0. Peter – helfen – können
   Es ist schön, dass <u>Peter geholfen werden kann/konnte</u>.

1. Strom – abstellen
   Ich weiß nicht, wann ....

2. neue Galerie – eröffnen
   Ich freue mich darüber, dass ....

3. Projekt – Regierung – unterstützen
   Ich finde es toll, dass ....

4. Kursgebühren – erhöhen – sollen
   Ich weiß nicht, ob ....

5. Fenster – streichen – müssen
   Ich bin auch der Meinung, dass ....

6. Mitarbeiter – entlassen – müssen
   Ich weiß nicht, wie viele ....

Feste Verbindungen

*Das Hotel **wird** noch **gebaut**.*	*Die Verhandlungen **wurden** erfolgreich **abgeschlossen**.*
*Das Hotel **befindet sich** noch **im Bau**.*	*Die Verhandlungen **wurden zu einem** erfolgreichen **Abschluss gebracht**.*

Beim offiziellen, formelleren Sprachgebrauch (z. B. in der Sprache der Wissenschaft, der Ämter oder der Politik) werden gerne Kombinationen aus einem Substantiv und einem Verb verwendet: *sich im Bau befinden/etwas zum Abschluss bringen*. Diese Verbindungen geben der Sprache einen offizielleren Charakter.

5. Mit welchem Verb werden diese Substantive gebraucht? Finden Sie das passende Verb.

1. stellen
   jemandem eine Frage ...
   einen Antrag ...
   etwas in Aussicht ...
   Ansprüche ...

2. ....
   eine Entscheidung ...
   Maßnahmen ...
   Vorbereitungen ...
   eine Verabredung ...

3. ....
    von jemandem Abschied ...
    etwas in Anspruch ...
    etwas in Angriff ...
    auf jemanden/etwas Rücksicht ...
    etwas zur Kenntnis ...
    auf jemanden/etwas Einfluss ...
    auf etwas Bezug ...

4. ....
    einen Vorschlag ...
    jemandem Hoffnung ...
    jemandem einen Vorwurf ...

5. ....
    zur Diskussion ...
    unter Druck ...
    mit jemandem in Verbindung ...

6. ....
    den Kürzeren ...
    etwas in Betracht ...
    etwas in Erwägung ...

7. ....
    jemanden zum Lachen ...
    etwas zur Sprache ...
    etwas in Erfahrung ...

8. ....
    zu einem Ergebnis ...
    zur Sprache ...
    in Frage ...

9. ....
    jemandem einen Gefallen ...
    etwas Gutes ...

6. Ergänzen Sie die fehlenden Verben aus Übung 5 in der richtigen Form.

0. Ein Clown hat die Aufgabe, Leute zum Lachen <u>zu bringen</u>.

1. Wir haben jetzt so lange darüber diskutiert. Jetzt müssen wir endlich eine Entscheidung ....

2. Könntest du mir mal einen Gefallen ....?

3. Wir möchten auf Ihren letzten Brief Bezug ....

4. Aufgrund ihrer guten Leistungen wurde Frau Kröller eine Beförderung in Aussicht ....

5. Alle Vorbereitungen zum Start der Maschine sind .... worden.

6. Könntest du mal in Erfahrung ...., wie viel so ein Gerät beim Media-Markt kostet?

7. Bevor man für ein Stipendium in Frage ...., muss man einen Antrag ....

8. Bei dem Gespräch der Außenminister sind auch Sicherheitsfragen zur Sprache ....

9. Um wirtschaftlicher zu arbeiten, ... wir auch eine Preiserhöhung in Betracht.

10. Beim Kampf mit so einem mächtigen Gegner könntest du den Kürzeren ....

11. Und wie geht es jetzt weiter? Habt ihr eine Verabredung ....?

12. Nach dem dritten Unfall in diesem Tunnel muss der Stadtrat endlich Maßnahmen zur Erhöhung der Sicherheit ....

13. Ich kann zwar im Moment nicht so schnell laufen, ihr braucht aber auf mich keine Rücksicht zu ....

14. Tausende Menschen .... heute von dem verstorbenen Politiker und Staatsmann Abschied.

Komparation der Adjektive

7. Ergänzen Sie die Adjektive im Komparativ.

langsam – schnell – deutlich – gut – freundlich – pünktlich – sparsam – leise

Könntest du das nächste Mal bitte ...

1. etwas .... schreiben?

2. .... zuhören?

3. etwas .... reden?

4. meine Mutter etwas .... behandeln?

5. .... am Bahnhof sein?

6. etwas .... die Treppe hoch gehen?

7. etwas .... fahren?

8. mit dem Geld etwas .... umgehen?

8. Abstufungen mit Partikeln

Beschreiben Sie die Welt vor 40 Jahren. Ergänzen Sie die Substantive und die Adjektive im Komparativ frei.

Wenn Ihnen nichts Eigenes einfällt, können Sie auch die nachfolgenden Wörter benutzen.

Autos – Essen – Filme – Fernsehprogramm – Benzin – Möbel – Städte – Reisen – Strände – Leben ...

gut – billig – teuer – anspruchsvoll – anspruchslos – bequem – unbequem – fettreich – langsam – gefährlich – ungefährlich – schön – ruhig – laut – hässlich – einfach – leer – fröhlich – sauber ...

0. Das Wetter   war früher   überhaupt nicht besser   als heute.

1. .... war/en früher ein bisschen   .... als heute.

2. .... war/en früher ein wenig   .... als heute.

3. .... war/en früher etwas　　　.................... als heute.

4. .... war/en früher viel　　　.................... als heute.

5. .... war/en früher weitaus/weit　　.................... als heute.

6. .... war/en früher bei weitem　　.................... als heute.

7. .... war/en früher erheblich　　.................... als heute.

8. .... war/en früher bedeutend　　.................... als heute.

9. .... war/en früher wesentlich　　.................... als heute.

9. Ergänzen Sie die Adjektive im Komparativ.

klar – hoch (2 x) – lang – fleißig – schlimm – wenig – oft – gut – viel

1. Je .... ich darüber nachdenke, desto .... wird mir das Problem.

2. Je .... das Einkommen ist, desto .... Steuern muss man bezahlen.

3. Je .... du trainierst, desto .... werden deine Wettkampfergebnisse.

4. Je .... er den Arm bewegte, desto .... wurden seine Schmerzen.

5. Je .... deine Erwartungen werden, desto .... Aussicht hast du, dass sie sich erfüllen.

10. Ergänzen Sie die Adjektive im Superlativ.

hoch – dumm – warm – groß – schön – kurz – schwach – viel – lang – klug

1. Der Rotterdamer Hafen ist der .... Hafen der Welt.

2. Fahrt über die Landstraße, das ist die .... Verbindung.

3. Das Livekonzert war mein bisher .... Erlebnis.

4. Der 13. Juli war letztes Jahr der .... Tag.

5. Der Boxer traf auf den .... Gegner seiner Laufbahn.

6. Er ist der .... Mann, den ich kenne.

7. Auf Hawaii regnet es am ....

8. Das war wirklich die .... Bemerkung, die ich je gehört habe!

9. Mal sehen, wer von uns den .... Atem hat.

10. Bei einer Versteigerung zählt das .... Gebot.

Lösungsschlüssel

Einführung

S. 14 Übung 2

1. Wo wohnen Sie? Wo sind Sie geboren? **2.** Sind Sie verheiratet? **3.** Was sind Sie von Beruf ? Was ist Ihr Beruf? **4.** Wo arbeiten Sie? **5.** Seit wann arbeiten Sie dort? Wie lange arbeiten Sie schon bei Siemens? Seit wann wohnen Sie in London? **6.** Welche Fremdsprachen sprechen Sie? Welche Sprachen mögen Sie? Welche Sprachen lernen Sie zur Zeit? **7.** Was machen Sie in Ihrer Freizeit? Was lesen Sie gern/am liebsten? **8.** Treiben Sie Sport? **9.** Wie oft spielen Sie Tennis/lernen Sie Deutsch? **10.** Haben Sie ein Auto? Was für ein Auto fahren/haben Sie? **11.** Warum/Aus welchem Grund/Weshalb lernen Sie Deutsch? **12.** Wo waren Sie in Ihrem Sommerurlaub/im Urlaub? Wo verbrachten Sie dieses Jahr Ihren Urlaub? **13.** Wie lange waren Sie in Griechenland? Wie lange hatten Sie Urlaub? Wie lange dauert der Intensivkurs?

S. 15 Übung 3a (Beispiele)

Wollen oder müssen Sie Deutsch lernen? Müssen Sie vor 6.00 Uhr morgens aufstehen? Dürfen Sie während Ihrer Arbeitszeit private Telefongespräche führen? Mussten Sie schon einmal Strafe zahlen? Wollten Sie früher auch Schauspieler/Schauspielerin werden? Möchten Sie gern mal eine weite Reise machen? Können Sie Schach spielen?

Kapitel 1

1 – A. Du und ich

S. 19 Übung 5

1. nein **2.** ja **3.** ja **4.** nein **5.** ja **6.** nein

S. 20 Übung 7

1. feiern **2.** Verwirrung der Gedanken und Gefühle **3.** losgelöst **4.** enttäuschende **5.** ist begrenzt **6.** vermutet **7.** attraktiv **8.** die Freundin **9.** sich bemühen **10.** sich verlässt

S. 20 Übung 8

1. Soziologen stießen bei Untersuchungen auf eine ernüchternde Erkenntnis. **2.** Die Wahl des Traumpartners beschränkt sich auf wenige Menschen. **3.** Geistige Mobilität führt nicht automatisch zur/zu einer Mobilität bei der Partnerwahl. **4.** 53 % der Frauen legen Wert auf die berufliche Stellung des Partners. **5.** Nur 30 % der Männer interessieren sich für die Arbeit ihrer Her-

zensdame. **6.** Männer arbeiten mit Statussymbolen wie Autos und Geld. **7.** Frauen achten auf den Humor und die Intelligenz des Mannes.

S. 21 Übung 9

1. die Verlobung; verlobt sein mit jemandem; sich verloben mit jemandem **2.** die Hochzeit; die Heirat; verheiratet sein mit jemandem **3.** die Trennung; getrennt leben von jemandem; sich von jemandem trennen **4.** die Scheidung; geschieden sein von jemandem; sich von jemandem scheiden lassen

S. 22 Übung 11

Traummann: Ich suche einen ehrlichen, zuverlässigen, ordnungsliebenden / ordentlichen, praktischen, reisefreudigen, unternehmungslustigen, offenen / weltoffenen Mann. *Traumfrau:* Ich bin gern faul, ich suche eine verträumte / träumerische Frau. Sie soll kinderlieb und hilfsbereit und sowohl intelligent als auch humorvoll sein.

S. 23 Übung 13

1. genügsam sein **2.** gut mit alltäglichen Problemen umgehen können **3.** ordnungsliebend sein **4.** übertrieben sparsam sein **5.** tolerant sein **6.** sich nicht aus der Ruhe bringen lassen **7.** schnell Angst bekommen **8.** immer freundlich sein **9.** wenig oder selten reden **10.** sorgfältig und zuverlässig sein

S. 24 Übung 14

bescheiden: unbescheiden, angeberisch; *praktisch:* unpraktisch, unbeholfen; *ordentlich:* unordentlich, schlampig; *geizig:* freigiebig; *weltoffen:* engstirnig; *ausgeglichen:* unausgeglichen, launisch; *ängstlich:* mutig; *umgänglich:* eigensinnig; *schweigsam:* gesprächig; *gewissenhaft:* oberflächlich, schlampig

S. 24 Übung 16a

1. Es gibt kein Mittel gegen Dummheit. **2.** Es ist klüger, nicht nur tapfer, sondern auch vorsichtig zu sein. **3.** Wer nichts tut nimmt an Gewicht zu (wird dick). **4.** Gerechtigkeit ist eine Pflicht. **5.** Wenn man pünktlich ist, benimmt man sich korrekt und höflich.

S. 24 Übung 16d

1. dumm **2.** tapfer **3.** falsch **4.** faul **5.** gerecht **6.** pünktlich, höflich

S. 25 Übung 17

genau: Genauigkeit; *hässlich:* Hässlichkeit; *eitel:* Eitelkeit; *klug:* Klugheit; *freundlich:* Freundlichkeit; *einfach:* Einfachheit; *gutmütig:* Gutmütigkeit; *offen:* Offenheit; *bösartig:* Bösartigkeit

1 – B. Außergewöhnliche Menschen

S. 28 Übung 3

1. revolutionierte, entwickelte, bekam / erhielt **2.** leistete, erhielt / bekam **3.** entdeckte, wendete an, setzte **4.** erfand, brauchte **5.** übersetzte, schuf **6.** veröffentlichte/schrieb **7.** entdeckte, konnte, erhielt/bekam **8.** schrieb/veröffentlichte, legte **9.** schadeten **10.** ehrte **11.** komponierte **12.** gründete **13.** veröffentlichte, löste ab

S. 31 Übung 6
1. führte **2.** erzog **3.** erhielt, verbrachte **4.** heiratete, starb. **5.** übernahm **6.** bemerkte, herrschten **7.** las **8.** folgten **9.** erkannte **10.** errichtete **11.** erlernten, bekamen **12.** ließ **13.** betreuten **14.** konnten **15.** gründete **16.** veranstaltete **17.** legte **18.** verkürzte

1 – C. Lebensläufe

S. 34 Übung 5
Schon in der Grundschule war er *Klassenbester*. Sein liebstes *Fach* war von Anfang an Mathematik. Er vergaß nie, seine *Hausaufgaben* zu machen. Nach der Grundschule ging er auf das *Gymnasium*. Jedes Jahr brachte er das beste *Zeugnis* der Klasse mit nach Hause. Er schrieb sehr gute *Aufsätze* und seine *Diktate* waren fehlerfrei. Als er älter wurde, gab er schwächeren Schülern *Nachhilfeunterricht*. Außerhalb der Schulzeit las Andreas viel, um seine *Allgemeinbildung* zu verbessern. In der 13. *Klasse* bereitete er sich auf seine *Prüfungen* gut vor. Sein *Abitur* bestand er mit dem *Prädikat* „ausgezeichnet".

S. 35 Übung 8a
1. studieren **2.** lernen, ergreifen **3.** belegen, besuchen **4.** lernen **5.** ablegen **6.** schreiben **7.** besuchen

S. 35 Übung 8b
1. fallen **2.** ärgern **3.** tadeln/kritisieren **4.** schwänzt **5.** bleibt sitzen **6.** beenden **7.** abbrechen

S. 37 Übung 11
1. geboren **2.** besuchte, ging **3.** schloss **4.** erlernte **5.** leistete/absolvierte **6.** studierte, erhielt **7.** absolvierte/machte, sammeln **8.** arbeite **9.** gehören **10.** verfüge

S. 38 Übung 12
1. Von 1985 bis 1989 besuchte ich die Grundschule, von 1989 bis 1997 ging ich auf das Gymnasium. **2.** 1997 bestand ich mein Abitur mit dem Prädikat „gut". **3.** Von 1997 bis 1998 leistete ich meinen Wehrdienst bei der Bundeswehr. **4.** 1998 begann ich mein Studium der Betriebswirtschaft an der Maximilians-Universität in München. **5.** Im Sommer 2000 absolvierte ich ein Praktikum bei Siemens. **6.** Ich konnte Erfahrungen im Bereich Marketing sammeln./Ich sammelte ... **7.** Ich spreche sehr gut Englisch und gut Französisch./Ich verfüge über sehr gute Englisch- und gute Französischkenntnisse. **8.** Ich beherrsche alle MS Office-Programme. **9.** Ich bin unverheiratet und lebe in München.

1 – D. Ihre Grammatik

S. 40 Übung 1a

1. jemand findet etwas gut **2.** etwas ist notwendig; es ist eine Pflicht **3.** eine andere Person wünscht etwas von jemandem **4.** jemand hat die Absicht **5.** es besteht die Möglichkeit/Gelegenheit, etwas zu tun; jemand ist in der Lage, etwas zu tun **6.** etwas ist erlaubt

S. 40 Übung 1b

1. jemand ist nicht in der Lage, etwas zu tun; man hat keine Gelegenheit **2.** es ist verboten; es ist nicht erwünscht **3.** es ist nicht notwendig **4.** jemand hat nicht den Wunsch **5.** jemand kann etwas/jemanden nicht leiden **6.** eine andere Person hat etwas dagegen; es ist verboten (Du sollst nicht stehlen!)

S. 41 Übung 2

1. ich kann, er kann, wir können **2.** du musst, er muss, ihr müsst **3.** ich will, du willst, Sie wollen **4.** er soll, wir sollen, ihr sollt **5.** ich mag, es mag, Sie mögen **6.** du darfst, er darf, wir dürfen

S. 41 Übung 3

1. möchten, darf, wollen, **2.** musst, wollte, konntest **3.** Darf, müssen

S. 42 Übung 4

1. kannst **2.** Möchten **3.** musst **4.** brauchst **5.** kann **6.** Soll **7.** musst/solltest **8.** Darf, mag **9.** müssen **10.** möchte, können **11.** kann, muss **12.** Magst **13.** sollst **14.** muss/brauche **15.** Soll, kann **16.** wollen/möchten **17.** kann **18.** brauchst **19.** mögen **20.** müssen

S. 43 Übung 5

1. ein unpassender Moment **2.** mein früherer Mathematiklehrer **3.** der nette Mann von gestern **4.** eine traurige Geschichte **5.** das jüngste Kind meiner Schwester **6.** unser neuer Nachbar **7.** ein total chaotischer Mensch **8.** ein sehr netter Kollege **9.** aber ein kleines Zimmer **10.** das verschwundene Bild

S. 43 Übung 6

1. seinen besten Anzug **2.** Mit diesem alten Auto **3.** für einen zuverlässigen Freund **4.** für ein schönes Armband **5.** deinen warmen Mantel **6.** ein neues Haus **7.** Diesen langweiligen Film **8.** mit einem leichten französischen Akzent **9.** ein herrliches altes Schloss **10.** Nach einer kurzen Ansprache, auf das junge Paar

S. 44 Übung 7

Was ist für Sie ... **1.** (ein) merkwürdiges Verhalten **2.** ein idealer Ort zum Lesen **3.** eine schöne Sprache **4.** ein erholsamer Urlaub **5.** eine schwierige Sportart **6.** ein misslungenes Fest **7.** (ein) guter Unterricht **8.** ein tolles Wochenende **9.** eine großartige Idee **10.** ein wichtiges Ereignis **11.** ein anstrengender Beruf **12.** ein zeitsparender Apparat?

S. 46 Übung 9

1. ich arbeitete, er arbeitete, ihr arbeitetet **2.** er wusste, wir wussten, Sie wussten **3.** du konntest, er konnte, wir konnten **4.** ich saß, du saßest, ihr saßt **5.** du ranntest, wir rannten, ihr ranntet **6.** ich sagte, du sagtest, ihr sagtet **7.** ich lag, er lag, Sie lagen **8.** ich legte, du legtest, wir legten **9.** er mochte, wir mochten, ihr mochtet **10.** ich setzte, du setztest, Sie setzten **11.** ich ging, du gingst, er ging **12.** ich las, er las, wir lasen

S. 46 Übung 10

1. konnte **2.** durfte **3.** musste **4.** mochte **5.** sollte **6.** wollte

S. 46 Übung 11

1. Er wusste mal wieder nicht Bescheid/hat nicht Bescheid gewusst. **2.** Sie nannte einen falschen Namen/hat einen falschen Namen genannt. **3.** Der Student wendete/wandte sich mit dem Problem an den Professor/hat sich an den Professor gewendet/gewandt. **4.** Anna dachte nicht daran, sich zu entschuldigen/hat nicht daran gedacht. **5.** Wir sendeten/sandten Ihnen die Waren sofort nach Erhalt des Auftrags/haben Ihnen die Ware gesendet/gesandt. **6.** Kanntest du diese Leute?/Hast du diese Leute gekannt? **7.** Der Einbrecher rannte die Straße hinunter/ist die Straße hinunter gerannt. **8.** Er brachte ihr regelmäßig Blumen mit/hat regelmäßig Blumen mitgebracht.

S. 47 Übung 12

1. habe aufgehört **2.** habe vergessen **3.** seid begegnet **4.** hast verloren **5.** sind verreist **6.** habe geheiratet **7.** habe gedacht **8.** ist verschwunden **9.** ist abgebrannt **10.** Hast entschuldigt

S. 48 Übung 13

Die letzten beiden Jahre vor ihrer Reifeprüfung im März 1940 *verliefen* für Sophie Scholl – äußerlich betrachtet – ohne größere Konflikte. Sie *widmete* dem Unterricht gerade so viel Aufmerksamkeit, wie zur Wahrung ihres Leistungsniveaus notwendig war. Neben der Schule *ging* die Gymnasiastin weiter ihren Hobbys *nach*, vor allem den künstlerischen: Zeichnen und gelegentlich auch Töpfern. Einer Freundin *teilte* sie im November 1938 *mit*, dass sie beim Aktmalen immer noch Männer zeichnen müsse. Im Sommer *war* das Baden ihre Lieblingsbeschäftigung. Sie *liebte* es aber auch, einfach draußen zu sein. Ihr Verhältnis zur Natur *änderte* sich nicht, es wurde eher noch inniger. In den Sommerferien *unternahm* sie zusammen mit ihrem Bruder Werner einen Ausflug an die Nordsee und *erlebte* dabei eine stürmische Fahrt in einem Fischkutter. Ein Jahr später, 1939, *hielt* sie sich für einige Tage im Künstlerdorf Worpswede *auf*, wo sie manchen Künstlern bei ihrer Arbeit zuschauen *durfte*. Sie *lernte* das Werk der Malerin Paula Modersohn *kennen*, für die sie eine große Verehrung *empfand*. Bei solchen Reisen *sehnte* sie sich immer schnell nach ihrem Schwabenland zurück. Sie *plante* ihre Ferien rechtzeitig und *sparte* sich eisern das dafür erforderliche Taschengeld zusammen.

Kapitel 2

2 – A. Wohnen

S. 50 Übung 3

1. Die Mehrzahl der Deutschen bevorzugt eine Wohnung in der Stadt. **2.** Familien mit Kindern wohnen lieber am Stadtrand. **3.** Das Alter spielt beim Wohnungswunsch eine große Rolle. **4.** Ältere und junge Menschen mögen die Stadt.

S. 51 Übung 5

1. AB-Whg. = Altbauwohnung **2.** DT-Whg. = Dachterrassenwohnung **3.** Hbf = Hauptbahnhof **4.** MM = Monatsmiete **5.** Wfl. = Wohnfläche **6.** OG = Obergeschoss **7.** Blk. = Balkon **8.** EBK = Einbauküche **9.** TG = Tiefgarage **10.** NK = Nebenkosten **11.** KT/Kaut. = Kaution **12.** HZ = Heizung **13.** ZH = Zentralheizung **14.** FbZ = Fußbodenheizung **15.** zzgl. = zuzüglich

S. 52 Übung 6

1. bildschöne 2-Zimmer-Wohnung **2.** großzügige 2-Zimmer-Wohnung **3.** großzügige, komfortable 3-Zimmer-Wohnung **4.** vollständig renoviert **5.** voll möbliert **6.** West-Lage **7.** Hobbyraum **8.** Süd-Terrasse **9.** gehobene Ausstattung **10.** Bearbeitungs-Gebühr **11.** Gartenanteil

S. 53 Übung 9

In der Süddeutschen Zeitung *vom* 13.5. bieten Sie ein möbliertes Zimmer *mit* Zentralheizung und warmen Wasser *für* monatlich 300,– Euro an. Da ich *im* Wintersemester dieses Jahres einen Studienplatz *an* der Universität München bekommen habe, wäre ich *an* Ihrem Angebot sehr interessiert. Das Wintersemester dauert *vom* 1.10. *bis (zum)* 28.2.
Ich komme *aus* Gouda, bin 21 Jahre alt und studiere *zur* Zeit Deutsch und Geschichte *an* der Universität Utrecht. *Am* Wochenende fahre ich *nach* München und würde mir *bei* dieser Gelegenheit gern das Zimmer ansehen und mich *bei* Ihnen vorstellen. Wenn Sie noch Fragen haben, können Sie mich *unter* der Nummer 00314568976545 täglich *bis/ab* 18.00 Uhr erreichen.
Über Ihre positive Antwort würde ich mich sehr freuen.
Mit freundlichen Grüßen

S. 55 Übung 12

1. ja **2.** nein **3.** ja **4.** ja **5.** ja **6.** ja

S. 56 Übung 13

1. sich zum Ausruhen hinlegen **2.** jemanden stört etwas **3.** etwas akzeptieren **4.** etwas ablehnen **5.** jemanden ärgern **6.** die Freiheit einschränken **7.** über einen langen Zeitraum

S. 56 Übung 15

1. auf **2.** zum **3.** vom **4.** gegen **5.** in **6.** von/vom **7.** mit

S. 57 Übung 16

Mit viel Geräusch sind in der Regel verbunden: schreien, rufen, brüllen, trampeln, Staub saugen, bohren, hämmern
Mit weniger Lautstärke verbunden sind: flüstern, schleichen, bügeln
Je nach Personen bzw. kulturellen Unterschieden können folgende Verben sowohl mit weniger als auch mit großer Lautstärke verbunden sein: erzählen, reden, jemanden kritisieren, diskutieren, sich streiten, gehen, kochen, Geburtstag feiern mit 20 Gästen

2 – B. Reisen

S. 59 Übung 2

1. kommt immer mehr in Mode **2.** etwas hat enorme Vorteile **3.** Ladenschluss entfällt **4.** manche Anbieter stellen sogar Reiseführer ins Netz. **5.** günstiger Urlaub machen **6.** Wer seine Reise storniert, muss zahlen. **7.** Greifen Sie im Zweifel auf namhafte Anbieter zurück. **8.** In den Geschäftsbedingungen können Sie zudem sehen, ob es eine Möglichkeit für Umbuchungen gibt.

S. 60 Übung 3

1. Gesamtzahl der verkauften Reisen in Deutschland **2.** Online gebuchte Reisen **3.** Anzahl der Menschen, die im nächsten Jahr übers Web-Reisebüro buchen wollen **4.** 70 % kann man sparen, wenn man eine Reise im Internet bucht **5.** Anzahl der Reiseangebote, die manche Firmen angeblich haben / vorgeben anzubieten **6.** Anzahl der Reisen, die tatsächlich angeboten werden

S. 60 Übung 4a

Reisebuchungen: Reisen buchen/rechtsverbindlich bestellen; *Reiseplanung:* eine Reise planen/vorbereiten; *Reiseveranstalter:* Firma, die die Reise veranstaltet/organisiert; *Reiseführer:* kleines, informatives Buch für Reisende über eine Gegend/eine Stadt/ein Land
Weitere Wörter mit *Reise-*: Reisebericht, Reisebüro, Reisegepäck, Reisegesellschaft, Reisekrankheit, Reiseland, Reiseleiter, Reiselust, Reisepass, Reiseroute, Reisespesen, Reiseverkehr, Reiseweg, Reisewetter, Reisezeit, Reiseziel ...

S. 61 Übung 4b (Beispiele)

Betriebsreise/Besuchsreise/Dienstreise/Erlebnisreise/Flugreise/Geschäftsreise/Gruppenreise/Hochzeitsreise/Pauschalreise/Rundreise/Schiffsreise/Studienreise/Städtereise/Traumreise/Urlaubsreise/Zeitreise/Zugreise

S. 61 Übung 5

1. im, in **2.** im, zum **3.** Auf **4.** ins **5.** bei **6.** mit **7.** mit **8.** im, auf

S. 62 Übung 8

1. eine Reise buchen/antreten/abbrechen **2.** Reisevorbereitungen treffen **3.** sich über eine Reise beschweren **4.** ein Abenteuer erleben **5.** Städte/Museen besuchen **6.** einen Flug buchen/antreten **7.** am Strand liegen **8.** eine Buchung stornieren **9.** von einer Reise zurücktreten **10.** einen Reiseführer lesen

11. einen Reisebericht schreiben **12.** den Reisewetterbericht hören **13.** sich nach besonderen Bedingungen erkundigen **14.** das Reiseziel erreichen

2 – C. Europa und die Deutschen

S. 68 Übung 1
1. Belgien **2.** Griechenland **3.** Großbritannien **4.** Deutschland **5.** Dänemark **6.** Irland **7.** die Niederlande **8.** Spanien *(Angaben nach: Journal für Deutschland)*

S. 69 Übung 4
1. erfasst/speichert/sammelt **2.** liegen/befinden sich **3.** hoffen **4.** verüben/begehen **5.** scheiden **6.** scheinen

S. 70 Übung 7
1. Großbritannien: der Brite, die Britin, die Briten **2.** Frankreich: der Franzose, die Französin, die Franzosen **3.** Italien: der Italiener, die Italienerin, die Italiener **4.** Spanien: der Spanier, die Spanierin, die Spanier **5.** Niederlande: der Niederländer, die Niederländerin, die Niederländer **6.** Griechenland: der Grieche, die Griechin, die Griechen **7.** Belgien: der Belgier, die Belgierin, die Belgier **8.** Portugal: der Portugiese, die Portugiesin, die Portugiesen **9.** Schweden: der Schwede, die Schwedin, die Schweden **10.** Österreich: der Österreicher, die Österreicherin, die Österreicher **11.** Dänemark: der Däne, die Dänin, die Dänen **12.** Finnland: der Finne, die Finnin, die Finnen **13.** Irland: der Ire, die Irin, die Iren **14.** Luxemburg: der Luxemburger, die Luxemburgerin, die Luxemburger

S. 72 Übung 10a
Mitte der 80er Jahre ist in ganz Europa eine Hinwendung zu amerikanischer Kultur spürbar, sowohl im Fernsehen als auch in Musik und Film. Die amerikanische Kultur erobert den europäischen Markt. Gleichzeitig werden z. B. in Deutschland eigene Produktionen vom Publikum ignoriert/werden deutsche Künstler immer unbeliebter. (o. ä.)

S. 72 Übung 10b
Im neuen Jahrtausend gewinnen die Produktionen des eigenen Landes an Beliebtheit. Das Interesse des deutschen Publikums an einheimischen Produktionen/Künstlern wächst. Die Dominanz der amerikanischen Kultur wird/ist gebrochen. Europäische Künstler sind wieder erfolgreich. Europäische Kunst zeichnet sich durch regionalen Eigensinn aus. (o. ä.)

S. 72 Übung 11
1. beliebter Sender **2.** intensiv beschäftigen mit **3.** beschämend/unangenehm **4.** liegt im Trend **5.** haben an Bedeutung gewonnen/werden mehr beachtet **6.** liegen an der Spitze **7.** langsam das Interesse verlieren **8.** eine Abneigung/ein Widerwille **9.** Unangepasstheit **10.** abgenommen/ist weniger geworden **11.** langsam/zögernd **12.** liegt im Trend **13.** loben/hervorheben

S. 73 Übung 12

In den 80er Jahren *verehrten* (1) Jugendliche aus aller Welt die gleichen Idole. Amerikanische Film- und Fernsehproduktionen *bestimmten* (2) in vielen Ländern das Fernsehprogramm. Deutsche Musik wurde *von* (3) vielen jungen Deutschen *als* (4) langweilig empfunden. Heute scheint das *Gegenteil* (5) der Fall zu sein. Amerikanische Fernsehserien *leiden* (6) unter mangelnden Zuschauerzahlen, während sich deutsche Produktionen besonderer *Beliebtheit* (7) erfreuen. Diese Tendenz ist nicht nur in Deutschland zu *erkennen* (8). Romane *aus* (9) den skandinavischen Ländern werden Bestseller und Filme aus England gehören *zu* (10) den besten der letzten Jahre. Doch, das muss man auch feststellen, *vollzieht* (11) sich diese Entwicklung sehr langsam. Noch immer sind die Kinos bis auf den letzten Platz gefüllt, wenn berühmte amerikanische Filmstars die Hauptrolle *spielen* (12).

S. 73 Übung 13

1. auf **2.** auf **3.** von **4.** auf

2 – D. Ihre Grammatik

S. 75 Übung 1

1. Das Bild hängt an der Wand. **2.** Ich wohne in einer kleinen Wohnung in der sechsten Etage. **3.** Ich habe in der Schweiz studiert. **4.** Ich habe meinen Urlaub in den Niederlanden verbracht. **5.** Das Dokument liegt im Büro auf dem Schreibtisch. **6.** Ich war auf dem Sportplatz. **7.** Er ist in der Universitätsklinik operiert worden. **8.** Der Informationsschalter befindet sich am Eingang des Bahnhofs. **9.** Das Haus des Försters liegt im Wald. **10.** Der Wein lagert im Keller.

S. 77 Übung 2

Ich gehe: **1.** zum/in den Bahnhof **2.** zum/ins Kino **3.** zum Deutschkurs **4.** in den Keller **5.** zum Arzt **6.** an den Strand **7.** zu meiner Nachbarin **8.** auf den Dachboden
Ich fahre: **9.** an die Elbe **10.** nach Italien **11.** in die USA **12.** auf die Kanarischen Inseln **13.** in den Nahen Osten **14.** in meine Heimatstadt **15.** in die Türkei **16.** nach Hause **17.** ans Schwarze Meer **18.** nach Irland
Unterschied: zum Kino: in Richtung Kino/Post; ins Kino: ins Kino/in die Post hineingehen

S. 77 Übung 3 (Beispiele)

1. in der Kneipe/am Strand/auf der Bank ... **2.** ans Meer/nach Italien/in die Schweiz ... **3.** im Kino/zu Hause/beim Friseur ... **4.** an die Hauswand/direkt vor den Eingang ... **5.** im Gras/hinter dem Tor/unter dem Schrank ... **6.** in Spanien/in den Niederlanden/auf einem Zeltplatz ... **7.** neben den Schrank/über das Bett ... **8.** Moskau/auf den Kanarischen Inseln/am Urlaubsort ... **9.** auf den Ofen/ins Bad/in die Küche ... **10.** vor dem Kino/in dem japanischen Restaurant ... **11.** ins Bett/auf das Sofa ... **12.** an den Strand/in die Stadt/ins Freibad ...

S. 78 Übung 4

1. Staatspräsidenten, Journalisten **2.** Polizisten **3.** Architekten **4.** Studenten, Interessenten **5.** Erben **6.** Experten

S. 79 Übung 5

1. Zeugen **2.** Korrespondenten **3.** Lebensgefährten **4.** Lieferanten **5.** Nachbarn **6.** Kunden **7.** Monarchen **8.** Herrn

S. 79 Übung 6

ein Franzose, eine Französin, einen Türken, unser einziger Spanier, einer Spanierin, Griechin, für Schweden, Schwede, einem Polen, Ire, unser Schotte, Schotten wohl als Briten, aber nicht als Engländer

S. 80 Übung 7

1. der Sudan: der Sudanese, die Sudanesin, die Sudanesen **2.** der Iran: der Iraner, die Iranerin, die Iraner **3.** Ungarn: der Ungar, die Ungarin, die Ungarn **4.** Peru: der Peruaner, die Peruanerin, die Peruaner **5.** Chile: der Chilene, die Chilenin, die Chilenen **6.** Kanada: der Kanadier, die Kanadierin, die Kanadier **7.** Lettland: der Lette, die Lettin, die Letten **8.** die Türkei: der Türke, die Türkin, die Türken **9.** China: der Chinese, die Chinesin, die Chinesen **10.** Japan: der Japaner, die Japanerin, die Japaner, **11.** Malta: der Malteser, die Malteserin, die Malteser **12.** Mexiko: der Mexikaner, die Mexikanerin, die Mexikaner

S. 81 Übung 8

1. an + Dativ **2.** an +Akkusativ **3.** auf + Dativ **4.** auf + Akkusativ **5.** bei + Dativ **6.** für + Akkusativ **7.** gegen + Akkusativ **8.** in + Dativ **9.** in + Akkusativ **10.** mit + Dativ **11.** nach + Dativ **12.** um + Akkusativ **13.** über + Akkusativ **14.** von + Dativ **15.** vor + Dativ **16.** zu + Dativ

S. 82 Übung 9

1. Wovor **2.** Worüber **3.** Worüber / Worauf **4.** Worüber **5.** Womit **6.** wovor **7.** Womit **8.** Womit **9.** Womit **10.** Wovon

S. 82 Übung 10

1. zu den **2.** nach **3.** zur **4.** vor **5.** gegen die **6.** um einen **7.** von einem **8.** um einen **9.** auf ihr **10.** Vor dieser **11.** über **12.** mit einem **13.** um deine **14.** nach dem **15.** Von diesem **16.** mit diesem **17.** in eine **18.** gegen die **19.** Mit diesem **20.** in

S. 83 Übung 11

1. an deine, daran **2.** auf einer, darauf **3.** für die, dafür **4.** über das, darüber **5.** über, darüber **6.** an der, daran

Kapitel 3

3 – A. Zeit und Tätigkeit

S. 85 Übung 3
1. Zeitlupe 2. Zeitdruck 3. Zeitverschwendung 4. Zeitplan 5. Zeitreise
6. Zeitspanne 7. Zeitstrafe 8. Zeitaufwand 9. Zeitgewinn

S. 89 Übung 7
1. b 2. a 3. c 4. b 5. b

S. 90 Übung 8
1. schnell lesen/nur das Wesentliche zu erfassen versuchen 2. haften/man
kann sich daran erinnern 3. sich Zeit nehmen für etwas

S. 90 Übung 9
1. entstehen 2. erkennen/verarbeiten/speichern, liegt 3. verarbeitet, hängen/haften 4. nehmen 5. liest/versteht, hält

S. 90 Übung 10
1. das 2. der 3. die 4. die 5. die 6. die 7. die 8. das 9. die 10. der 11. das 12. die
13. das 14. das

S. 92 Übung 14
1. ablesen 2. einlesen 3. verlesen 4. vorlesen 5. ausgelesen 6. durchlesen
7. nachlesen

3 – B. Gestern und heute

S. 96 Übung 6
1. –, in 2. In diesem 3. im, zu, von, über die/aus den 4. an ihrer, zu/nach
5. nach, mit dem, in die 6. In der, für eine, gegen die 7. In, am, in der, auf
8. mit dem, gegen 9. An diesen, – 10. mit, gegen, in den 11. Am, auf, von,
ohne 12. Am, von, an, nach 13. Um, vor dem 14. –, von der 15. für, am

S. 97 Übung 7
1. Anfang 1990 sprachen sich 94 Prozent der ostdeutschen Bevölkerung für
eine Wiedervereinigung aus. 2. Die Erwartungen der DDR-Bürger an die
Bundesregierung waren hoch. 3. Eine große Mehrheit der Ostdeutschen war
sich über die Schwierigkeiten und Risiken der Wiedervereinigung/bei der
Wiedervereinigung im Klaren. 4. Heute bezeichnet sich jeder fünfte Ostdeutsche als Verlierer. 5. Die Arbeitslosigkeit in den neuen Bundesländern ist
doppelt so hoch wie in den alten Bundesländern. 6. Doch 60 Prozent der
Ostdeutschen fühlen sich als Gewinner der Einheit.

3 – C. Während der Arbeitszeit

S. 100 Übung 5
   1. hätte 2. Könnten/Würden 3. würde 4. Könnten 5. hätten 6. Ginge
   7. müsste 8. wäre

S. 103 Übung 9
   1. der Chef 2. jemand, der viel und lange redet 3. jemand, der andere gern
   belehrt und glaubt, alles besser zu wissen 4. jemand, der in einer bestimmten Situation stört

S. 103 Übung 10
   1. etwas erübrigt sich 2. Protokolle abfassen 3. Nebensächlichkeiten 4. sich
   keine Blöße geben 5. langatmiger Wortschwall 6. vom Thema abschweifen

S. 104 Übung 11
   1. animieren 2. unterbinden 3. erschweren 4. abgeben 5. geben 6. stören
   7. abfassen 8. unterbreiten 9. hinweisen 10. vorbereiten

3 – D. Ihre Grammatik

S. 107 Übung 1a
   1. am Wochenende 2. nächste Woche/in der nächsten Woche 3. in zwei Stunden 4. (um) 14.00 Uhr 5. am Nachmittag

S. 107 Übung 1b
   1. vor einer halben Stunde 2. (zu/an) Weihnachten 3. in den Sommerferien
   4. letzten Dienstag/am letzten Dienstag 5. in der Mittagspause

S. 107 Übung 2
   1. im 2. –/am 3. während 4. zu 5. am, um/gegen/– 6. vor 7. – 8. Am 9. in 10. in
   11. –/zu/an 12. bei/während 13. in 14. Bis zum 15. –/zu/an 16. innerhalb

S. 109 Übung 3
   1. Als/Während er studierte, trieb er viel Sport. 2. Als/Während sie krank
   war, las sie viel. 3. Als/Während sie die Koffer für die Reise packte, sah er
   fern. 4. Jedes Mal, wenn er nach München fuhr, besuchte er das Hofbräuhaus. 5. Als sie in die S-Bahn stieg, raubte ihr ein Unbekannter die Handtasche. 6. Gerade als die Sängerin eine Arie sang, klingelte im Publikum ein
   Handy. 7. Als/Während die Rettungsarbeiten in vollem Gange waren, gab
   es ein zweites Erdbeben. 8. Wenn/Während ich den Gästen Wein einschen-
   ke, könntest du vielleicht die Vorspeise servieren.

S. 109 Übung 4
   1. Nachdem er das Manuskript fertiggestellt hatte, sendete er es dem Verlag.
   2. Erst nachdem zwei Beamte eine ausführliche Sicherheitskontrolle durch-
   geführt hatten, durften die Passagiere an Bord des Flugzeuges gehen.
   3. Nachdem der Bankangestellte auf den roten Knopf gedrückt hatte, öffnete
   sich die Tür zum Tresorraum automatisch. 4. Nachdem es tagelang geregnet

hatte, kam es in einigen Teilen des Landes zu Überschwemmungen. **5.** Nachdem der Arzt den Verletzten untersucht hatte, wurde er sofort operiert. **6.** Nachdem die Experten die Unfallursache ermittelt hatten, wurde der Flugzeugtyp sofort aus dem Verkehr gezogen.

S. 110 Übung 5
1. Bevor/Ehe wir den Vertag unterschreiben, muss der Anwalt ihn prüfen. **2.** Bevor/Ehe du zum Vorstellungsgespräch gehst, musst du dich gut über die Firma informieren. **3.** Bevor/Ehe du dich zur Prüfung anmeldest, musst du noch viel lernen. **4.** Bevor/Ehe du den Brief abschickst, sollte ihn Peter Korrektur lesen. **5.** Bevor/Ehe wir das Auto kaufen können, müssen wir noch fleißig sparen. **6.** Bevor/Ehe die Passagiere einsteigen, wird das Flugzeug technisch überprüft.

S. 111 Übung 6
1. momentane **2.** heutigen **3.** augenblickliche **4.** damaliger **5.** zukünftigen **6.** einmalige **7.** monatliches **8.** dreijähriges **9.** gegenwärtige **10.** zweimonatigen

S. 113 Übung 7
1. Wenn der rote Knopf aufleuchtet, ist das Gerät sofort auszuschalten. **2.** Wenn Sie kein gültiges Visum haben/besitzen, dürfen Sie nicht in dieses Land einreisen. **3.** Wenn der Motor ausfällt, schaltet sich automatisch ein Ersatzmotor ein. **4.** Wenn du ihm nicht hilfst, schafft er das Staatsexamen nicht. **5.** Vergessen Sie Ihr Handgepäck nicht, wenn Sie das Flugzeug verlassen. **6.** Wenn man keinen Führerschein hat/besitzt, darf man nicht Auto fahren. **7.** Wenn Sie regelmäßig am Kurs teilnehmen, erhalten Sie eine Teilnahmebestätigung. **8.** Wenn man das Bild genau betrachtete, konnte man erkennen, dass es eine Fälschung war/ist. **9.** Wenn die Temperaturen gleich/stabil bleiben/sich nicht ändern, weist das Gerät keinerlei Störungen auf. **10.** Wenn der Direktor nicht unterschreibt/unterschrieben hat, ist der Vertrag nicht gültig. **11.** Wenn man eine gute Sicht hat, kann man von hier aus bis nach Österreich schauen. **12.** Wenn die Kunden kein Vertrauen mehr haben/das Vertrauen verlieren, laufen die Geschäfte schlecht.

S. 114 Übung 8
1. Wenn er mir nicht geholfen hätte, wäre ich durch die Prüfung gefallen. **2.** Wenn er besser trainiert hätte, hätte er den Lauf gewinnen können. **3.** Wenn es nicht den unermüdlichen Einsatz der Hilfskräfte gegeben hätte/ Wenn sich die Hilfskräfte nicht so unermüdlich eingesetzt hätten, wäre die Zahl der Opfer weit höher gewesen. **4.** Wenn die Einschaltquoten höher/ besser gewesen wären/Wenn mehr Zuschauer eingeschaltet hätten, wäre die Literatursendung nicht aus dem Programm genommen worden. **5.** Wenn das Wetter schlecht gewesen wäre, hätte das Fest im Zelt stattgefunden. **6.** Wenn es eine bessere Kommunikation zwischen den Abteilungen gegeben hätte/Wenn die Kommunikation zwischen den Abteilungen besser gewesen wäre, wäre der Fehler nicht passiert. **7.** Wenn es weniger geschneit hätte, wäre das Weihnachtsfest nicht so schön geworden. **8.** Wenn er nicht so ein gutes/kein gutes Abschlusszeugnis hätte, hätte er die Stelle nicht bekommen.

Kapitel 4

4 – A. Die schlaflose Gesellschaft

S. 116 Übung 2

1. Edison ist mit der Erfindung der Glühbirne Schuld an der Schlaflosigkeit, weil er damit Dinge/Vorgänge ermöglichte, die man vorher nur bei Tageslicht tun konnte. **2.** Edison meinte, die meisten Leute würden zu viel schlafen und zu viel essen. **3.** Der Schlaf hat sich gegenüber früher verkürzt. Die durchschnittliche Schlafenszeit beträgt noch siebeneinhalb Stunden, Schichtarbeiter schlafen nur noch fünf Stunden. **4.** Gründe sind z. B. zu langes Arbeiten, nachts fernsehen, das künstliche Licht oder das Ausgehen. **5.** Die Menschen werden unaufmerksam und unkonzentriert. Es gibt auch viele Unfälle, die durch Übermüdung entstanden sind. **6.** Auch die Traumzeit verkürzt sich.

S. 117 Übung 4

1. an **2.** mit, zum **3.** zu, auf **4.** Zu, durch, in **5.** zur **6.** mit, ins/zu, beim **7.** Im **8.** auf **9.** auf, von **10.** durch, zur, zu **11.** Am, am

S. 117 Übung 5 (Empfehlungen für Schlaflose)
– Verzichten Sie am Abend auf Kaffee, Tee, Alkohol und Nikotin, denn all diese Mittel wirken aufputschend.
– Treiben Sie tagsüber regelmäßig Sport, das fördert Ihre Einschlaffähigkeit.
– Denken Sie beim Einschlafen nicht über Probleme nach.
– Gehen Sie nach Möglichkeit zu festen Zeiten ins Bett, stehen Sie immer zur gleichen Zeit auf.
– Vermeiden Sie schwere Mahlzeiten am Abend und den nächtlichen Gang zum Kühlschrank.
– Lassen Sie Uhren, die laut ticken oder ein leuchtendes Zifferblatt haben, aus Ihrem Schlafzimmer verschwinden.

S. 118 Übung 6

1. jemand, der lange schläft **2.** jemand, der im Schlaf wandelt/herumläuft **3.** ein unaufmerksamer/träger Mensch oder jemand, der extrem lange schläft **4.** ein Gast, der übernachten möchte **5.** jemand, der Träume deutet/interpretiert **6.** jemand, der etwas realitätsfern wirkt, oft seinen Gedanken nachhängt

S. 118 Übung 7

1. Schlafenszeit **2.** Schlafwagen **3.** Schlaflied **4.** Schlafstadt **5.** Schlaftrunk **6.** Schlafsack

4 – B. Kriminalität

S. 121 Übung 2

1. kleinere/harmlosere **2.** harte/hohe **3.** zeigen

S. 121 Übung 5

1. unter 2. über 3. auf 4. von, mit 5. an 6. auf

S. 122 Übung 6

1. anzeigen 2. begehen, verüben 3. entkommen 4. überführen, verhaften
5. nachweisen 6. gestehen

S. 122 Übung 7

Strafanzeige gegen unbekannt

Gestern wurde mir auf dem S-Bahnhof Schöneweide meine Brieftasche *entwendet/gestohlen* und ich möchte Ihnen kurz den Tathergang *schildern/beschreiben*. Ich *kaufte* mir am Schalter um 12.45 Uhr eine Fahrkarte, die ich zusammen mit meiner Brieftasche in meine Handtasche *steckte*. Anschließend *verschloss* ich die Handtasche mit dem Reißverschluss. Beim Einsteigen in die S-Bahn (12.53 Uhr) *stieß/rempelte* mich plötzlich jemand von hinten *an*. Als ich mich umdrehte, sah ich eine Person mit einer gelben Jacke zum Ausgang *rennen/laufen/hasten/eilen*. Weitere Angaben zu dieser Person kann ich leider nicht *machen*. Als der Schaffner *kam, bemerkte/entdeckte/sah* ich, dass meine Brieftasche fehlte. Die Brieftasche *enthielt*: ...

S. 125 Übung 10

1. Als Schwerpunkte der Korruption werden die Vergabe von öffentlichen Aufträgen und die Erteilung von Arbeits-, Fahr- und Aufenthaltserlaubnissen genannt. 2. Der Staat erleidet einen Vertrauensverlust in/bei der Bevölkerung. 3. Die Ermittler haben es schwer, weil es eigentlich keine Opfer gibt, sondern nur Täter. Es will keiner aussagen. Alle schweigen. 4. Den Bürgern soll es ermöglicht werden, amtliche Informationen zu erhalten. Damit werden Vorgänge wie z. B. Ausschreibungen öffentlich. (o. ä.)

S. 125 Übung 11

1. von, zu 2. wegen/aufgrund 3. Laut, als 4. in 5. vor, auf, in 6. auf 7. um bei
8. zu 9. für

4 – C. Studienwahl

S. 127 Übung 2

1. Die Mehrheit der Wirtschafts- und Rechtswissenschaftsstudenten entscheidet sich für ihr Fach *aus beruflichen/Karriere-Gründen*. 2. Kunst- und Lehramtsstudenten legen mehr Wert *auf den/einen sozialen Aspekt*. 3. Das Verhalten der Männer bei der Studienwahl unterscheidet sich von dem der Frauen *nur wenig/fast gar nicht*. 4. Hochschulranglisten spielen bei der Studienwahl *eine untergeordnete/gar keine Rolle*. 5. Zwei Drittel der heutigen Studenten *entscheiden sich* für ein Studium *in der Nähe* ihres Elternhauses.

S. 127 Übung 3

1. b 2. a 3. b 4. c 5. a

S. 128 Übung 4

1. aus, wegen/aufgrund, für **2.** bei, unter **3.** aus **4.** im **5.** bei, auf **6.** vom, in, an **7.** auf, für, vom

S. 128 Übung 5

1. schreiben **2.** einschreiben/bewerben **3.** wohnen **4.** besuchen **5.** wechseln **6.** absolvieren **7.** zahlen **8.** entscheiden

S. 128 Übung 6

1. Mitstudent/Studienkollege **2.** finanzielle Unterstützung (meist vom Staat oder von einer Organisation) für Studierende **3.** Verlassen der Universität/ offizielles Austragen aus den Universitätsunterlagen **4.** Einschreibung an einer Universität **5.** Verleihung der Doktorwürde (A-Promotion) **6.** Anfertigen einer wissenschaftlichen Arbeit zum Erwerb der Venia Legendi an Hochschulen und Universitäten, Voraussetzung zur Berufung zum Professor (B-Promotion)

S. 130 Übung 9

1. Betriebswirt, Betriebswirtin **2.** Rechtswissenschaftler/Jurist, Rechtswissenschaftlerin/Juristin **3.** Mediziner/Arzt, Medizinerin/Ärztin **4.** Architekt, Architektin **5.** Erziehungswissenschaftler/Pädagoge, Erziehungswissenschaftlerin/Pädagogin **6.** Biologe, Biologin **7.** Chemiker, Chemikerin **8.** Bauingenieur, Bauingenieurin

4 – D. Ihre Grammatik

S. 134 Übung 1 (Beispiele)

1. Marie kam zu spät zum Unterricht, denn sie hatte mal wieder verschlafen. **2.** Josef hat seine Hausaufgaben nicht gemacht, weil er eine schwere Erkältung hatte. **3.** Willi ist beim Wettkampf als letzter durchs Ziel gelaufen, denn er hatte sich beim Start den Fuß verstaucht. **4.** Georgs Sachen sind sehr schmutzig, weil er zu faul ist seine Sachen zu waschen. **5.** Frau Weiß ist überglücklich, denn sie hat sich gestern verliebt. **6.** Fritz hatte mit seinem Porsche einen Unfall, weil er zu schnell fuhr. **7.** Familie Müller kann dieses Jahr nicht in den Urlaub fahren, weil das ganze Geld für einen neuen Fernseher ausgegeben wurde.

S. 134 Übung 2 (Beispiele)

1. Paul war so betrunken, dass er nicht mehr laufen konnte. **2.** Marie war so wütend, dass sie beim Rausgehen die Tür hinter sich zuschlug. **3.** Christian kam wie immer zu spät zur Arbeit, deshalb bekam er vom Chef heute eine Abmahnung. **4.** Steffi gab mehr Geld aus als sie hatte, deswegen ist sie jetzt pleite. **5.** Fritz verpasste den Zug, darum ist er bis abends in Leipzig geblieben. **6.** Karin hat Angst vorm Fliegen, demzufolge fährt sie immer mit dem Auto in den Urlaub. **7.** Marianne arbeitet zuviel, deshalb ist sie immer so nervös. **8.** Otto wurde von Petra verlassen, darum trinkt er im Moment etwas mehr Bier. **9.** Christine liest ausschließlich Krimis, deswegen träumt sie oft von Polizisten und Mördern. **10.** Annemarie isst sehr gern Schokolade, deshalb wiegt sie über 100 kg. **11.** Anton trainierte täglich sechs Stunden, deswegen ist er so gut in Form. **12.** Franz machte in seiner Schulzeit nie Hausaufgaben, demzufolge bestand er das Abitur nur mit dem Prädikat „befriedigend". **13.** Marta nahm keine warme Kleidung mit, deshalb friert sie andauernd.

S. 135 Übung 3a

1. Er zieht sich einen Pullover an, weil er friert. **2.** Weil er wütend war, warf er das Glas auf den Boden. **3.** Er kann nicht mitspielen, denn er hat sich den Fuß verletzt. **4.** Ich kann dich nicht abholen, weil mein Auto kaputt ist. **5.** Ich muss dringend zum Arzt, denn ich habe starke Zahnschmerzen. **6.** Weil ich heute länger arbeiten muss, komme ich erst sehr spät nach Hause.

S. 136 Übung 3b

1. Sie hat Ärger mit ihrem Freund, darum kann sie sich nicht auf ihre Arbeit konzentrieren. **2.** Sie ist so verliebt, dass sie seit Tagen gute Laune hat. **3.** Sie stand im Stau, deshalb kam sie zur Sitzung 30 Minuten zu spät. **4.** Viele Menschen arbeiten nachts, infolgedessen leiden sie unter Schlafstörungen. **5.** Herr Schneider war so nervös, dass er die ganze Zeit im Zimmer auf und ab lief. **6.** Die Wetterverhältnisse waren sehr schlecht, deshalb kam es zu einer Reihe von Verkehrsunfällen. **7.** Das Verhalten der Menschen hat sich nicht wesentlich verändert, demzufolge sind die Umweltprobleme noch groß. **8.** Der Betrieb leitete seine Abwässer in den Fluss, infolgedessen verschlechterte sich die Wasserqualität. **9.** Das Schiff havarierte, darum floss das Öl ins Meer. **10.** Das Öl verklebte das Gefieder, deswegen starben viele Vögel.

S. 137 Übung 4

1. Weil sie sich langweilte, begann sie, einen Schal zu stricken. **2.** Sie schrieb diesen Brief, weil sie über ihre finanzielle Situation verzweifelt war. **3.** Weil sie eifersüchtig war/unter Eifersucht litt, beauftragte sie einen Detektiv. **4.** Weil sie sich über ihren Sieg so freute, kamen ihr die Tränen. **5.** Weil sie Angst hatte, schloss sie sich nachts in ihrem Zimmer ein. **6.** Weil sie eitel war/ist, ließ sie ihre Nase operieren. **7.** Weil es so stark regnete, wurden einige Teile der Landschaft überflutet. **8.** Sie bekam die Stelle, weil sie über sehr gute Englischkenntnisse verfügt/sehr gute Englischkenntnisse hat/sehr gut Englisch spricht/kann. **9.** Weil die Nachfrage steigt, hat der Hersteller die Produktion verdoppelt. **10.** Weil die Arbeitslosigkeit/Zahl der Arbeitslosen steigt/immer größer wird, sanken in der Stadt die Umsätze der Geschäftsleute. **11.** Weil er in der letzten Zeit so viel/oft aufgetreten ist, gönnt sich der Sänger eine Ruhepause. **12.** Sie kann heute nicht ins Theater gehen, weil sie wieder Kopfschmerzen hat/unter Kopfschmerzen leidet.

S. 139 Übung 5

1. Obwohl sie Millionärin ist, dreht sie jeden Pfennig zweimal um. **2.** Sie ist krank, trotzdem geht sie heute ins Büro. **3.** Obwohl viele Menschen mit öffentlichen Verkehrsmitteln fahren könnten, nehmen sie das Auto. **4.** Sie kam über eine Stunde zu spät, obwohl sie pünktlich losgefahren war. **5.** Der Arzt hatte es ihm verboten, dennoch rauchte er jeden Tag zwei Schachteln Zigaretten. **6.** Obwohl das Paket rechtzeitig abgeschickt wurde, ist es bis heute nicht angekommen. **7.** Tierschützer arbeiteten Tag und Nacht, trotzdem konnten sie viele Tiere nicht retten. **8.** Draußen waren 0° C, er ging dennoch ins Meer baden. **9.** Obwohl sich fast alle Mitarbeiter gegen den Vorschlag aussprachen, wurde er vom Abteilungsleiter akzeptiert. **10.** Ich habe mir die Bedienungsanleitung genau durchgelesen, trotzdem habe ich sie nicht verstanden.

S. 140 Übung 6

1. Obwohl sie zahlreiche Bewerbungen geschrieben/abgeschickt hat/sich oft beworben hat, hat sie noch keine Stelle gefunden. **2.** Obwohl es viele Proteste gab/viele Menschen protestierten, wurde die alte Kirche abgerissen. **3.** Obwohl er fleißig war, fiel er durch die Abschlussprüfung. **4.** Obwohl der Arzt ihn gewarnt hat, nahm er an dem Marathonlauf teil. **5.** Obwohl die Arbeitsbedingungen schlecht waren/schlechte Arbeitsbedingungen herrschten, wollten die Mitarbeiter das Projekt erfolgreich beenden. **6.** Obwohl sie faul war, wurde sie ein Superstar. **7.** Obwohl sich unser Firmenvertreter sehr bemühte/große Mühe gab, verliefen die Verhandlungen ergebnislos. **8.** Obwohl sehr viel Schnee fiel, wurden die Skiwettkämpfe nicht unterbrochen. **9.** Obwohl es viele Besucher gab/viele den Vergnügungspark besuchten, entstanden keine Wartezeiten am Eingang (des Vergnügungsparks). **10.** Obwohl sie sich in einer schlechten finanziellen Situation befand/sie in einer schlechten finanziellen Situation war/sie kein Geld hatte, kündigte sie bei der Firma Meier.

Kapitel 5

5 – A. Zwischen den Kulturen

S. 142 Übung 2

1. Ungenügende Informationen und mangelndes Wissen über die kulturellen Eigenheiten der Nation, mit der man verhandelt, führen zum Scheitern von Verhandlungen. **2.** Betriebe organisieren Schulungen und Seminare für Mitarbeiter, bei denen man wichtige Verhaltensregeln für Geschäftsverhandlungen lernt, z. B. über die Anzugsordnung oder die Rolle eines Geschäftsessens. **3.** Es kommt auf das richtige Gespür/Gefühl für die fremde Nation und auf eine gute Vorbereitung an.

S. 142 Übung 3

Wenn Sie überhaupt keine Erfahrungen mit deutschen Geschäftsleuten oder dem deutschen Geschäftsleben haben, dann finden Sie hier ein paar kurze (allgemeine) Informationen:

– Bei der Begrüßung gibt man sich die Hand.
– Die Anrede erfolgt in der Regel mit: Herr ... und Frau ... und den akademischen Titeln. Siezen Sie Ihre Geschäftspartner.
– Als Gesprächsbeginn sind humoristische Einlagen (Witze o. ä.), vor allem, wenn man sich nicht kennt, nicht geeignet. Sie führen eher zur „Versteifung" der Situation. Deutsche beginnen nach einem kurzen „Smalltalk" gern relativ schnell mit dem geschäftlichen Teil. Private Gesprächsthemen sollten Sie bei geschäftlichen Besprechungen meiden. Suchen Sie Blickkontakt, bleiben Sie höflich und bei der Sache.
– Themen, die Sie auch z. B. bei einem Geschäftsessen nicht von sich heraus ansprechen sollten, sind: Politik, Religion, die Konkurrenz, private Missgeschicke, Ihre Krankheitsgeschichte (o. ä.).
– In Deutschland wird das Privatleben vom Geschäftsleben strikt getrennt, das bedeutet, dass z. B. Anrufe zu Hause nur nach vorheriger Absprache möglich sind und private Einladungen seltener als vielleicht in Ihrem Heimatland ausgesprochen werden.
– Weitere wichtige Punkte sind: Pünktlichkeit (sowohl bei Terminen, wie z. B. Besprechungen, als auch bei abgesprochenen Fristen, z. B. Liefer- oder Zahlungsfristen) und die Einhaltung von Zuständigkeiten und Dienstwegen. Es wird nicht so gern gesehen, wenn in der dienstlichen Hierarchie Mitarbeiter übersprungen werden oder Personen angesprochen bzw. beauftragt werden, die in einem anderen Gebiet arbeiten. Die viel beschriebenen flachen Hierarchien und kurzen Entscheidungswege stehen bei einigen Firmen nur in der Firmenbeschreibung und sind noch nicht in die Praxis umgesetzt worden.

S. 143 Übung 4

1. Verhandlungen, Gedanken, Boden **2.** Gepflogenheiten, Enttäuschung **3.** Eigenheiten, Scheitern **4.** Rolle, Gespür, Rücksicht **5.** Umgang

S. 144 Übung 6

1. geradliniges **2.** mittelpunktsorientiert/nach einem gemeinsamen Punkt strebend **3.** fürchten sich vor **4.** gehen normalerweise informell miteinander um **5.** parallel laufende Aufgaben mit ähnlichem Inhalt **6.** objektive **7.** Fachkompetenz **8.** ohne lange Vorreden, ohne Zeitverlust, mit den geschäftlichen Angelegenheiten beginnen **9.** achten/für wertvoll halten

5 – B. Neue Kommunikationswege

S. 148 Übung 3

1. technisch betreut/instandgehalten werden **2.** telefoniert sehr lange/andauernd **3.** ganz und gar **4.** Was ist meine Meinung zu ...?/Was denke ich über ...?

S. 148 Übung 4

1. Briefkasten **2.** Anrufbeantworter **3.** Textbotschaften **4.** E-Mails **5.** Tastenkombination **6.** Anschluss **7.** Todesanzeige **8.** Telefonnummern **9.** Zeilen **10.** Verbindung **11.** Begegnung **12.** Kanäle **13.** Übermittlung

S. 151 Übung 8

1. a **2.** b **3.** b **4.** a **5.** b **6.** a

S. 151 Übung 9

1. a **2.** b **3.** c **4.** b **5.** c **6.** a **7.** c **8.** c **9.** b **10.** c **11.** c **12.** b **13.** b **14.** c **15.** b

S. 154 Übung 12

1. abschreiben **2.** schreibt ... ein **3.** zugeschrieben **4.** verschrieben **5.** unterschrieben **6.** vorschreiben **7.** verschreiben **8.** beschreiben **9.** überschrieben

S. 154 Übung 13

Sehr geehrter Herr Schneider, nach unserer gestrigen Ankunft möchte ich gleich die Gelegenheit *nutzen/ergreifen*, um Ihnen auch im *Namen* der anderen für diese wunderschöne Woche zu *danken*. Leider konnten wir uns *aus* Zeitmangel vorher nicht über die Gegend informieren, doch dank Ihrer interessanten *Ausführung(en)/Erzählung(en)/Berichte/Beschreibung(en)/Information(en)* wissen wir jetzt sehr viel mehr. Ich hätte da aber noch eine *Bitte/Frage*. Wahrscheinlich habe ich im Hotel „Zum Sonnenhügel" meine Lesebrille liegen lassen. *Würde* es Ihnen etwas ausmachen, im Hotel *nachzufragen/zu fragen*, ob jemand die Lesebrille *gefunden/gesehen* hat? Vielleicht könnte mir das Hotel die Brille nach Hause *senden/schicken*? Ich wäre Ihnen dafür sehr *dankbar*. In der *Hoffnung*, Ihnen keine großen Umstände zu bereiten, verbleibe ich mit *freundlichen Grüßen* Marie Schöne

5 – C. Richtig telefonieren

S. 156 Übung 3

1. zählt, Melden **2.** Achten, kommt **3.** verkörpert, halten **4.** empfehlen, bauen **5.** Sprechen ... an **6.** Formulieren, vorzubeugen **7.** Streichen, Vermeiden

S. 157 Übung 4

1. Tut mir Leid, Frau/Herr Müller ist im Moment nicht da/nicht im Büro/ nicht im Hause/in einer Besprechung/zu Tisch. Kann ich Ihnen vielleicht helfen?/Kann ich Frau/Herrn Müller etwas ausrichten? Möchten Sie eine Nachricht hinterlassen? **2.** Könnten Sie Frau/Herrn Müller bitte ausrichten/ sagen, dass die Waren noch nicht eingetroffen sind? **3.** Ich kann Sie leider sehr schlecht verstehen. Könnten/Würden Sie bitte etwas lauter/langsamer sprechen? Könnten/Würden Sie das bitte noch einmal wiederholen? **4.** Leider kann ich Ihnen diese Frage im Moment nicht beantworten/diese Informationen nicht geben. Kann ich Sie zurückrufen, wenn mir die Informationen vorliegen?/Ich melde mich bei Ihnen, sobald ich die Informationen habe. Ich kümmere mich darum und rufe Sie sofort zurück. **5.** Könnten wir einen Termin vereinbaren/machen? Ich würde Ihnen gern unsere neuen

Produkte vorstellen./Es geht um unsere neuen Produkte. **6.** Ich glaube, wir haben alles Wichtige besprochen. Ich halte Sie auf dem Laufenden./Ich melde mich, sobald sich etwas Neues ergibt/sobald es etwas Neues gibt.

S. 159 Übung 6

1. erreichen **2.** zurückrufen **3.** ausrichten **4.** benachrichtigen, eintreffen **5.** halten **6.** erteilen, vorbeikommen **7.** wiederholen **8.** eingehen/eintreffen

S. 159 Übung 7

1. Sie **2.** Ihnen **3.** Sie **4.** Ihnen **5.** Sie **6.** Sie, Ihnen **7.** Ihnen **8.** Ihnen

S. 161 Übung 9

1. nein **2.** ja **3.** ja **4.** nein **5.** nein **6.** ja

S. 161 Übung 10

die Anschlüsse (der Anschluss, *Sg.*), der Hörer, die Nummer, der Telefonterror, das Telefon, der Anrufbeantworter, die Mailbox, die Mitteilung, die Telecombranche, der Rückruf, der Anrufer, das Rufen, das Display, die Kennung, die Angerufenen (der Angerufene, *Sg.*), das Medium, die Nachrichten (die Nachricht, *Sg.*), die Kassette

S. 161 Übung 11

1. ohne Handgreiflichkeiten befürchten zu müssen **2.** Reaktion ist gefordert **3.** der Anrufbeantworter hilft, das Telefon zu zähmen **4.** sich dumm und dämlich verdienen **5.** neben dem Anrufbeantworter lauern **6.** der Anrufbeantworter gewährt Aufschub

S. 162 Übung 12

1. ein Telefonat (c) führen **2.** den Hörer (b) aufhängen/abheben **3.** eine Nummer (l) wählen **4.** Telefonterror (e) ausüben **5.** auf eine Mailbox (g) sprechen **6.** ans Telefon (a) gehen **7.** neben dem Anrufbeantworter (j) lauern **8.** auf einen Rückruf (o) warten **9.** eine Mitteilung (n) machen **10.** jemandem Aufschub (d) gewähren **11.** ein Kampf um Anonymität (k) tobt **12.** in Depressionen (i) verfallen **13.** über Telefonmaterial (m) verfügen **14.** bei jemandem (f) anrufen

5 – D. Ihre Grammatik

S. 164 Übung 1

1. Ich würde vorschlagen, dass wir gemeinsam essen gehen. **2.** Wir sollten zusätzlich einen Mitarbeiter/neue Mitarbeiter einstellen. **3.** Es wäre gut, wenn wir Dr. Hofmann um Mithilfe bei dem Projekt bitten würden. **4.** Wir könnten z. B. auch einen Englischkurs für die Mitarbeiter organisieren. **5.** Es wäre ratsam, wenn wir auch über Einsparungen beim Materialverbrauch nachdenken würden. **6.** Wir sollten dem kranken Mitarbeiter einen Blumenstrauß ins Krankenhaus schicken. **7.** Ich würde vorschlagen, dass wir wöchentlich eine Teamsitzung durchführen. **8.** Es wäre sinnvoll, die Forschungsergebnisse auf der Konferenz in München vorzustellen.

S. 165 Übung 2

1. Es wäre besser gewesen, wenn Claudia den Chef benachrichtigt hätte./ Claudia hätte den Chef benachrichtigen sollen. **2.** Es wäre besser gewesen, wenn Peter die geheimen Daten gelöscht hätte./Peter hätte die geheimen Daten wieder löschen sollen. **3.** Es wäre besser gewesen, wenn Marie ihre Bewerbungsunterlagen rechtzeitig abgeschickt hätte./Marie hätte ihre Bewerbungsunterlagen rechtzeitig abschicken sollen. **4.** Es wäre besser gewesen, wenn Andreas seine Mutter vom Zug abgeholt hätte./Andreas hätte seine Mutter vom Zug abholen sollen. **5.** Es wäre besser gewesen, wenn der Chef uns über die Terminänderung informiert hätte./Der Chef hätte uns über die Terminänderung informieren sollen. **6.** Es wäre besser gewesen, wenn Paul seine Hausaufgaben gemacht hätte. Paul hätte seine Hausaufgaben machen sollen.

S. 165 Übung 3a (Beispiele)

Wenn ich Zeit hätte, ... **1.** würde ich immer meine Hausaufgaben machen. **2.** würde ich all die Bücher lesen, die ich mir im Urlaub gekauft habe. **3.** würde ich mal meine Wohnung aufräumen. **4.** würde ich regelmäßig Sport treiben. **5.** würde ich ein wunderbares Essen kochen. **6.** würde ich meine Freunde in Frankreich besuchen.

S. 166 Übung 3b (Beispiele)

1. Wenn mich eine fremde Person um 100 Euro bitten würde, hielte ich die Person/sie für verrückt/würde ... für verrückt halten. **2.** Wenn ich neben meinem Lieblingsschauspieler im Flugzeug säße, würde ich ihn um ein Autogramm bitten. **3.** Wenn ich nach dem Essen in einem Restaurant bemerken würde, dass ich weder Geld noch Kreditkarten bei mir hätte, würde ich meinen Mann fragen, ob er die Rechnung bezahlt. **4.** Wenn ich auf der Autobahn feststellen würde, dass der Tank leer ist, würde ich mich schwarz ärgern. **5.** Wenn mein Handy mitten in einem Konzert klingeln würde, würde ich vor Scham im/in den Erdboden versinken. **6.** Wenn ich eine E-Mail mit einem Virus geöffnet hätte, würde ich laut um Hilfe schreien.

S. 166 Übung 4 (Beispiele)

1. Beinahe wäre der Räuber entkommen. **2.** Beinahe hätte ich ihn geheiratet. **3.** Fast hätte ich sie diesmal bestanden. **4.** Fast hätte ich 5000 Euro gewonnen. **5.** Fast wäre er deshalb bei Rot über die Kreuzung gefahren. **6.** Beinahe hätten wir notlanden müssen.

S. 167 Übung 5 (Beispiele)

1. Wenn er mich doch endlich anrufen würde. **2.** Wenn ich doch nur etwas Warmes zum Anziehen/einen Pullover eingepackt hätte. **3.** Wenn sie ihr Geld doch gespart/nicht für diesen Ring ausgegeben hätte. **4.** Wenn er doch bloß gelernt hätte. **5.** Wenn sie sich doch an ihr Versprechen erinnern würde. **6.** Wenn ich doch mehr Zeit hätte. **7.** Wenn der Urlaub doch nicht zu Ende wäre/noch ewig dauern würde. **8.** Wenn er doch auf seine Eltern gehört hätte.

S. 167 Übung 6

1. Sie macht auf mich den Eindruck, als ob *sie krank wäre.* **2.** Er sieht aus, als ob *er nächtelang nicht geschlafen hätte.* **3.** Anna aß so viel, als ob *sie tagelang gehungert hätte.* **4.** Sigmund spricht Polnisch, als ob *er jahrelang in Polen gelebt hätte.* **5.** Er rannte die Treppen hinunter, als ob *ihn jemand verfolgt hätte.* **6.** Er schien so überrascht, als ob *er noch nie davon gehört hätte.*

S. 168 Übung 7

1. Man bleibt gesund, indem man regelmäßig Sport treibt. **2.** Man kann sich im Ausland sicherer bewegen, indem man etwas über die Sitten und Gebräuche des anderen Landes liest/sich mit den Sitten und Gebräuchen beschäftigt. **3.** Man kann eine Freundschaft erhalten, indem man sie pflegt. **4.** Man kann seine Leistungen verbessern, indem man regelmäßig und fleißig lernt. **5.** Man kann Menschen mit Problemen helfen, indem man ihnen aufmerksam zuhört. **6.** Man findet sich in einer großen Stadt leichter zurecht, indem man einen Stadtplan benutzt. **7.** Man hat mehr Erfolg bei geschäftlichen Verhandlungen, indem man Gepflogenheiten der Gastgeber kennt. **8.** Man kann Fehler bei geschäftlichen Telefonaten vermeiden, indem man sich an ein paar Regeln hält/man ein paar Regeln beachtet.

S. 169 Übung 8

1. Er unterschrieb den Vertrag, ohne ihn vorher genau durchzulesen. **2.** Sie kaufte den schwarzen Mantel, ohne ihn vorher anzuprobieren. **3.** Anstatt seine Tante zu besuchen, ging er zum Pferderennen. **4.** Der Sportler nahm am Wettkampf teil, ohne vorher zu trainieren. **5.** Anstatt sich von den 200 Euro einen Anzug zu kaufen, verspielte er das Geld an einem Spielautomaten. **6.** Er versendete den Brief, ohne ihn unterschrieben zu haben/zu unterschreiben. **7.** Anstatt das Auto in die Werkstatt zu bringen, hat er es selbst repariert. **8.** Anstatt den Fachmann über das Computerproblem zu informieren, hat er vergeblich versucht, es selbst zu lösen.

S. 171 Übung 9

1. Der Chef droht/drohte dem Angestellten mit der Kündigung. **2.** Die Polizei verhört/verhörte den Einbrecher. **3.** Ich danke/dankte dir für die Blumen. **4.** Die Tochter widerspricht/widersprach dem Vater. **5.** Der Nachbar bittet/bat ihn um einen Gefallen. **6.** Sie vertraut/vertraute keinem Handwerker mehr. **7.** Er lächelt/lächelte mir freundlich zu. **8.** Der Arzt untersucht/untersuchte den Patienten. **9.** Dein Benehmen gefällt/gefiel mir gar nicht. **10.** Die Mutter lobt/lobte ihren Sohn für die guten schulischen Leistungen. **11.** Alle Kollegen stimmen/stimmten dem Vorschlag zu. **12.** Er gratuliert/gratulierte seinem Freund zur Beförderung.

S. 172 Übung 10

1. Die Bank bewilligt/bewilligte dem Kunden den Kredit. **2.** Der Arzt teilt/teilte mir die Untersuchungsergebnisse mit. **3.** Er lehrt/lehrte mich (das) Geigespielen. **4.** Der Präsident des IOC überreicht/überreichte dem Sieger die Medaille. **5.** Der Tennisspieler verdankt/verdankte dem Trainer den/seinen Sieg. **6.** Die unbedachte Äußerung kostet/kostete den Manager die weitere Karriere. **7.** Die Regierung verweigert/verweigerte dem Diplomaten die Einreise. **8.** Die Polizei entzieht/entzog ihm den/seinen Führerschein. **9.** Der Mannschaftskapitän nennt/nannte den Torwart eine Flasche. **10.** Der Vater verspricht/versprach dem Kind eine Belohnung. **11.** Ich teile Ihnen den neuen Termin morgen mit. **12.** Die Seminararbeit kostet/kostete mich zu viel Zeit.

S. 173 Übung 11
1. mich **2.** mir **3.** dir, dir **4.** mich **5.** mich, mich/dich **6.** mich **7.** dich **8.** mir, dich **9.** mir, mir **10.** dir, dich **11.** mir, dir **12.** mir, mich **13.** dich **14.** dir, mir **15.** dir, dir

Kapitel 6

6 – A. Erfindungen

S. 175 Übung 3a
Erfindung: die Dampfmaschine, das Dynamit, die Straßenbahn, der Buchdruck, das Segelschiff; *Entdeckung:* Australien, das Penicillin, der Sauerstoff

S. 175 Übung 3b
Erfindung: es ist ganz neu, jemand hat es sich ausgedacht, es muss gewerblich anwendbar sein, es darf keine naheliegende Lösung bieten; *Entdeckung:* jemand hat es (zufällig) gefunden, es war bereits vorhanden, aber niemand wusste es

S. 176 Übung 4
Werner Siemens *wurde* am 13. Dezember 1816 in Lenthe (bei Hannover) *geboren.* Als Sohn eines Domänenpächters konnte er aus finanziellen Gründen kein technisches Studium *absolvieren/machen,* deshalb *trat* er als 18-Jähriger in die preußische Armee *ein.* Dort *bot* sich ihm die Möglichkeit, eine naturwissenschaftlichen Ausbildung zu *wählen/absolvieren/machen.* Bereits mit 26 Jahren *erhielt* er sein erstes Patent für die galvanische Vergoldung von Metallgegenständen.
Der Durchbruch als Techniker und Erfinder *gelang* ihm 1846 mit der Verbesserung des Zeigertelegrafen zu einem zuverlässigen und relativ einfach zu bedienenden Gerät. Die Einführung dieser Entwicklung in den preußischen Telegrafendienst *ermöglichte* ihm, sich ganz der wissenschaftlich-technischen Vervollkommnung der elektrischen Telegrafie und ihrer Entwicklung zu einem technisch einfachen und ökonomisch rentablen System der Nachrichtenübermittlung zu *widmen.*
1847 *gründete* Werner Siemens eine Firma, die 1848 Telegrafenverbindungen zwischen Berlin und Frankfurt *installierte;* ab 1853 ein Telegrafennetz in

Russland *errichtete* und die mehr als 11000 km lange Telegrafenlinie von London nach Indien *errichtete/baute*. Aber Siemens war nicht nur ein selbstbewusster Unternehmer, sondern auch ein bedeutender Wissenschaftler. Für ihn waren nachhaltige industrielle Erfolge nur dann zu *erzielen*, wenn man als erster neue wissenschaftliche Wege *ging*. Diese Herangehensweise *führte* ihn zur Entdeckung des dynamoelektrischen Prinzips.

Das Siemenssche Unternehmen *beschäftigte* sich nun auch mit der Konstruktion und dem Bau leistungsfähiger Dynamomaschinen und Motoren. So *baute* die Firma für die Berliner Gewerbeausstellung 1879 die erste Elektrolokomotive der Welt, und auch andere elektrische Innovationen wie Straßenbahn, Aufzug und Beleuchtung *gingen* auf Siemenssche Initiative *zurück*. Für seine wissenschaftlichen und technischen Pionierleistungen wurde Werner Siemens 1860 die Ehrendoktorwürde der Berliner Universität *verliehen*, drei Jahre später *ernannte/machte* ihn die Akademie der Wissenschaften zu ihrem Mitglied und 1888 wurde er in den erblichen Adelsstand *erhoben*. Siemens engagierte sich auch politisch. Ihm ist es zu *verdanken*, dass 1877 vom Reichstag eine einheitliche deutsche Patentgesetzgebung *verabschiedet* wurde. Am 6. Dezember 1892 *starb* Werner von Siemens in Berlin.

S. 178 Übung 5

1. unsicherer **2.** unbedeutender/namenloser **3.** kurzfristige

S. 179 Übung 8

1. Die Patentanmeldungen haben gegenüber dem Vorjahr um knapp 16 Prozent, gegenüber 1995 sogar um 80 Prozent zugenommen. **2.** Von den 20 Mitgliedsländern verzeichnet Deutschland mit 20 Prozent die meisten Patentanmeldungen, gefolgt von Frankreich und den Niederlanden. **3.** Die Wartezeiten für die Patentanmelder haben sich erhöht. Deshalb muss mehr Personal eingestellt und das Patentverfahren muss rationalisiert werden.

S. 179 Übung 9

1. verzeichnen **2.** abbauen/aufstocken **3.** abbauen **4.** einreichen/anmelden/erteilen

S. 179 Übung 10

1. beim **2.** von, im, mit dem/zum **3.** seit, um **4.** in der **5.** Im, von der, bis zur **6.** Durch, für das

S. 181 Übung 14a

1. der **2.** der **3.** das **4.** das **5.** die **6.** die

S. 181 Übung 14b

1. das Gehirn **2.** der Geistesblitze **3.** Denkgeschwindigkeit **4.** den Geist **5.** die Seele, Denken

S. 182 Übung 15

1. überlegen/ausdenken **2.** Denk ... nach **3.** ausgedacht **4.** überdenken **5.** Denken

6 – B. Geräte

S. 186 Übung 8

1. Arbeitnehmer müssen ihre Arbeit wegen Problemen mit dem Computer unterbrechen. Sie verbringen viel Zeit damit, Programme zu verstehen oder Fehler zu beheben. Sie verstehen oft die Sprache in Handbüchern und Anleitungen nicht. **2.** Industrielle Prozesse konnten vereinfacht und beschleunigt werden. Man kann z. B. einfacher und schneller einen Flug buchen oder eine Pizza bestellen. **3.** Die Kosten für die Firmen sind hoch. Die Mitarbeiter müssen beraten werden, elektronische Netzwerke müssen gewartet und erneuert werden, die Mitarbeiter verlieren Arbeitszeit. (o. ä.)

S. 186 Übung 9

1. beschwert sich über Zeitverluste durch Computerabstürze oder Systemfehler **2.** kritisieren die Sprache in den Anleitungen und Handbüchern **3.** Zeit, die jeder Büromensch im Jahr damit verbringt, sein Computerprogramm zu verstehen oder Fehler zu beheben **4.** des gesamten Firmenumsatzes gibt BASF für EDV-Beratung aus **5.** Durchschnitt der E-Mails, Faxe und Telefonanrufe, die amerikanische Angestellte am Tag erhalten oder versenden **6.** wird bei vier Fünftel der Befragten der Arbeitsablauf durch eine Mitteilung unterbrochen

S. 187 Übung 10

positiv: man kann Dateien verwalten, drucken, E-Mails schicken, im Netz surfen, Songs runterladen, industrielle und serviceorientierte Prozesse beschleunigen und vereinfachen, die Effizienz z. B. bei der Autofertigung, Flugbuchung, Pizzabestellung oder Stromabrechnung erhöhen
negativ: man muss seine Arbeit unterbrechen, Mitarbeiter haben Zeitverluste, weil sie Programme verstehen oder Fehler beheben müssen, man versteht Anleitungen und Handbücher nicht, Betriebe müssen viel Geld für EDV-Beratung ausgeben, man muss sich mit Informationsmüll herumärgern

S. 187 Übung 11

1. ergaben/zeigten/bewiesen, mit, zufrieden/glücklich **2.** vielen, Unterbrechungen **3.** verliert, abstürzt, auftreten **4.** verstehen/begreifen **5.** bemerken/sehen/feststellen/konstatieren **6.** Wohnzimmer **7.** Autos herstellen, Flüge buchen oder Pizzas bestellen **8.** zu verzeichnen/zu bemerken/festzustellen **9.** jährlichen, dem Verstehen, dem Beheben **10.** Nach Meinung, besser/sinnvoller **11.** einen, Papierkorb/Mülleimer

S. 189 Übung 14

1. lesen, halten, bleibt **2.** gewinnt **3.** bietet, reparieren, füttern **4.** unterscheiden **5.** beschleunigt/fördert. **6.** spielt

S. 189 Übung 15

1. Eltern sollten sich mehr Zeit für Ihre Kinder nehmen. **2.** Das Buch verliert den Kampf gegen den Computer. **3.** (Das) Vorlesen ist für die Sprachentwicklung der Kinder sehr wichtig.

6 – C. Trends der „Spaßgesellschaft"

S. 192 Übung 3
1. Befindlichkeit der Autoren 2. willkürliche Auswahl 3. Konsumtempel
4. Freizeitprügeleien

S. 192 Übung 4
1. Trends, geraten 2. stehen 3. an, Mode, Folge 4. glauben/meinen, Ideen
5. wenn, bemühen, vorhersagbar 6. zum Umbau, reiche

S. 195 Übung 8
Seitenwände, Rückwand, Regalböden, Regalfuß (schmale Latte), Schrauben
und Kleinteile

S. 195 Übung 9
1. Ordnungsstifter für Bücherleser 2. der Erfolg war durchschlagend 3. irgendein dahergelaufenes Non-Billy-Regal 4. ein schäbiges Wellpappepaket
5. fernab aller öffentlichen Bibliotheken 6. Billys Stabilität wird nicht beeinträchtigt 7. das kann Billy nicht erschüttern 8. überragende Qualitäten 9. das
Ergebnis eines uneitlen Zusammenwirkens von vielen 10. eine verwegene
Behauptung aufstellen

6 – D. Ihre Grammatik

S. 198 Übung 1
1. der Anschlag wurde verhindert 2. der Direktor wurde vertreten 3. das
Kind wurde belohnt 4. die Theatervorstellung wurde unterbrochen 5. die
Abteilung wurde geschlossen 6. die Blumenschau wurde eröffnet 7. Familienmitglieder wurden angesteckt 8. der Journalist wurde ausgewiesen 9. ein
neuer Vorsitzender wurde ernannt 10. der Autofahrer wurde verletzt 11. der
Zeuge wurde vernommen 12. der Vorgang wurde erläutert 13. der Mordfall
wurde aufgeklärt 14. die Löhne wurden angeglichen 15. die Abteilungen
wurden zusammengelegt

S. 198 Übung 2
1. Der Brief ist bereits abgeschickt worden. 2. Die Ausstellung junger Künstler wurde im Museum eröffnet. 3. Die Verhandlungen der Regierungsvertreter/mit dem Regierungsvertreter wurden wieder aufgenommen. 4. Die Vorschläge sind von den Arbeitskollegen akzeptiert worden. 5. Der Wissenschaftler ist mit dem Nobelpreis geehrt worden. 6. Die geheimen Dokumente sind von der Zeitung/in der Zeitung veröffentlicht worden. 7. Das Flugzeug der Lufthansa wurde vor 3 Stunden kontrolliert. 8. Der Bau des neuen
Kanzleramtes ist abgeschlossen worden. 9. Der Dieb wurde von der Polizei
auf frischer Tat ertappt. 10. Der Atommülltransport ist von Umweltschützern gestoppt worden. 11. Die Renovierungsarbeiten am/im Rathaus wurden beendet. 12. Der Gesetzentwurf ist im Bundestag diskutiert worden.

S. 199 Übung 3

1. Der entlaufene Tiger konnte wieder eingefangen werden/hat wieder eingefangen werden können. **2.** Die Bücher konnten rechtzeitig geliefert werden/haben rechtzeitig geliefert werden können. **3.** Die Unfallursache konnte gefunden werden/hat gefunden werden können. **4.** Die Schäden mussten sofort beseitigt werden/haben sofort beseitigt werden müssen. **5.** Die geschmuggelten Zigaretten konnten sichergestellt werden/haben sichergestellt werden können. **6.** Die Abteilung musste geschlossen werden/hat geschlossen werden müssen.

S. 200 Übung 4

1. Ich weiß nicht, wann der Strom abgestellt wird/wurde/worden ist. **2.** Ich freue mich darüber, dass eine neue Galerie eröffnet wird/wurde/worden ist. **3.** Ich finde es toll, dass das Projekt von der Regierung unterstützt wird/wurde/worden ist. **4.** Ich weiß nicht, ob die Kursgebühren erhöht werden sollen. **5.** Ich bin auch der Meinung, dass die Fenster gestrichen werden müssen. **6.** Ich weiß nicht, wie viele Mitarbeiter entlassen werden müssen/mussten.

S. 200 Übung 5

1. stellen **2.** treffen **3.** nehmen **4.** machen **5.** stehen **6.** ziehen **7.** bringen **8.** kommen **9.** tun

S. 201 Übung 6

1. treffen **2.** tun **3.** nehmen **4.** gestellt **5.** getroffen **6.** bringen **7.** kommt, stellen **8.** gekommen **9.** ziehen **10.** ziehen **11.** getroffen **12.** treffen/ergreifen **13.** nehmen **14.** nahmen/nehmen

S. 202 Übung 7

1. deutlicher **2.** besser **3.** leiser **4.** freundlicher **5.** pünktlicher **6.** schneller **7.** langsamer **8.** sparsamer (Es sind auch andere Lösungen möglich.)

S. 202 Übung 8 (Beispiele)

1. Männer waren früher ein bisschen höflicher als heute. **2.** Öffentliche Verkehrsmittel waren früher ein wenig preiswerter als heute. **3.** Das Fernsehprogramm war früher etwas langweiliger als heute. **4.** Benzin war früher viel billiger als heute. **5.** Autos waren früher weit langsamer als heute. **6.** Schlager waren früher bei weitem beliebter als heute. **7.** Strände waren früher erheblich sauberer als heute. **8.** Das Leben war früher bedeutend ruhiger als heute. **9.** Das Reisen war früher wesentlich umständlicher als heute.

S. 203 Übung 9

1. länger, klarer **2.** höher, mehr **3.** fleißiger, besser **4.** mehr, schlimmer **5.** höher, weniger

S. 203 Übung 10

1. größte **2.** kürzeste **3.** schönstes **4.** wärmste **5.** schwächsten **6.** klügste **7.** meisten **8.** dümmste **9.** längsten **10.** höchste

Quellenverzeichnis

Textquellen

S. 17 Wer mit wem? FOCUS 45/2000 (Ingrid Böck).

S. 17f. Grafiken. Angaben nach: T. Klein: Partnerwahl und Heiratsmuster, Leske+Budrich, 2001.

S. 24ff. Die Helden der Deutschen. Der SPIEGEL 52/1999.

S. 30 Eine starke Frau. Neue Ruhr Zeitung/Neue Rhein Zeitung (NRZ) 18.2.2001 (Marlis Haase).

S. 33 Schulsystem. Grafik nach Informationsmaterial des Ständ. Sekretariats der Kultusmisnister der Länder (Dez. 2000).

S. 48 Sophie Scholl. Hermann Vinke: Das kurze Leben der Sophie Scholl. © 1987, 1997 by Ravensburger Buchverlag Otto Maier GmbH Ravensburg.

S. 50 Zwei Drittel der Bürger wollen in die Stadt. Berliner Zeitung 13.9.2000.

S. 54f. Wenn die Deckenlampe tanzt. Süddeutsche Zeitung 10.8.2001 (Andreas Lohse).

S. 58f. Reisetrend: Internet. TV Movie 22/2000.

S. 68f. Deutsche sind statistische Durchschnittseuropäer. Angaben aus: EUROSTAT Jahrbuch 2001.

S. 71 Lust auf Hausgemachtes. Der SPIEGEL 22/2000 (Susanne Beyer).

S. 88f. Die Entdeckung der Langsamkeit. Junge Karriere 5/2000 (Bärbel Schwertfeger).

S. 92f. Ein kurzer Rückblick. Nach: www.geschichte.2me.net.

S. 94f. Die Hoffnungen und Wünsche der Ostdeutschen/Umfrageergebnisse. DIE ZEIT 40/2000 (Rita Müller-Hilmer).

S. 97 Ein Blick zurück. Sebastian Haffner: Von Bismarck zu Hitler. München: Knauer, S. 324 (Taschenbuchausgabe).

S. 102f. Wenn Besprechungen zum Zeitkiller werden. Produktion 18.5.2000 (Rolf Leicher).

S. 115f. Die schlaflose Gesellschaft. Der SPIEGEL 48/1999 (Philip Bethge).

S. 118 Robert Gernhardt: Verlassen stieg ... © Robert Gernhardt. Alle Rechte vorbehalten.

S. 119 Die Sandmännchen-Krise. Focus 49/2000.

S. 120 Null Toleranz. Zahlenabgabe nach: Polizeispiegel 2/02 Baden-Württemberg.

S. 124 Korruption – alltägliches Geschäft im Schatten. Rheinische Post, 18.8.2001.

S. 126 Letzte Ausfahrt Uni. UniSPIEGEL 9.4.2001 (Marion Schmidt).

S. 141 Kostspielige Missverständnisse. Süddeutsche Zeitung 17.6.2000 (Stephanie Schmidt).

S. 143f. Kleine Kulturkunde. ManagerSeminare 44/2000.

S. 147f. Kommunikation ja, aber wie? DIE ZEIT 30/2001 (Ulrich Stock).

S. 149 E-Mail – das Medium der Eile. DIE ZEIT 30/2001 (Ulrich Stock).

S. 150 Zehn Regeln beim Schreiben einer E-Mail. G. S. Freyermuth: Kommunikette 2.0 (Heise-Verlag); DIE WELT 6.9.2000.

S. 160 Anrufen und angerufen werden. DIE ZEIT 30/2001 (Ulrich Stock).

S. 174f. Kuriose Erfindungen. Der SPIEGEL 52/1999.

S. 176f. Werner von Siemens. Berliner Zeitung 6.12.1992 (D. Hoffmann).

S. 178 Neuer Anmelderekord beim Europäischen Patentamt. Nach: Pressemitteilung des EPO, Juli 2001; NZZ 7.7.2001.

S. 182 Faulheit als Quelle des Fortschritts. Zitat aus: Dirk Maxeiner/Michael Miersch: Das Mefisto-Prinzip, Frankfurt/M. 2001.

S. 185 Klick zurück im Zorn. Der SPIEGEL 8/2000 (Sebastian Knauer).

S. 188 Sprachlos. Frankfurter Allgemeine Zeitung 10.8.2001 (Heike Schmoll).

S. 190f. Was ist cool? FOCUS 13/2001 (S. Paetow, S. Burkhardt, C. Fromme, H. Forchner, M. Schärtel).

S. 193f. Seit 26 Jahren im Trend. DIE WELT 25.8.2001 (Uwe Wittstock).

Bildquellen

S. 28, 174: Der SPIEGEL, 52/1999
S. 34, 57, 64, 67, 70, 120, 121, 129, 183, 184: Globus-Infografik GmbH
S. 87: © Volker Kriegel
S. 16, 49, 50, 59, 64, 93, 126, 162, 177: Fotos von Andreas Buscha
S. 21, 23, 34, 99, 102, 155, 190: Fotos aus dem Archiv der Autorinnen
S. 32, 84, 85, 115, 119: Fotos von Michael Schubert